JN026740

すぐに使える！

ケアマネ実務の道具箱

50 のスキル・知識・ツール

監修
一般社団法人
神奈川県介護支援専門員協会

話す

聞く

書く

見る

使う

覚える

つなげる

心をみる

内面を
磨く

中央法規

　本書はケアマネジャーが「今すぐに知りたい！」と思うスキルや知識、ツールがたくさん詰まった道具箱です。「あれってどうだったっけ⁉」「ちょっと調べたいな」そんなときに本書を開くと、しっかりと疑問に答えてくれます。まさに、ケアマネジャーであれば「そうそうこういう本が欲しかった！」ということ間違いなしの一冊です。

　ケアマネジャーには生活に関する幅広い知識が求められますが、それは介護にかかわることだけでなく、ITや災害・感染対策など、時代に応える形でスキルも知識もツールも変化していきます。「勉強が必要と言われたけれど、どうやって調べたらいいの」「研修で出てきた言葉がよくわからなかった」「何を知らなければならないの」ケアマネジャーはそんなことの繰り返しです。この本を手に取っていただいたあなたは、日々走り回るケアマネジャーでしょう。気になることがあったときに、すぐに調べることができれば……、そう思ったことはないでしょうか。本書はそんな希望を叶える道具となります。

　「課題整理総括表」「ACP」「ティーチング」ケアマネジャーならよく耳にする言葉ですが、では、説明してみてくださいと言われたらいかがでしょうか。「それってどういうことだったっけ？」と戸惑うこともあるでしょう。そんなときに、本書が手元にあればすぐに調べることができます。ケアマネジャーが知らなければならない知識は多岐にわたり、一つひとつを深めていくことは大変な労力が必要となります。この本は50のスキル・知識・ツールをコンパクトにまとめています。本書を活用することで、まずは必要最低限の知識を得ることができるのです。

　本書は図表を多く用いることで、導入としてのイメージの湧きやすさに重きを置いています。当然図表だけですべてを理解するこ

とはできませんが、本書の明るい色合いとイラストをみることで、最初の一歩として踏み出しやすい構成としています。50の項目は現任のケアマネジャーからの聞き取り調査と最新情報を整理し、まとめていきました。そのため、幅広く知りたい経験の浅いケアマネジャー、指導する際のポイントを押さえたい主任ケアマネジャー、最新の動向を押さえたい地域包括支援センター職員など、幅広い層に応えることのできる内容となっています。ただし、コンパクトであるというメリットの反面、説明の足りない部分もあるかもしれません。専門的に深めたいと思った項目については、本書を入口として深めていただくことをお勧めいたします。

　本書はケアマネジャーの職能団体である一般社団法人神奈川県介護支援専門員協会が中心となり、執筆・編集を行いました。本協会は、ケアマネジャーへの研修開催や調査・研究事業、政策提言などを行っています。また、このような出版物等を通して、ケアマネジャーの資質向上や業務支援ができるような活動をしてきました。実務者が執筆していることで、より実践に近い形のものとして編集できたと思います。

　最後になりますが、執筆者のみなさん、Q&Aの質問部分を提供してくださったケアマネジャーのみなさん、中央法規出版編集担当の中村強さん、矢崎さくらさん、デザイナーの岡田真理子さんには大変お世話になりました。心よりお礼申し上げます。

令和5年5月

一般社団法人神奈川県介護支援専門員協会
理事長　諏訪部弘之

本書で使用しているアイコン

本書では、道具箱の内容を下記の9つに分類している。
それぞれのQAに以下のアイコンを付して示している。

▼アイコンの種類

話す

聞く

書く

見る

使う

覚える

つなげる

心をみる

内面を磨く

第 **1** 章

アセスメント
に役立つ道具

アセスメントに必要な対人援助
技術やツールなどについて

1 説明力

介護が必要となった利用者や家族等は、不自由な生活を強いられがちで、時に混乱した状態で人生の決断を迫られるため、ケアマネジャーの説明が、利用者等の人生に強い影響を及ぼします。ここでは、説明責任を果たすための説明力のスキルを解説します。

説明を聞いてもらえる

人は、**第一印象が強い影響を与え**、信頼関係構築に直結します。電話から始まる関係も多いので、日頃から「名前を名乗る」「電話は一呼吸おいてから切る」等のマナーを心がけます。

面接時には、身だしなみを整え、感染症対策を行い、時間を守り、チャイムはゆっくり押し、ドアはゆっくり開け閉めします。あいさつ等の礼儀をわきまえ、面接中は傾聴を心がけます。

傾聴とは、利用者等と視線を合わせ、耳を傾け、相づちを打ちながら、真摯な姿勢で話を聴くことです。利用者等の本音を探るには、表情や視線、ため息などを観察する**非言語コミュニケーション**が、言語以上に重要となります。

また、自宅訪問の際は、訪問前から終了後まで見られていることを意識し、迷惑駐車をしない、利用者宅から見える場所で事業所同士での会話は避ける等、利用者等に不信感を与えないことが大切です。

正しく説明できる

介護保険制度や関連諸制度は法令に基づいて運用されるため、根拠に基づく正確な知識が必要です。指定権者（都道府県・市町村）が発行する最新年度の**運営の手引き**（各サービス種別ごとに発行）を確認してケアマネジャーの業務を理解し、各サービスについても内容を確認できるようにしておきます。ほとんどの場合、都

道府県や市町村等の公式ウェブサイトからダウンロードが可能です。

　また、インターネットは便利なツールですが、情報は玉石混交で、根拠が不明で事実とは異なる情報も散見されます。信頼できる発信元、例えば厚生労働省のウェブサイトでも、現制度では適用されない過去の情報も多数掲載されており、説明に使う際には、ケアマネジャーには正しい情報を選び取るための経験と知識が求められます。また、運営の手引きに記載されていないローカル・ルールが存在する場合があります。

　これらの解決手段として、持ち運べるツール（→Q3（p.5参照））の活用、**職能団体に加入して相談できる仲間を得る**、公共施設にある配布物やタウン誌で社会資源を把握することが有効です。

　さらに、徒歩や自転車、公共交通機関を使って訪問し、利用者宅周辺や生活圏域の環境を把握しておくことは、適切なアセスメントの実践とともに、利用者に説明を理解してもらううえでも有効な方法です。

説明内容が正確に伝わる

　多くの利用者は、加齢に伴い説明が伝わりづらい、話を取り繕うため説明が伝わったか否か判断しづらい状況にあるため、説明の際は内容が正確に伝わりやすいよう配慮（→Q5（p.7参照））します。

図1-1　説明力とは

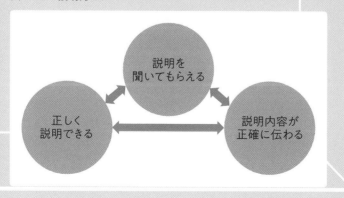

話す

聞く

書く

見る

使う

覚える

つなげる

心をみる

内面を磨く

Q1 利用者が説明を聞いてくれない。

A 説明を聞きたくない原因を探り、対応を試みる。

疲れているときに話しかけられたり、自分が困っていないことについて説得されたりしたら、多くの人はあまり積極的には聞いてくれないでしょう。きちんと聞いてほしい重要な説明をする場合は、利用者の生活リズムや通院、サービス利用状況を考慮し、利用者に余裕がある日時や場所を考慮して、説明の機会を設定します。

また、適切にケアマネジメントプロセスを実践しているのに、説明のタイミングがズレていることが、経験の乏しいケアマネジャーに散見されます。自分の見立てにこだわって思いが先行し、話を先に進めてしまうと、利用者は自分が困っていないこと、実感がわかない話に興味を示すことはなく、聞き流されてしまうでしょう。利用者が困りごとを感じたタイミングで話をすることで、説明を聞いてもらえる可能性が高まります。なお、利用者が興味をもっていなくても、説明を行う必要がある場合は、ポイントを簡潔に伝えてください。

> 利用者が転倒してケガをした→治療後のリハビリテーションを提案
> 在宅支援が厳しい利用者が入院した→退院後の施設入所・入居を提案

なお、利用者がケアマネジャーに不信感をもっている場合は、話を聞いてもらえず、時に訪問を拒まれる場合もあります。不信感をもたれ、信頼関係が崩れた原因を探り自省しつつ、担当者の交代ができることを伝え、利用者が支援の継続を望まない場合は、管理者や地域包括支援センター等に相談、対応を依頼してください。

過去の経験（羞恥心、暴力や性被害、施設での異性介護）により、男性ケアマネジャーの対応に嫌悪感を示す利用者もいるため、男性が対応する可能性がある場合は、インテーク時にその旨を確認することが望まれます。

すべての利用者と良好な関係を築くことは不可能で、利用者と良好な関係性をもつことが家族との関係を崩す場合もありえます。来る者拒まず去る者追わずの姿勢も、時には必要です。

Q2 説明力を鍛えるためには？

A 前向きに学び、仲間と集うことで向上する。

ケアマネジャー業務は比較される機会が少ないため、独善的になりがちで、経験が長いベテランだからといって説明力があるとは限りません。経験から学びを深め、地域の職能団体（介護支援専門員協会やケアマネジャー連絡会）等に加入して活動する、ほかのケアマネジャーや専門職との交流機会を積極的にもつ（事業所内外の事例検討会へ参加、法定研修や任意研修を受講、地域ケア会議の開催要請、ケアプラン点検に前向きに取り組む等）ことにより、知識や気づきが増え、人前で話をすることにも徐々に慣れて会話も流ちょうになります。

加えて、専門書などを読むことで説明力が磨かれていきます。前向きに学び、仲間と集うことで、説明力が向上するのです。

Q3 説明に役立つツールはあるか？

A 書籍や介護保険のパンフレットなどを活用する。

ケアマネジャーの説明場所は、利用者宅や病院等の事業所外が多いため、説明のツールは持ち歩きができる必要があります。まとまった情報が掲載されている書籍や資料（市町村民向け介護保険パンフレット）、タブレットの活用をお勧めします。

介護保険や関連諸制度、医療用語集、専門用語の言い換え、敬

話　す

聞　く

書　く

見　る

使　う

覚える

つなげる

心をみる

内面を磨く

語の基本フレーズ等、業務に必要な情報が掲載されている書籍を活用するとよいでしょう。また、介護保険パンフレット等の資料は、説明に活用した後、そのまま利用者にお渡しするように準備することもできます。利用者の手元にあることで振り返りができるため、説明の理解が深まることが期待できます。

　タブレットに介護保険パンフレットをダウンロードもしくは撮影しておけば、画面を拡大して閲覧できる拡大鏡の役割として使用することができますし、介護サービス事業所の情報検索等に活用したり、事業所が作成する動画やSNSを閲覧することで、活動の疑似体験ができる等、事業所選択の際の説明に役立ちます。

 Q4 説明をうまく伝える工夫を教えてほしい。

A 体験が一番効果的に伝わる。

　言葉で何度も説明するより1回の行動が効果的です。例えば、通所系サービスなどは、実際に体験することで、利用者の理解、納得が得られやすくなります。事前に、送迎付きで見学や体験利用が可能な地域の事業所を把握しておきましょう。

　福祉用具は、機能や価格帯の異なる複数の商品を利用者に提示すること等が法令で義務づけられていますので、必ず、利用者等に体験してもらい、選択してもらいます。

Q5 利用者に説明を理解してもらえない。

A 説明を理解してもらえない原因を探り、解決策を講じる。

まずは、利用者に説明が伝わる配慮や工夫を行います。

---

①利用者向けに編集された文字が大きい資料を準備する
②メガネや補聴器等を確認、所有している場合は装着を依頼する
③普段より少し大きめな声量で、はっきりゆっくり話をする
　大声は、かえって聞こえづらくなる場合があるので注意する

こうした配慮をしても説明が伝わらない場合は、理解してもらえない原因を探り、さらなる解決策を講じます。

「説明が聞こえていない」「資料が見えていない」場合、眼科や耳鼻科系の疾患の可能性を視野に入れて受診の促しや調整を行い、必要によっては、医師等に相談のうえ、メガネのつくり直しや補聴器の購入を検討します。補聴器を所有している場合、販売店で調整を行うことで、聞こえが改善する場合もあります。

加齢や疾病により感覚器の働きが不十分で、「声を聞き取れない」「資料が見えない」こともあります。加えて、人は、話を聞く際に口の形も見ながら判断するため、マスク装着が日常となり、口の形が見えなくなったことで、以前より説明が伝わりづらい状況にあります。利用者の状況に応じて、道具（タブレット、拡大鏡、白紙、ホワイトボード、マイク、SNS等）を用いて、説明が伝わるように工夫をします。

また、説明者が専門用語（DM＝糖尿病等）や略語（特養、訪看等）を使ってしまい、利用者が意味を理解できていないこともあります。**利用者に伝わる言葉で説明する**よう注意してください。

話 す

聞 く

書 く

見 る

使 う

覚える

つなげる

心をみる

内面を
磨く

2 質問力

ケアマネジャーに求められる質問力

　ケアマネジャーはケアマネジメントプロセスにおいて面接をしますが、面接を進めるうえで質問は重要となる技術です。

相談受付

　支援の開始となる相談受付の時点から、質問による情報収集が始まります。電話でのやりとりが多く、自機関でこの相談を受け続けてよいのか、それとも別機関に紹介するほうが適切なのかを、端的な聞き取りを通じて判断する力量が求められます。電話では表情の見えない相談者が一体どんな心持ちで電話をかけてきてくれたのか、実際顔を合わせて行う面接時以上にその声色、声の調子、息継ぎ、勢い、言いよどみなど、**そこから伝わってくるものに耳を傾けながら、緊急性の判断も含め、質問をつないでいくこと**が大事です。また質問によって相談者から得られた情報から支援の大まかな方向性を見出すことで、初回面接までに支援に必要となる可能性の高い社会資源に関しての情報収集を開始したり、面接時に情報提供すべき資料の整理を行ったりすることも可能となります。

インテークからアセスメント

　利用者や家族等と顔を合わせて実施する初回面接は、利用者や家族等の生活に対する希望や要望にあたる主訴を確認し、支援の契約を取り交わすインテークにあたる段階です。ここで最も大切なことは、利用者や家族等と担当するケアマネジャーが信頼関係を構築することです。また、この初回面接の段階で支援に必要なアセスメントも始まります。しかし優先すべきは信頼関係の構築ですから、1回の面接ですべてを実施し、把握しようと欲張らないことです。法令で定められた項目を網羅しつつ全体像が把握できるように聞き

取っていきます。

　この信頼構築の段階で、アセスメントシートをはじからはじまで埋めるために質問攻めにしてしまうことは、うまいやり方とはいえません。こうした場合、ケアマネジャーが「質問する→答える」の1クールで終了してしまいがちで、信頼関係の構築どころではありません。自立支援や尊厳の保持を目的としている介護保険のケアマネジメントからもズレてしまいます。主訴を手がかりとして、その内容について質問や共感・傾聴手法を活用して双方に理解を進め、可能であれば利用者や家族等とともに課題を整理する、これくらいの分量のやりとりが適切ではないでしょうか。また、実はこうした主訴（利用者の困りごとや要望・希望）から出発する開かれた質問手法の展開によって、アセスメントシートの項目の多くが結果的に埋まっていることもあります。利用者・家族等は**「十分話を聴いてもらえてよかった」「この人に相談してよかった」**という感想をもつことができ、ケアマネジャーは**双方向のやりとりによる利用者主体の支援**を開始することができ、初期のアセスメント（情報収集と分析によるニーズ抽出）を信頼関係の構築と同じタイミングで行うことができる、というように、よい支援関係のスタートを切ることができるわけです。

・質問
・共感
・傾聴
・フィードバック

援助職

双方向の
やりとり

相手

聴いてもらえてよかった
この人に相談してよかった

信頼関係の構築

話　す

聞　く

書　く

見　る

使　う

覚える

つなげる

心をみる

内面を
磨く

Q6 アセスメントの効果的な方法を教えてほしい。

A あらかじめ聞きたいことを伝えておく。

事前にアセスメントの目的や予定所要時間、準備してほしいもの（印鑑や保険証、お薬手帳や身体障害者手帳等）、当日見せてほしいもの（トイレや浴室、寝室等）、お話を伺いたい人等についてお伝えしましょう。利用者や家族等に準備をしていただくことでスムーズに進められます。

また、初回のアセスメントがうまくいかなかったとしても、ケアプラン作成時に「この前の面接のあのタイミングでこの部分をもっと深められるような質問をしておけばよかった」と**自分の面接技術を振り返り、次回に備えること**が効果的なアセスメントを進めることにもつながります。

利用者は、初めて出会った相手に生活のすべてをつまびらかに伝えてくれる人ばかりではありませんし、その人の人生観や価値観、物事の判断基準のように大切で丁寧に掘り下げながら理解していく必要のある奥の深い事柄は、質の高い面接を重ねるなかで、あるいは多職種とともにお互いの情報収集や分析の結果を共有するなかで徐々につかめるものです。

Q7 利用者から答えを引き出すのが苦手。

A 場面に合わせて、質問の使い分けを行う。

オープンクエスチョン、クローズドクエスチョン、スケーリングクエスチョンなど欲しい回答の内容に合わせた質問の仕方があります。有効に活用してください。

表1-1　3つの質問手法

オープン クエスチョン	クローズド クエスチョン	スケーリング クエスチョン
「今日はどんな調子でしたか？」のように、回答者が自由に答えられる質問。より多くの情報が得られる質問となる。	「今朝は朝ごはんを食べましたか？」のように「はい」「いいえ」で答えられる質問や「名前」「生年月日」などのように回答する内容が決まっている質問。効率よく聞き取ることができる。	「今日の体の調子を0点から100点でつけるとしたら、何点ですか？」のように数値で答えることができる質問。程度や状態の把握に向いている質問。

Q8　答えづらい内容の聞き方について教えてほしい。

 支持的な質問を心がける。

　ケアマネジメントプロセスのどの段階でも、観察－傾聴、共感・支持－質問は常にセットだと考えてください。何のためにその質問をするのか、筋道を立てて説明する力も鍛えないといけません。

　支援の過程では、経済的なことや家族関係に関すること、終末期に関することなど、簡単には答えづらいと思われる質問をしなければならない局面を迎えることがあります。質問に対してどこまでの真実を明らかにするかの主体はあくまで利用者にありますが、ケアマネジャーが相手の心情に寄り添いつつ高い面接技術とともに質問力を発揮したとき、**質疑応答のやりとりをすることそのものが相手を力づけたり、新たな気づきを与えたりすること**も可能です。相手が心のなかで自分の考えを巡らせ言語化し表出するためには、じっと待つ、誘導しない、まとめない、沈黙を恐れないことです。人は深く考えれば考えるほど、どう結論したらよいのかわからなくなったり、立ち止まったり、元に戻ったり、迷ったりします。

話す

聞く

書く

見る

使う

覚える

つなげる

心をみる

内面を磨く

そうしたときにぜひ「迷っていらっしゃるのですね?」「ご不安がおありなのですね?」といった支持的な質問を投げかけてみてください。

Q9 質問の技術を高めるにはどうしたらよいか。

A さまざまな手法がある。

質問力を高めるために、以下のことを試したり、活用したりしてみてください。

・意図をもって質問する。

・相手に興味関心をもつ。

・答えは相手の内側に必ず存在することを信じる。

・観察-傾聴、共感・支持-質問を一体的に展開する。

　併せて、要約、明確化、繰り返し、言い換え等の面接技術を活用する。沈黙や間は、相手から発信されるメッセージなので慌てない。

・矢継ぎ早の質問や、「なぜ」「どうして」の連発や多用を避ける。

・批判的・指示的・評価的質問は相手を閉じこもらせてしまうので避ける。

　また、同僚や仲間に協力してもらって、以下のような質問力を鍛える練習をしてみてもよいでしょう。

・2人でそれぞれ『話す人』『質問する人』の役割を決めて10分程度やりとりをしてみる(後で役割を交代する)。

　また、可能であればほかに1人やりとりを『観察する人』をおいて、やりとりのフィードバックを受ける。

・『話す人』は「始めたいのになかなか始められないこと」か「やめたいのになかなかやめられないこと」を話す。

・『質問する人』の質問の目的は「相手のやる気(答え)を引き出すこと」。基本は「考えてもらう質問」と承認と支持のみ。アド

バイス、提案、助言はしない。目的は『話す人』が自ら判断し、実行する過程を質問によってサポートする。

 Q10 死にたい、何もしたくない等、悲観的な発言を繰り返し話される場合の対応の仕方を教えてほしい。

A まずは、発言の真意を丁寧に探る。

死にたいという発言は投げかけられた側にとってどう反応したらよいのか迷い、困惑し、過敏な反応を取ってしまいがちな発言です。高齢者はそれまでの人生において多くの喪失体験を経ており、こうした発言を繰り返す方への対応は簡単ではありません。例えば面接技術であれば質問力のみならず、傾聴や共感などさまざまなスキルが必要ですが、まずは死にたいと繰り返し発言することで相手は何を訴えたいのか（真のニーズ）について、その意味するものは何なのかについて、本人のおかれた現状の理解や家族との関係性、疾患症状などに関して丁寧に情報収集と分析をすることになると思います。

死にたいという発言は直接的な自殺願望なのか、それとももう死んでしまいたいという漠然とした思いなのかによっても対応策は変わってくると思います。また、こういった事柄についてはケアマネジャーが1人で抱え込まず、その人にかかわる多職種のチームとともに、時には職場の上司、スーパーバイザーの協力を得ながら対応にあたっていくことも重要です。

話す

聞く

書く

見る

使う

覚える

つなげる

心をみる

内面を磨く

3 積極的傾聴

面接の際、基本的に用いる技術には、**観察・共感・傾聴・支持**があげられますが、このほかにもさまざまな面接技術があります。ここではなかでも最も基本的な姿勢ともいえる「傾聴」について、**積極的傾聴**という観点から解説をしますが、傾聴の技術に関連する他の技術についても簡単に触れておきます。

観察

注意深い観察によって相手と信頼関係を結ぶ面接は進んでいきます。例えば、行動やしぐさ、視線や口調、表情や反応といったものです。事前に得た情報や自身の先入観にとらわれずに、五感をフル動員して目の前にいる人を感じ取ろうとすることが重要です。

共感

共感は**共感的態度**として、相手のことをわかろうとする姿勢として発せられるものです。「この人は自分のことを理解しようと努力してくれている」ということが相手に伝わり、また、相手のことを受容しつつストレングスに焦点を当て、関心を向ける**支持的態度**によって「この人は自分のことをありのまま受けいれてくれている」という実感がもてた人は、たとえ高齢になって介護が必要となっても自らの人生や生活を（再）選択し（再）決定して生活の再構築をしていくための大きな動機づけとなります。

傾聴・支持

このような面接の過程で、相手の語る言葉に心と耳を傾けて聴く、またそのことを相手に示すことが傾聴です。具体的な行動としては、話の腰を折らず最後まで聞く、相手の話に合わせてうなずく、「ええ」「はい」「なるほど」と相づちを打つ、といったことになりますが、これはやり方というよりは対人援助の価値に裏打ちさ

れた態度であり、在り方であるという表し方のほうがより近いように思います。聴くことは一見受け身で相手次第のような印象をもたれるかもしれませんが、実は積極的傾聴は人を動機づける、力強さのある援助技術です。傾聴によって、相手の苦痛が和らいだり、ぼんやりしていた思考がはっきりしたり、ネガティブな気持ちがポジティブな気持ちへ変化を遂げたりする効果を生みます。

　これは、簡単なようで難しい技術です。限りある面接時間のなかで、次に自分はどのような話をすべきか、この話のこの部分をどう解釈したらよいのだろうかなど、思考があちこちに飛んでしまうものです。とりわけ支援困難ケースなどでは本人も状況整理ができておらず話が支離滅裂になることも多く、傾聴と合わせて適切に応答する面接技術の展開によって、本人が自身の状況を整理できるように面接を進めることが求められます。そのことによって信頼関係の強化だけでなく、**聴かれた人自身が話を理解してもらえたと感じることで、問題との向き合い方に変化が生まれたり、あるいは自身で問題解決しようとする動機づけにつながる**こともあります。積極的傾聴とはまさに援助技術であることの表れといえるのです。

観察

共感

傾聴・支持

話す

聞く

書く

見る

使う

覚える

つなげる

心をみる

内面を磨く

Q11 聞いているのに、利用者からは「話を聞いてくれない」と文句を言われるのはなぜか?

A 自分の役割を脇において「聞く」ことに集中してみる。

　ケアマネジャーが聞きたいこと（この話を聞いておかないと問題が解決しない、等）を聞いているのか、利用者が話したいこと（耳を傾けてほしいこと）を聴いているのか、どちらでしょうか。

　ケアマネジャーは生活の困りごとを利用者や家族等から相談され、課題分析によってニーズを抽出し、達成すべき目標を設定し、適切な社会資源を組み合わせてケアマネジメントする役割があります。その過程で「本人も気がついていないリスク管理の視点」や「利用者にとっての自立的で尊厳のある暮らし」についての言語化を図るという重要な役割も担っています。話を聞きながら思考をめぐらせてしまうことが、「（私の）話を聞いてくれない」という利用者の訴えにつながっている理由かもしれません。ケアマネジャーが自らの役割を誠実に果たそうとすることで会話の主導権や軸がケアマネジャーの都合に傾きすぎているのかもしれません。

　一度それらは脇において、「相談があるので話を聴いてほしい」という利用者に対して、**会話の主導権や軸を利用者に渡すこと**をイメージしてみましょう。どんなによいアドバイスが頭に浮かんできても、途中で口を挟まずに<u>利用者の話を最後まで聴いてみること</u>です。話し終わった相手に「ほかにはありませんか?」「もっと話しておきたいことはありませんか?」と問いかけてみることも有用です。

Q12 聞き上手になるにはどうしたらよいか？

A　よい聞き手に自分の話を傾聴してもらう体験を重ねる。

話す・聞く・書く・見る・使う・覚える・つなげる・心をみる・内面を磨く

　「聞き上手」の1つの手段が傾聴といえるので、傾聴力を高めていきましょう。そのためにできることとして、まずは**自分自身が傾聴される体験**をしてみましょう。例えば、同僚に時間をもらって業務上のひっかかりや戸惑いについて守秘義務の守られる環境で聞いてもらうことも1つです。そうした場合もできることならば高度な面接技術を身につけている主任ケアマネジャーやスーパーバイザーに話を聴いてもらう体験をつくれるとベストです。

　このとき、主役はあくまで話を語る人（あなた）であり、積極的傾聴を受けることでそれまで自分自身も気づいていなかった深いところにある自分の気持ち（価値ともいえると思います）が引き出され、受け止められ、さらに語るという体験をもつことができ、よい聴き手（聞き上手）への第一歩となります。

　実際によい聴き手になるために気をつけるポイントをいくつかあげてみます。まず、話を聴く部屋の環境や相手とのポジショニング、自分自身の表情や声のトーンの工夫、姿勢や動作のスピードにも気を配ってみましょう。例えば、視線の合わせ方についても相手の年齢や性別、性格やおかれている環境などによって、相手が心地よいと感じる目線は異なるのです。しっかり目を見て話を聴こうとすることが、かえって相手を圧迫してしまうこともあります。そこで、目の前にいる相手の表情や声のトーンなどのノンバーバルな表現を観察すると、そこから受け取れるものの多さに驚くかもしれません。そして適度な相づちやうなずきを取り入れながら意図的に相手の話を繰り返しながら話を聴きますが、会話の速度は相手に合わせること、相手の話を中断しない、話の内容を分析しようとする自分に気がついたら、評価せずに共感することに意識を戻します。問題を掘り下げるよりも、相手の話したいことを尊重するイメージで

す。なにより**アドバイスしたくなる気持ちが湧いてきても、それもそっと脇において、目の前の人の話に耳を傾け続けてみてください**。

Q13 一方的に話が止まらない人、同じ話を繰り返す人への対処方法は？

A 十分に聴いてもらえたと感じてもらうこと。

なぜ、話が止まらないのか、同じ話を繰り返すのか、その人の疾患や現在おかれている状況を含めた全体像を把握することが必要です。そこにヒントがあるのですが、積極的傾聴の観点から見たときには、もしかしたらその相手は「十分話を聴いてもらえた」「このケアマネジャーに自分のことを十分理解してもらえている」というような傾聴されている実感が薄いのかもしれません。傾聴の際に組み合わせて活用すると効果的な面接技術には**表1-2**のようなも

表1-2 相談面接技術

面接を展開する技法	感情に接近する技法
01 アイコンタクトを活用する	15 感情表出をうながす
02 うなずく	16 感情を表情で返す
03 相づちを打つ	17 感情表現を繰り返す
04 沈黙を活用する	18 感情表現を言い換える
05 開かれた質問をする	19 現在の感情を言葉で返す
06 閉じられた質問をする	20 過去の感情を言葉で返す
07 繰り返す	21 アンビバレントな感情を取り扱う
08 言い換える（関心）	
09 言い換える（展開）	
10 言い換える（気づき）	
11 要約する	
12 矛盾を指摘する	
13 解釈する	
14 話題を修正する	

岩間伸之『対人援助のための相談面接技術——逐語で学ぶ21の技法』中央法規出版、2008年、p.29

のがあります。大きく分けて面接を展開する技術と感情に接近する技法の2つに類型されたこれらの技術をうまく組み合わせてみましょう。同じ話を繰り返す人には、例えばその人の話した内容を「言い換え」て伝え返すことで、関心をもって話を聴いていることを伝えたり、内容を整理したり具体化・焦点化することで話を展開させたり、相手の気づきを促進させたりする効果があります。またその人の言いたいことに波長合わせをしながら「要約」して伝え返すことで、相手の話を確かに聴いていることを伝えられます。

Q14：相手の気持ちに寄り添いすぎて、本来の役割から逸脱していないか心配。

A 自分の感情を統制することを意識する。

　相手の気持ちに寄り添えることはとても素晴らしいことです。共感力の高い人に話を聴いてもらえると、安心できたり癒されたり、もっと話してみようと思えたりするものです。

　一方、ケアマネジャーは友人や親族とは異なる立場で、その人の自立を面接を通じて支援していく対人援助の専門職です。だからこそ、その際、過度な感情移入は自立支援の妨げとなる可能性があることを心しておく必要があります。自分の面接を振り返ったとき、利用者の感情なのか、ケアマネジャーの感情なのか区別がつかないようではいけません。共感は重要ですが、利用者の心持ちを理解しつつ、対人援助職としての自身の立場を意識する＝自身の感情を統制して接すること、この話はどんな目的で聞いていることなのかを意識することが大切です。

話　す

聞　く

書　く

見　る

使　う

覚える

つなげる

心をみる

内面を
磨く

4 観察力

アセスメントと観察力

アセスメント時に注意しなければならないことは「信頼関係の構築」です。アセスメント時ということは、援助開始間もないタイミングであるということです。その状況のなかで本人・家族は**自身のさまざまな情報をケアマネジャーに語っている**ということを理解する必要があります。

面接全般にいえることですが、相手が緊張している際には言葉のキャッチボールは単調で話の盛り上がりに欠けます。ここで大切なことは「場の雰囲気づくり」です。そのためには、仕事の内容の話ばかりでなく、相手の趣味・趣向や最近の時事ネタなどの話も盛り込みながら相手の表情を見て和ませることが必要です。わかりやすくいうなら、雑談を交えながら利用者や家族のさまざまな情報を聞き出すということです。そのときに相手には**「聞き取りをされている」と感じさせないことが大切です**。また、アセスメント面接は援助開始間もない時点で行われるので、初回面接で触れたような**「自分の役割」**や**「秘密保持」**については、つどわかりやすく丁寧に説明する必要があります。そういった面接のなかで、相手を理解するだけでなく「相手に自分の存在や役割を理解してもらう」という視点が必要です。このことを意識して面接を進めていくことで、少しずつ相手の表情が緩み、会話が続くようになるのです。

アセスメント面接が上手なケアマネジャーは、相手の話したことが自分の聞きたい情報になるように話題の方向性をコントロールしたり、会話にリズムや抑揚をつけて面接を進めています。観察力を高めることで、このような面接が可能となるのです。

多くのケアマネジャーが「経済情報などの金銭にかかわる情報

は援助開始間もないタイミングでは聞きづらい」と言います。このような場合、前置きとして「サービスを位置づける際の目安にします」や「費用負担に応じて計画書を作成します」などと伝えることも大切ですが、この話題を切り出すタイミングを推し量る際にも相手の表情や態度・場の雰囲気を考える必要があるのです。場が和んでいて、話の内容も本人のことで盛り上がっているときであれば、こちらの聞きたいことは大抵話してくれるものです。

　また、聞いた途端に急に表情が険しくなったり、会話が途切れたり、「そのことは聞かないでくれ」などと言われた場合には、何か話したくない事情があるか、タイミングが早かったということです。このような場合には、深追いせず次の機会を待ちましょう。

　観察力は、このように自分自身の感覚・感性・洞察力を駆使して敏感に相手の反応を感じ取っていく力です。そのために、知識と経験を積み上げていくことが求められるのです。

表1-3　観察力

・地域環境…生活水準や歴史的背景
・自宅の様子…経済力と価値観
・室内の様子…生活能力と趣味・趣向
・身体状況…疾患や障害
・言葉遣い…出身地や職業
・表情や視線…共感や受容そして拒否や抵抗
・服装や身だしなみ…清潔不潔や社会への関心
※観察力を高めれば情報収集能力やコミュニケーション能力が上がります。

話す

聞く

書く

見る

使う

覚える

つなげる

心をみる

内面を磨く

Q15 アセスメントでベテランは何を見ているのか？

A すべての事象・物について視野を広げて見ている。

アセスメントでベテランが何を見ているのか7つの項目で解説していきます。

①地域

この地域には「どのような生活水準の人が住んでいるのか」「その地域の自治体活動はどうか」「その地域の歴史はどうなっているのか」などさまざまなことに視点を向けます。

②家・環境

利用者の家の状況は、家の築年数、破損状態、庭があれば草木の手入れの様子、段差や階段など今後必要となってくる改修や転倒事故などのリスク箇所などを押さえておきます。

③室内

室内に入ったらまず玄関を観察します。この時点で大体の同居家族の人数を把握することができます。また、玄関には多くの人が趣味に関するものを置いていたりしていますので、「この家には誰かゴルフをやる人がいるな」「ランニングをしている人がいるな」といったことがわかります。また、杖なども見かけることも多いので「この利用者は歩行に課題があるのかもしれない」などと瞬時に情報収集することができます。

廊下の様子で、物が通路を塞いでいる場合には、家族の中に整理が苦手な人や物を捨てられない人がいることがあります。また、商売道具や商品が積まれているなど、本人や家族の職業に触れることもできます。

台所では、きれいに整理整頓ができているか、物があふれているかなどで家事を中心的に行っている人の能力がわかります。

リビングには、趣味・趣向品や賞状や写真、トロフィーなどが置いてあることが多くあります。ここにあるものから話題をつくっ

ていくこともできます。なお、リビングは本人や家族がリラックスして過ごす場ですので、警戒心が下がる場所でもあります。

④本人

　本人と対面したところで、体格や感触、表情、声色、身だしなみ、服装など多くのことがわかります。会話が始まれば、口腔内の様子や口臭の有無もわかります。このような情報から本人の日常生活自立度を把握していくこともできます。また、本人の人となりや価値観については本人の生活歴や人生経験を丁寧に聞いていくことが必要となります。

⑤家族

　こちらも同じように、外見などから家族の能力や生活水準を考えることができます。また、本人の介助が必要な場面で介護力や今後の協力についても考えることができます。

⑥家族関係

　本人と家族の関係性を考えます。面談の場面での会話の変化に応じて利用者本人の表情はどうか、家族の表情や態度についてはどうかなどです。意見が対立していても場が和んでいる場合とそうでない場合には情報が大きく違うものとなってしまいます。

⑦関係者とのマッチング

　本人と家族の力を見積もり、家族関係を把握したうえでサービス事業者などの関係者を選択してもらいます。このとき、本人や家族の個別性を理解したうえで「どのようなスタッフとならよい関係が築けるのか」「どのような特徴のある事業所を提案したほうがよいか」などを考えて提案します。

Q16 「あれ？」と気づくためのセンサーはどうやって磨けばよい？

A 「あれ？」とは違和感のこと。違和感に気づける視点を磨く。

　援助を行っていて違和感に気づくことは多くあります。特に自

話す

聞く

書く

見る

使う

覚える

つなげる

心をみる

内面を磨く

分には何も問題がなくて「いい人」に映っていても、事業所からは問題が絶えない人であるということは多くあります。

　例えば、ある高齢の女性はとても主治医との関係を大切にしています。ですから、主治医と同じ法人のサービスに対しては苦情を言ったことはありません。ですが、その他の事業所に対しては毎月のように苦情を言って困らせています。このようなことは決して珍しいことではありません。ただ物事を客観的に考えなければ、この人のように「ある特定の人を大切にしている」ということに気づくことはできません。

　この違和感に気づくセンサーを磨くためには、自分の感情を冷静に保ち、多面的で広い視野をもつためのトレーニングが必要です。

　まず、自分自身を冷静に保つこと。そのためには適度な休息と適度な学習が必要です。

　この適度な学習に大切なのが学習の質です。自分の支援を客観的に振り返ることができる観察力と思考力を身につけるためには、事例検討会やグループスーパービジョンなどの複数で行う学習機会に参加して互いの観察力と思考力を磨き合うことをお勧めします。

Q17 気づいた後、掘り下げていくにはどうすればよいか？

 「マッピング」が有効である。

　観察した情報を掘り下げて考えていくツールとしてマッピングが有効であり、その種類として、ジェノグラムやエコマップなどを多くの人が活用しています。

　自分1人で考えるのもよいのですが、ノートなどに書くよりもホワイトボードなどに大きく書き出してみるうちに気づきが生まれることもあります。ホワイトボードに情報を単語で並べて、関係する事柄を線でつないでみると新たな推測が生まれることもありま

す。

　先に話した「違和感」を感じた場面で、どのような会話をした際にどんな表情をしていたのか……、そのときの会話の内容を細かく分析していくことで、生活歴のなかで本人が触れてほしくないことに自然と触れていたなどということは珍しいことではありません。

　このようなことに気づくことが援助職者の成長過程には大切だと思います。

Q18　観察力を磨く方法が知りたい。

A　書籍を読み、ワークショップへ参加する。

　特に福祉職以外のさまざまな職種の人（接客業等）が書いている書籍はとても参考になりますし、実践の場でも応用することができます。客室乗務員（CA）、マナー講師、飲食業、弁護士、刑事など今では多くの職業の人たちが執筆しています。

　また、それ以上のものを求めるのなら「ワークショップ」です。

　「ワークショップ」も今では多くのものが存在しますが、なかでもおすすめなのが面接技術のワークショップです。

　ここでは、心理職などが講師をしていることが多く、より専門的な技術と理論を学ぶことができます。また、参加者は、福祉関係者もいますが、医療関係者、教育関係、接客業の方々など多種多様です。多種多様だからこそ、自分の視野が広がり、より多面的なものの見方やとらえ方が身につくようになるのです。

話　す

聞　く

書　く

見　る

使　う

覚える

つなげる

心をみる

内面を
磨く

1 課題整理総括表

課題整理総括表とは

ケアマネジャーの資質やケアマネジメントにおける質の向上への期待が高まるなか、2013（平成25）年1月に「介護支援専門員（ケアマネジャー）の資質向上と今後のあり方に関する検討会における議論の中間的な整理」において、ケアマネジャーについて検討すべき課題として、「利用者像や課題に応じた適切なアセスメント（課題把握）が必ずしも十分でない」「サービス担当者会議における多職種協働が十分に機能していない」「ケアマネジメントにおけるモニタリング、評価が必ずしも十分でない」といったことが指摘されました。そこで、利用者の状態等を把握し、情報の整理・分析を通じて課題を導き出した過程を、多職種協働の場面で説明する際の1つの様式例として「課題整理総括表」が策定され、活用にあたっての手引きが作成されました。

課題抽出の見える化

課題整理総括表の作成の背景には、ケアマネジャーがどのように考えて課題を抽出したのかの経緯が明文化されていないために、ほかの職種からはわかりにくいことがあげられます。なぜなら、現在の居宅サービス計画の様式は、アセスメントの結果から課題を導き出す過程を表現するような形式となっていないため、サービス担当者会議等の多職種協働の場面において、ケアマネジャーが口頭でわかりやすく説明しない限り、利用者の状態等や課題を導き出した背景、それに基づいて整理された援助の方向性が共有できないからです。

そこで、利用者の状態等を把握し、情報の整理・分析を通じて課題を導き出した過程を、多職種協働の場面で説明する際の1つ

の様式例として課題整理総括表が策定されたということです。

ケアマネジャーへの期待

　ケアマネジャーには、これまで以上にさまざまな関係者に対し、要介護者等の課題を把握した経緯をわかりやすく説明することが期待されていることも念頭においておきましょう。課題整理総括表を用いて、専門職である私たちがどのような考えで要介護者等の「生活全般の解決すべき課題（ニーズ）」を導き出したのかをわかりやすく示していくことが大切です。

　こうした様式を適宜活用することにより、介護支援専門員の専門性を認知してもらいやすくなり、高齢者の尊厳ある自立した日常生活の実現に寄与することが期待されています。

表1-4　課題整理総括表の項目

移動	室内移動	掃除
	屋外移動	洗濯
食事	食事内容	整理・物品の管理
	食事摂取	金銭管理
	調理	買物
排泄	排尿・排便	コミュニケーション能力
	排泄動作	認知
口腔	口腔衛生	社会との関わり
	口腔ケア	褥瘡・皮膚の問題
服薬		行動・心理症状（BPSD）
入浴		介護力（家族関係含む）
更衣		居住環境

話　す

聞　く

書　く

見　る

使　う

覚える

つなげる

心をみる

内面を
磨く

Q19 課題整理総括表は必ず作成しないといけないか?

A 法令上の義務はない。

　ケアマネジャーの実務に直接かかわるため、課題整理総括表の有効性、書式の妥当性、具体的な活用方法について2012(平成24)年度に実証事業において検証が実施されました。その結果、課題整理総括表を活用することにより、一定の有効性が認められたものの、全件を対象にすることは効果よりも負担が大きくなる可能性が大きいため、ケアマネジメント業務において、必須の様式とはせず推奨書式として位置づけることになりました。課題整理総括表を活用することにより、アセスメントからニーズを導き出す思考過程が確認しやすくなることから、ケアマネジャーにおける法定研修や地域ケア会議、サービス担当者会議、ケアプラン点検事例検討会等で活用することが考えられますが、2023(令和5)年4月現在、義務様式とはなっておらず、法令上の作成義務はありません。

Q20 課題整理総括表を活用するメリットは?

A アセスメントによる課題抽出を見える化する。

　例えば、今現在の居宅サービス計画の様式だけでは、アセスメントで明らかになった課題について、サービス担当者会議等で利用者と協議の結果、当該期間のケアプランに反映しないこととした(反映できなかった)課題については、居宅サービス計画書には記載されないため、居宅サービス計画書を見ただけでは"同意が得られなかったから立案していない"のか、"課題に気づいていないから立案していない"のかが伝わらないでしょう。その結果、アセスメントで課題が抽出できていないのではないかと誤解を招くことも

考えられますが、課題整理総括表を活用することにより、ケアマネジャーの考えがより説明しやすく、そして伝わりやすくなり、業務効率化につながることも期待されます。課題整理総括表を活用した事例の説明の組み立て例は下記のような方法が考えられます。

図1-2　事例プレゼンテーションの組み立て方の一例

この方は現在、～～という状況です。 ※基本情報をコンパクトに紹介する	基本情報 +「現在」欄
この状況の要因は●つあると考えています。 1つ目は～、2つ目は～…です。	「要因」欄
これらの要因に対して～～という支援を 行うことで、～～（という生活行為）が 【改善／維持】できる可能性があると 考えて（プランを作成して）います。	「見通し」欄

Q21　課題整理総括表の効果的な活用方法は？

A　法定研修、地域ケア会議、ケアプラン点検など多岐にわたる。

　ケアマネジャーとして、アセスメントから今後の見通しを踏まえて課題を導くことが重要であり、これらの理解を促進するために、ケアマネジャーの研修の際に活用することが考えられます。また、利用者へのケアプランの説明の際だけでなく、サービス担当者会議や地域ケア会議において、利用者の客観的な状況や、それを踏まえたケアマネジャーの見通しなど多職種間で情報共有する際に活用することで、ケアプランへの理解が効果的に進むことが考えられます。さらに、課題整理総括表を活用することにより、ケアマネジャーとしてアセスメントから課題を導いた考えやとらえ方などが明確になることにより、ケアマネジャーの思考過程がわかり、具体

話　す

聞　く

書　く

見　る

使　う

覚える

つなげる

心をみる

内面を
磨く

的な指導につながることが期待され、法定研修や地域ケア会議、ケアプラン点検などで活用することが考えられます。

　なお、課題整理総括表を、課題を把握するための情報収集・分析の過程において、漏れがないかどうかなどの自己点検に活用することも考えられるでしょう。

図1-3　課題整理総括表の活用方法

①要因の分析・整理ができているかの確認

・要因の分析・整理ができているかに絞った検討に利用する場合
（例：法定研修における演習、事業所内での事例検討、ケアプラン点検など）
・検討の結果必要があれば、「要因」を見直したり、情報を追加収集したりする

②改善／維持の可能性や見通しの検討・共有

・改善／維持の可能性や見通しの検討・共有に絞って利用する場合
（例：法定研修における演習、個別事例を取り扱う地域ケア会議など）
・得られた意見・助言を活用し、必要があればプランの見直しを検討する

③個別事例に基づく地域課題候補の発見

・ケアプランに反映できなかったニーズを収集して地域課題を探索する場合
（例：地域課題を取り扱う地域ケア会議、法定研修における演習）
・複数の事例から地域課題の候補を探し、課題の検証や施策検討に活用する

Q22　課題整理総括表はいつ作成するのか？

A　ケアプラン原案を作成する前段階で作成する。

　課題整理総括表は、多職種等と課題のすり合わせを行う前に、専門職としての考えを整理するものであり、アセスメントツール等を使って、情報の収集・整理、分析が終わってから本表の作成に取りかかることが望ましいとされます。つまり、課題整理総括表はアセスメントツールではないという位置づけであり、アセスメントとは別に作成することが求められます。そのため、利用者および家族

の意向は、情報収集の過程で把握が終わっていることを前提とし、情報の収集源としては、利用者・家族との面談（一次情報）はもちろんのこと、主治医意見書や退院サマリー等の他の専門職の意見書等も含めます。具体的には、アセスメントを行い、ケアプラン原案を作成する前のタイミングで課題整理総括表を作成することが考えられ、作成の流れ（一例）としては、以下のとおりです。

図1-4　作成の流れ（一例）

「状況の事実」の「現在」欄を記入

まず「自立した日常生活の阻害要因」欄を記入し、
次に「状況の事実」の「要因」の各欄に関連する要因の記号（番号）を記入

「状況の事実」の「改善／維持の可能性」欄を記入し、
必要に応じて「備考」欄を記入

「見通し」欄を記入

「利用者及び家族の生活に対する意向」欄を記入

「生活全般の解決すべき課題（ニーズ）【案】」欄を記入し、課題の優先順位を記入

サービス担当者会議の結果、ケアプランに位置づけなかった課題について
優先順位欄に「－」印を記入

話 す

聞 く

書 く

見 る

使 う

覚える

つなげる

心をみる

内面を
磨く

ジェノグラム

ジェノグラムとは

　三世代以上の家族構成や家族の関係性を図式化したもので、<u>世代関係図、家族関係図</u>ともいわれています。

　1970年代末、アメリカのソーシャルワーカーであるアン・ハートマンは、児童福祉の分野で、社会福祉援助を必要としている対象者の問題には、その対象者にかかわる家庭環境や家族との関係性などが大きく影響することから、援助を行うためには対象者だけではなく、家族全体を視野に入れたアプローチが必要であり、有効であると考えました。そこで、対象者の家族構成とその関係性を<u>視覚的に共有</u>し、<u>効率的に記録できる方法</u>としてジェノグラムが考案されました。

　ジェノグラムは医療や福祉の現場で多く使われています。利用者のフェイスシートやアセスメントシートなどに記載されることもあります。適切な支援やサービスを提供するために、利用者の家族関係の情報は重要なものです。福祉ニーズを有する利用者は、家族関係が複雑なことも多くあります。特に高齢者の場合、長い年月のなかで、家族の関係性が複雑化していることもあります。時系列の情報整理だけでは把握しきれないこともあります。また、複数の関係機関や多職種による支援体制が必要な場合においては、誰もが<u>情報を正確に理解</u>し、共有することで<u>適切な支援の提供が可能</u>になります。

　ジェノグラムは、利用者の<u>家族構成、関係性の視覚化</u>といえます。利用者を中心とした家族構成を記号により、地図のように平面に並べ描くことで、家族状況を分析することができます。家族の中で起こった死、誕生、結婚といった象徴となる出来事や変化を追跡

できます。また、家族それぞれの**役割**や**立ち位置**が見え、関係性を把握することができます。利用者への支援の初期段階において、面接等で収集された家族の情報を1つの図にまとめることで、問題解決のためのキーパーソンの存在の確認や、誰にどのような介入の方法があるか等、**仮説の設定**が行える有効なツールとして活用できます。

基本的な記載のルールがあるので、押さえておきましょう。

図1-5　ジェノグラム記載のルール

基本図形

1　性別

男性は□、女性は○、性別不明は△
年齢がわかるように、図形内に表記

2　本人

中心となる本人は二重の図形

3　死亡者

黒塗り図形か図形に×で表記
※死亡の年を記載していると
　経緯がわかりやすい

図形のつなぎ方

1　結婚は図形を実線または二重線でつなぐ

※年を記載すると経緯がわかりやすい
子どもがいる場合は、結婚線より下にぶら下げる
子どもは、生まれた順に左から表記

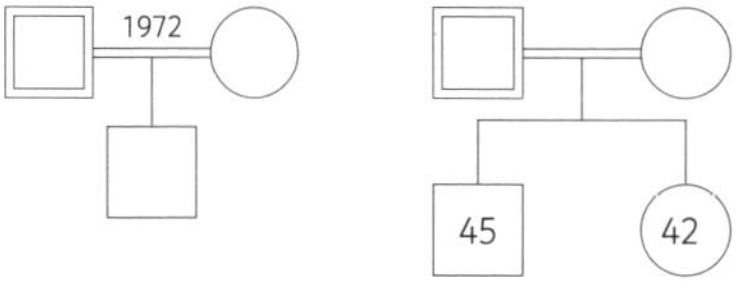

2　離婚している場合は、結婚線を斜め二重線で区切る

別居は、斜め実線で区切る
※年を記載すると経緯がわかりやすい

3　内縁関係は波線または点線で結ぶ

Q23 家族はどの範囲をいうのか？

A 法律に定義された範囲が家族とは限らず、
人によって家族の範囲は異なる。

　家族は、「**婚姻によって成立した夫婦を中核にして、その近親の血縁者が住居と家計をともにし、人格的結合と感情的融合のもとに生活している小集団**」といえます。「**住居と家計をともにする**」としているように、血縁者の親等ではなく、生活をともにする血縁者という集団を「家族」としています。また、住居や家計をともにする人に限らず、**精神的な結びつきのある人**のことを指している場合もあります。

　民法では、「親族」について定義されていますが、「家族」を定義する条文はありません。民法における親族の定義は、「6親等内の血族、配偶者、3親等内の姻族」としています。民法が定める親族の範囲は広く、日常的な関係をもたない人まで親族としていて、居住や家計は全く別々で、精神的な結びつきもないような人も範囲としています。親族の全員を家族と位置づけることは難しいといえます。また、一部の法律では、家族の範囲が定められています。例えば育児・介護休業法では、対象家族を「配偶者（婚姻の届出をしていない事実上婚姻関係と同様の事情にある者を含む）、父母及び子、これらに準ずる者として祖父母、兄弟姉妹及び孫並びに配偶者の父母」とし、家族を対象家族に加えて「同居の親族」としています。また、雇用保険法では、「配偶者、父母及び子並びに配偶者の父母」を介護休業給付金の対象家族と定めています。法律では、その法律の趣旨に合わせて柔軟に考えられています。このことから家族の定義は一様ではなく、**人によって家族の範囲は異なります**。

　利用者支援にジェノグラムを活用する場合、利用者の家族とのかかわりがどこまでの範囲となっているのか、利用者の生活にどの範囲までの家族が影響を与えているのかによって、家族の情報を得

る範囲も変わってきます。

Q24 ジェノグラム作成のルールはあるか？

 三世代以上の家族構成を図式化する。

ジェノグラムは、**三世代以上の家族構成や家族の関係性を図式化**したものです。実際にジェノグラムを作成する際、何を明らかにするかによって、利用者を中心に何世代まで、どの範囲までの家族を記載するかは、ケースバイケースといえます。利用者のこれまでの人生と現在の生活にかかわりがあり、影響を与えてきた家族、つまり利用者の過去から現在を時系列で知ることのできる情報としての家族の記載は必須です。また、その利用者が抱えている課題や、その課題解決のために関係する家族、つまり援助関係にかかわる家族の記載も必須です。

一人暮らしであっても、兄弟やその子ども、亡くなった、または離婚した配偶者、別居の子どもや孫の存在等、支援にかかわれると思われる家族の情報も収集し、ジェノグラムに表記します。

図1-6　ジェノグラム

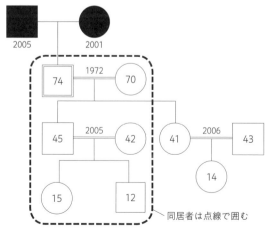

同居者は点線で囲む

※作成年月日を記載することをお勧めします。
　家族の状況に変化があったら、修正します。

話す

聞く

書く

見る

使う

覚える

つなげる

心をみる

内面を
磨く

3 エコマップ

エコマップとは

　ジェノグラムを考案したアメリカのソーシャルワーカー、アン・ハートマンが1975年に発表しました。

　「生態地図」とも呼ばれるエコマップは、利用者を中心にして、その**利用者を取り巻く社会資源との関係性**を地図のように描きます。社会資源には介護サービスや医療機関だけでなく、家族や友人、近隣者等も含まれ、利用者にかかわる人や組織・機関が描かれます。

　エコマップは、家族とその外部にいる人々や組織とのかかわりを**「見える化」できるツール**です。エコマップを作成する過程で、複雑な家族や社会資源との関係をアセスメントし、課題を整理し、解消したい不和等を見出すことができ、課題解決の糸口が見つけられる可能性があります。

　エコマップでは、利用者と利用者の支援にかかわる人や組織・機関とのつながりの状態を見ることができます。利用者の家族のなかで、誰との関係が良好に保たれているのか。誰を信頼しているのか。あるいは、誰との関係が悪く、ギクシャクしているといった**関係性を全体的に見る**ことが可能になります。また、主治医やケアマネジャーなど利用しているサービスの機関やそこに所属する専門職が、よい関係にあるのか、かかわり始めた期間が短く、まだ互いに関係が築けていないのか等、どのような関係の状態にあるのかが書き込まれます。関係性の強弱、受容や対立、葛藤といった**関係を視覚で確認**することができます。今は活用していないが、将来、効果的に活用できる社会資源となり得るのかも、見ることができるツールです。

図1-7 エコマップ

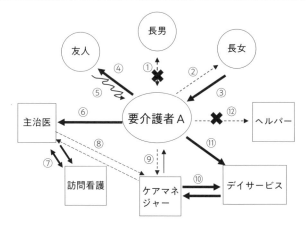

※エコマップから読み取れる関係

①長男とは対立関係
②長女をあまり信頼していない
③長女は本人のことを気にかけている
④友人を頼りにしている
⑤友人は本人との関係に葛藤がある
⑥本人は主治医に強い信頼がある
⑦主治医と訪問看護の関係は強い
⑧主治医とケアマネジャーとの関係は弱い
⑨本人とケアマネジャーの関係は弱い
⑩ケアマネジャーとデイサービスとは互いに信頼がある
⑪本人はデイサービスの利用をよいと思っている
⑫本人はヘルパーの利用を受け入れていない

⟵	強い・信頼・よい関係
←	普通の関係
◄----	弱い・希薄な関係
◄-►	対立関係
〰➤	躊躇・葛藤関係
✖	断絶・拒否

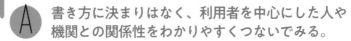

A 書き方に決まりはなく、利用者を中心にした人や機関との関係性をわかりやすくつないでみる。

エコマップの書き方は、<u>利用者本人を中心</u>に描かれること以外は、こうでなければいけないという決まりはありません。いかにわかりやすく、共通認識できるように作成するかがポイントです。

利用者を中心にし、その利用者を取り巻く人や社会資源との関係性を①強い関係、②普通の関係、③弱い（希薄な）関係、④対立の関係、⑤葛藤の有無といったように分けて書きます。見てわかりやすくするために、関係性ごとに線の太さや形状、色を変えたりし、働きかけの方向を矢印として表現します。一般的に、矢印や線、記号を使って関係性を表現します。

ジェノグラムと合わせて作成することで、利用者とその家族を取り巻く社会資源との関係性を確認することができ、アセスメントを行う際、利用者のおかれている状況をさらに理解しやすくなります（→**Q28**（p.42参照））。

エコマップは、利用者や家族、関係する人や機関から聞き取った情報や作成者となるケアマネジャーが支援を行うなかで、<u>客観的な視点で状況分析された情報</u>によって作成します。ケアマネジャーが把握している情報のみをもとにした場合、偏った情報や限られた視点での分析となってしまう可能性があります。エコマップを活用し、情報を共有し、適切な支援を利用者に提供することが難しくなります。

利用者・家族から表出された思いや言動、観察により知り得た情報を他の関係者からの情報とすり合わせ、客観的に分析しなければいけません。

Q26 エコマップはどのようなことに役立つのか？

 情報を整理し、課題を見つけ、解決の糸口を
見つけられる。

エコマップに記載された情報は、利用者を中心にした周囲の人々や関係する機関との関係性が客観的な視点で状況分析された情報です。客観的な事実のみでなく、分析された情報が**視覚的にまとめ**<u>**られ**</u>ています。

援助者であるケアマネジャーが、収集したさまざまな情報を頭の中で描き、整理することは難しいことです。エコマップを作成することで、情報が整理でき、関係性を要因とする課題を明確化することが可能になります。また、**複雑に絡み合った関係を読み解く**こともできます。

関係性は常に変化するものです。些細なことをきっかけに、よくも悪くも変化します。その時々でエコマップを書き直すことは大事なことです。今の関係性がどのような状態になっているのかを確認し、課題解決の検討を行う際に、ケアマネジャーのもつ情報を整理するためにエコマップの<u>**修正を行うことが必要不可欠**</u>です。また、その情報を関係機関と共有し、その情報をさらに有効性のあるものにするために、関係機関からの情報の追加や修正を求めることが必要です。

利用者やその家族と一緒に作成することによって、自らがおかれている状況が確認でき、課題に気づくことも可能になります。課題解決型のサービス担当者会議や事例検討会において、サービス事業者や関係者と情報を整理しながらエコマップを作成することで、ケアマネジャーのみでは知り得なかった情報や多角的な視点による分析が可能となります。このように作成されたエコマップは、課題解決のための重要な検討の資料となり、<u>**解決の糸口を見出すこと**</u><u>**ができる可能性**</u>があります。

また、<u>**新人の育成や指導**</u>のために、エコマップを活用すること

も有効です。ケアマネジメントの実践のなかでエコマップの作成により、利用者やその家族、利用者を取り巻く関係者との関係が理解でき、生活課題の解決や関係性の修復に向けて、誰にアプローチしたらよいのか、どのようなかかわり方に変更したらよいのか気づけることになります。

Q27　どのような利用者の場合、作成が望ましいか？

A 家族間の関係性やサービス利用の不具合に、どのような課題があるのか明確でないと感じる利用者。

　介護の支援を必要としている利用者のなかには、その生活課題が複雑化・多様化していることが多くなっています。

　生活課題のすべてが、利用者本人が要因となって起こるわけではありません。利用者を取り巻く人々や利用者とかかわる環境（物的、組織・機関等）が影響を与えていることが多くあると考えられます。生活課題が関係者の間で複雑に絡み合い、介護の課題のみならず、経済・住まい・仕事等、**さまざまな領域にかかわる課題**が浮き彫りになることもあります。

　複雑化・多様化した課題（多課題家族等）を解決するために、利用者にかかわる周辺の人々や組織・機関との関係性を表すことができるエコマップを作成し、その関係の**状態を視覚化**することで、どこにアプローチすれば関係性に変化が期待できそうかなどといった、**課題解決の糸口になる部分を見出す**ことができる可能性があります。

　ケアマネジャーは、どのような利用者のどのようなタイミングでエコマップを作成する必要があるのでしょうか。例えば居宅介護支援の場合、依頼を受けて、インテーク・初回面接・アセスメントの初動の段階でエコマップを作成しなければならない状況にはならないでしょう。一例として、初回のケアプランを作成し、介護サー

ビスの提供が始まり、介護サービス提供事業者や医療機関等の複数の関係機関がかかわることで、利用者・家族の生活に変化が生じます。しかし、その変化が利用者・家族にとっては必ずしもよい方向への変化と感じられずに、サービスをスムーズに利用できないこともあります。そこでエコマップを作成し、利用者・家族と介護サービス事業所や関係する機関の関係性を見て、どこの機関との関係性を強化したらよいのか、どのかかわり方を変更したらよいのか等を検討することで、その後のサービス利用に対する利用者・家族の思いが変化し、よい方向へと関係性の変化を実現できる可能性が出てきます。**課題解決のためのサービス担当者会議での活用が有効**だと考えられます。

また、地域包括支援センターでは、地域の住民や機関、ケアマネジャーからさまざまな相談が入ってきます。その相談内容によっては、介護保険の申請や他の専門機関に紹介することで課題が解決することもあります。しかし、虐待や対応困難な要介護者の相談となると、そこに発生している課題は複雑に絡み合っていることが多くあります。そこで、エコマップの作成により、**状況の確認や関係機関の現状を把握**することが可能になります。それはケアマネジャーへの**支援の一助となるツール**となり得ます。地域ケア会議においても事例検討の際に**情報を共有**し、課題解決のためのツールとなります。

利用者への支援のなかで、サービス利用が効果的に行われていないときがあります。その要因が利用者・家族が周囲の人々や関係する組織・機関との関係に偏りがあることで、本来期待される関係性を保つことができていない、対立や葛藤といった関係性に陥っているといったことが推察されることがあります。それぞれの**関係性を明確にする**ために、エコマップを活用することは有効です。

話す

聞く

書く

見る

使う

覚える

つなげる

心をみる

内面を磨く

ジェノグラムとの違いは何か？

A　ジェノグラムは、利用者の家族との関係性を
表し、エコマップは、利用者と社会資源との
関係性を表した相関図。

　ジェノグラムもエコマップも、視覚を活かし利用者を**アセスメ
ントするツール**です。**ジェノグラム**は、**利用者の家族との関係性**
を表した図であり、**エコマップ**は、**利用者と社会資源との関係性**
を表した相関図です。

　家族構成を表したジェノグラムと比べ、エコマップは家族以外
の友人や近隣住民、介護サービスや医療機関といった、利用者を取
り巻く多くの人や機関も含まれます。エコマップを作成すること
で、利用者を取り巻く複雑な人間関係や機関との関係性を視覚化す
ることで、その理解が可能になります。

　また、ジェノグラムは家族の過去から現在に至る事実に基づい
た正確な情報により作成され、これまでの家族および家族の間で起
こった出来事を表すことが可能なツールですが、エコマップは、聞
き取った情報を客観的な視点で状況分析して作成された、現在の関
係性を表している相関図です。

　ジェノグラムにまとめられた情報には、家族構成や関係性が大
きく変化した情報を見ることができますが、一方、利用者との現在
の関係性を多く表したエコマップは、その時々の状況の変化によ
り、その関係性は変化するので、些細な状況の変化でその関係性の
変化も表されることになり、そのことを認識し、作成・活用するこ
とが必要です。

　ジェノグラムとエコマップを合わせて表記することで、家族間
の関係性や家族と社会資源との関係性も見ることが可能になりま
す。今後の支援における利用者家族のキーパーソン、課題の要因や
課題解決のためにアプローチする人や機関が発見できる可能性があ
ります。

図1-8　ジェノグラムとエコマップ

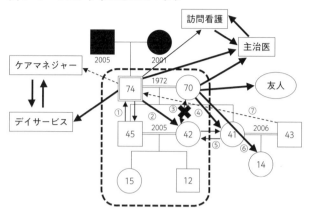

※ジェノグラム・エコマップから読み取れる関係
①利用者本人と長男とは普通の関係
②利用者本人は長男妻を信頼
③妻と長男妻は関係がよくない
④妻は長女を頼っている
⑤長男妻と長女は普通の関係
⑥妻は長女の子を可愛がっている
⑦長女夫と利用者本人とは希薄な関係
以下略

← 強い・信頼・よい関係
← 普通の関係
←--- 弱い・希薄な関係
←→ 対立関係
〰〰 躊躇・葛藤関係
✕ 断絶・拒否

話　す

聞　く

書　く

見　る

使　う

覚える

つなげる

心をみる

内面を磨く

地域支え合いマップ

　高齢者人口は、団塊の世代が75歳以上になる2025年には3677万人に達すると見込まれています。その後も高齢者人口は増加し、2042年には3935万人とピークを迎えます。その後人口が減少することにより、2042年以降も高齢化率は上昇し、2065年には38.4％に達して、国民の約2.6人に1人が65歳以上の高齢者となると推計されています。総人口に占める75歳以上人口の割合は25.5％となり、約4人に1人が75歳以上の高齢者になるとされています※。

　地域包括ケアシステムは、「地域の実情に応じて、高齢者が、可能な限り、住み慣れた地域でその有する能力に応じ自立した日常生活を営むことができるよう、医療、介護、介護予防、住まい及び自立した日常生活の支援が包括的に確保される体制」とされています。

　高齢化や人口減少が進み、地域や家族の支え合い、助け合いの基盤が弱まってきています。介護サービスの需要は増加しながらも、担い手不足が生じ、必要なサービスが利用できなくなることも考えられます。また、核家族化により、高齢者の一人暮らしや高齢者のみ世帯が増加しています。高齢者世帯では、通院や買い物、ごみ出し等、日常生活に必要なことができないといった多様なニーズが課題になってきます。

　高齢者世帯以外にも、子育てと介護を同時に行う世帯のダブルケア、子が親の介護や弟妹の育児、家事を行うヤングケアラーの課題が表面化し、家庭における福祉ニーズの多様化や課題の複合化・複雑化が明らかになってきています。

　多様化し複合化・複雑化した生活課題を地域住民が中心となるさまざまな支え合い活動で解決することで、地域生活を続けること

ができます。地域における人と人とのつながりを再構築し、誰もが役割をもち、お互いが存在を認め合い、支え合うことで、<u>**孤立せずにその人らしい生活を送ることができる地域社会づくり**</u>が求められています。

　地域支え合いマップづくりは、地域に支援を必要とする高齢者や障害者等がどのように暮らしているのか、どのような現状があるのか等を地図上に落とし込み、地域住民同士が情報を把握、共有することで、**地域課題の解決に向けた話し合いの素材**となります。

　多くの市町村社会福祉協議会や地域包括支援センターが、地域の特性や実態の把握、課題の抽出、今後の課題解決に向けた方法の糸口を見出すための手法として、地域支え合いマップの作成に取り組んでいます。

図1-9　地域支え合いマップ（例）

話　す

聞　く

書　く

見　る

使　う

覚える

つなげる

心をみる

内面を
磨く

※社会福祉の動向編集委員会編『社会福祉の動向 2022』中央法規出版、2022年

Q29 地域支え合いマップ作成の目的は何か？

A 地域の生活課題を発見し、地域づくりを進めること。

　地域福祉は、公助である公的サービスに加え、地域で共に支え合う互助と、自分自身が自分を助ける自助力が機能しなければ、効果的に進めることはできません。孤立や孤独の問題、日常生活上のごみ出しや買い物の不便等には、公助の福祉だけでは対応できない課題が多くあります。こうした課題に対応するには、住民の支え合いである互助が必要です。

　地域支え合いマップづくりとは、地域住民（一人暮らし高齢者や高齢者夫婦世帯、障害者といった生活課題を抱えるリスクのある世帯や人）の情報、地域の社会資源を地図上に落とし込むことです。地域支え合いマップづくりの取り組みを通じ、地域の互助や支え合いの理解促進、課題の発見と共有、仲間づくり、地域づくりを進めていくことができます。

　地域支え合いマップをつくる目的は、**地域にどのような課題があり**、その課題に**どのように取り組んだらよいのか、解決策を地域住民と考え出す**ことにあります。地域支え合いマップづくりは町内会・自治会の範囲で行われることが多く、住民同士のつながりづくり、住民の役割・居場所・生きがいづくり、住民の生活の支え合い（互助）、住民の自助や互助に対する意識の向上につなげられます。

　地域支え合いマップづくりの参加者や共感した地域住民が中心となり、地域のニーズや支え合いの関係が築け、「こんなことができる人がいるからこれをやってみよう」等の気持ちから地域づくりの活動が開始されます。気づきやつながりが少しずつ広がり活動が発展しています。

　地域支え合いマップづくりは、**地域への理解を促進し、地域の生活課題を発見**、そこから**地域の人々をつなげ、地域づくりを進**

めていくことが目的であり、活動を進めるための手段です。地域支え合いマップをつくることにより、地域の評価ができ、地域に合わせた支え合い活動につながっていくことになります。地域包括ケアシステムを推進するために地域支え合いマップづくりを行うことは、地域特性に応じた支え合い活動を生み、住民が地域福祉について考えるきっかけにもなるのです。

Q30 具体的なつくり方を教えてほしい。

A 地域の小ブロックの情報をテーマに沿って、地域住民とともに書き込む。

「地域住民同士のつながりが弱いのではないか」「地域の拠点が不足している」と感じたならば、まずは地域の実態を知るための取り組みを行ってみましょう。

地域支え合いマップづくりは、町内会の賛同を得ないで進めることは困難です。また、大規模なマップを作成しても使い勝手が悪く、地域をいくつかの小ブロックに分けてマップづくりを行うのが効果的といわれています。また、個人情報を取り扱うため、あくまで地域住民の人に限った取り組みとし、身近な地域のなかから10人程度で、近所の実態をよく知っている人が集まって取り組みます。オブザーバー役として町内会役員や民生委員、地域包括支援センター職員、社会福祉協議会職員、行政職員などに参加を呼びかけることもよいとされています。

地域支え合いマップは、おおむね50世帯の地図に、地域の「気になる人」や地域住民のかかわりなど、テーマに沿った情報を書き込んでいきます。支援を必要とする人に誰がかかわり、どんな支援や見守りが行われているのか。近所で助け合いの中心となっているキーパーソンはいるのか。支援を必要とする人は、自分自身でどのような努力をしているのか。地域住民が寄り合う場所はあるのか等の情報を地図上に落とし込んでいきます。

話 す

聞 く

書 く

見 る

使 う

覚える

つなげる

心をみる

内面を
磨く

例えば、一人暮らし高齢者の場合、見守り等のサポートをしている支援者と線でつなぎます。「本人の家族が近隣とつながりがあるのか」「生活上の困りごとの解決もサポートしているか」等の情報が書き込まれます。また、認知症の人の場合であれば、「外出して帰って来られないことはあるか」「よく行く場所や普段の行動範囲はどうなっているのか」「認知症であることをオープンにしているか」「サロンや老人クラブに受け入れられているか」「認知症カフェに参加しているか」「家族が地域に協力を求めているか」等の情報が書き込まれます。

「地域のなかで知らなかったことが見えた」「自分だけが困っていると思っていたことが、実は多くの人の困りごとでもあった」「近隣住民の関係性が見えた」といった地域の実態が、把握・整理され、地域の潜在的課題が顕在化してきます。個別課題、地域課題といった支援が必要な人に対して、支え合いの方法を検討する素材となります。地域の情報がマップに集約されることで、地域の社会資源が、一目で把握できます。課題解決の糸口や支援を必要としている人と支援ができそうな人とをつなぐことも可能になります。また、地域支え合いマップは、認知症カフェやイベントの開催の周知先の確認や、民生委員の引き継ぎ、地域福祉活動計画を策定する際の地域の特徴、地域力の把握等にも活かすことが期待される有効なツールです。地域の見守り活動や生活支援ボランティアの育成、地域住民のニーズの調整を行い、支援を必要とする一人ひとりの生活を地域全体で支え合う地域社会づくりを推し進めるものです。

現在、全国各地の市町村社会福祉協議会では、生活支援体制整備事業として、地域における支え合い活動の取り組みが始まっています。この仕組みの推進役として、市町村の各層に運営協議体が設置され、生活支援コーディネーターの配置といった仕組みがつくられています。

地域包括支援センターも、地域共生社会の実現に向けて一翼を担っています。居宅介護支援事業所のケアマネジャーも、地域で暮らす利用者の生活をさらに充実したものにするために、介護保険以

外のインフォーマルなサポートの導入や地域との調整は必要不可欠な役割になっています。地域の支え合い活動や地域の課題発掘のための活動への協働は、利用者支援のための大事な使命です。

図1-10 地域支え合いマップ

(1)なぜ支え合いマップづくり？
　①超高齢化、認知症や単身高齢者の増加。75歳以上高齢者が3人に1人へ
　②介護保険は行き詰まり、要介護者の生活支援で地域の助け合いに期待
　③住民はすでに助け合っている。マップで発見し、充実させれば効果的
(2)支え合いマップづくりとは？
　住民のかかわり合いを線で結ぶ。要援護者に誰がかかわっているかなどを調べ、地域の取り組み課題を抽出する。

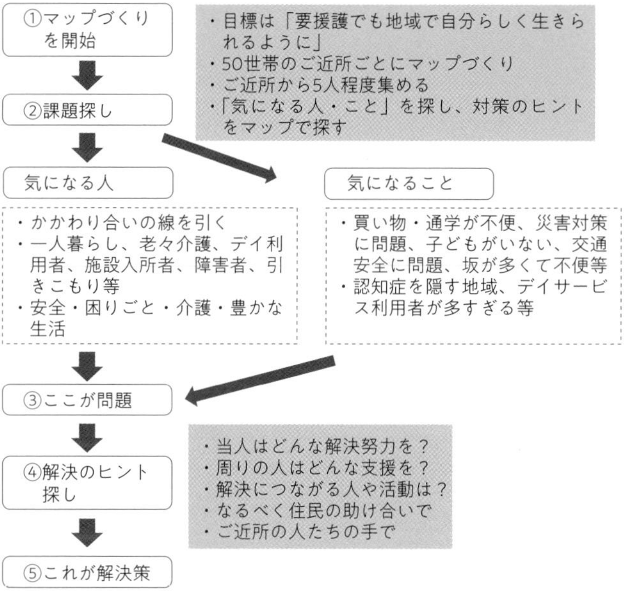

```
①マップづくり        ・目標は「要援護でも地域で自分らしく生きら
  を開始              れるように」
   ↓               ・50世帯のご近所ごとにマップづくり
②課題探し            ・ご近所から5人程度集める
   ↓               ・「気になる人・こと」を探し、対策のヒント
                     をマップで探す
```

```
気になる人                    気になること

・かかわり合いの線を引く      ・買い物・通学が不便、災害対策
・一人暮らし、老々介護、デイ利    に問題、子どもがいない、交通
 用者、施設入所者、障害者、引    安全に問題、坂が多くて不便等
 きこもり等                ・認知症を隠す地域、デイサービ
・安全・困りごと・介護・豊かな    ス利用者が多すぎる等
 生活
```

```
③ここが問題
   ↓               ・当人はどんな解決努力を？
④解決のヒント          ・周りの人はどんな支援を？
  探し               ・解決につながる人や活動は？
   ↓               ・なるべく住民の助け合いで
⑤これが解決策          ・ご近所の人たちの手で
```

話す
聞く
書く
見る

使う
覚える

つなげる

心をみる
内面を磨く

5 生活史

生活史とは利用者の人生の歴史

　生活史をとらえるとは、目の前にいる利用者が、どこで生まれ、どのような家庭で育ち、就学を経て就職し、自らの力でどのように生きてきて「今」を迎えているのか、ということをとらえることです。

　私たちの目の前にいる高齢者は、いきなり高齢者になったわけではありません。どのような人生経験を経ているのか、どのような考え方や価値観をもっているのかをきちんと理解するためには、**まず目の前の「その人」を知るということが必要です。**

　つまり、相手を知らなければ対応方法がわからないということです。相手をよく知らないうちは「こうすればよいだろう」とか「みんなこれで納得してくれる」などと根拠のない何となくの支援になってしまうのです。相手をきちんと理解していれば「私は以前のお話からこれを提案させていただきます」と根拠のある提案ができるようになるのです。

　例えば、ひきこもり傾向で外出の頻度が少ない人を外に誘うのであれば、「以前将棋を長いこと続けているとうかがいました。地域に将棋が指せる場所を見つけたのですが、行ってみませんか?」といったように提案することができるようになるのです。これは単なる趣味の1つにすぎませんが、生活史をうかがうことで利用者のさまざまな情報を引き出すこともできるようになるのです。

　生活史を聞くうえで大切なのは、**生まれた場所**です。どんな人でも同じ地方出身者には親しみを覚えます。スタッフや他利用者に同じ地方出身者がいる場合には、親しみがわき参加意欲が高まる効果が期待できます。また、援助開始間もないアセスメント面接の際

には「どちらの生まれですか？」と聞くことで、どの地方や土地で生まれ、どのように育ち、どんな仕事をしてきたのかくらいまでは本人が物語のように語ってくれます。ベテランのケアマネジャーであれば、この時点で頭の中に年表を描きながら面接を進めていきます。「何歳のときに、どこで何をしていたのか？」基本的にはこのことを繰り返し面接のなかで話をしながら、利用者の生活史を組み立てていきます。

また、誰にでも人生のなかでは大きな出来事があります。これを「ライフイベント」といいます。簡単にいうと、出生→就学→就職→引越し→結婚→出産→子育て→子どもの独立→現在へとつながる時の流れで起きる出来事です。それを年表に表してみます（→**表1-6**（p.53参照））。それに合わせて、その時代の流れや出来事、地域の事件・事故、国内外の情勢なども加えてみると、よりその人の人生経験がわかるようになります。

家族がいる場合には、夫・妻や子どもとの生活史も聞いておくことで理解が深まります。

また、生活史の内容は時間の経過、援助の経過に応じて話の内容が変化していきますので、情報を得たら一度で終わりではなく、常に自分のなかでデータを更新するようにしましょう。

表1-5　年表をつくる

出生	引越し	子育て	趣味
出身地	就労	出世	病気
家族	結婚	離婚	事故
学歴	出産	定年	戦争

話す

聞く

書く

見る

使う

覚える

つなげる

心をみる

内面を
磨く

Q31 生活史の基本的な書き方を教えてほしい。

A 最も基本的な書き方は年表スタイル。

時系列で書き出していきます。

そうすると、利用者がどの年齢の頃のことをよく覚えていて、どの年齢のことをあまり覚えていないかということもわかるでしょう。特に援助関係の構築が不完全な時点では、利用者が語りたくないことやマイナスイメージにつながると思っていることはなかなか出てはきません。面接を振り返りながら年表を作成してみると、今日の話の内容は、大半が幼少期のことばかりだったとか、仕事の話が大半だったなどといった具合になります。このことに気がついたなら、次回からは空白の時間に何があったのかを会話のなかから話題にあげてみたり、時間をかけて慎重に聞き出したりするとよいでしょう。

みなさんも博物館やさまざまな展示場、お城などに行くと必ず横に長い年表を目にするはずです。こちらを参考にして書き出してみるとよいでしょう。まずは、自分自身の生活史を作成してみることをお勧めします。そうすると、利用者本人と同じようにすぐに出てくることとしばらく考えないと出てこないことがあると思います。このように人は意識していることとそうでないことが自分のなかに混在しているのです。

また、認知症高齢者の場合には、家族から聞き出したおおよその生活歴のなかで、記憶がある年齢時点で留まっている人がいます。このような場合には記憶の逆行性喪失が起きていると考えられます。記憶の逆行性喪失とは、記憶が過去にさかのぼって失われていき、最後に残った記憶の世界が本人にとっての現在となることです。例えば、20歳に戻っている高齢女性をデイサービスに連れていけば2回目からは拒否することもあるでしょう。なぜなら、「自分は何で年寄りばかりのなかにいなきゃいけないのだろう?」と

思ってしまうからです。

　簡単でシンプルな書き方のほうが、情報共有する際にわかりやすいと思います。利用者本人が、何歳のときに何をしていたのか。そして、そのときの時代背景はどうだったのかをわかりやすく簡潔にまとめてみましょう。

表1-6　現代史と生活史

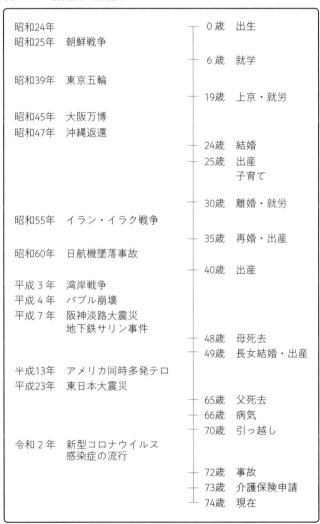

時代背景	年齢・出来事
昭和24年	0歳　出生
昭和25年　朝鮮戦争	
	6歳　就学
昭和39年　東京五輪	
	19歳　上京・就労
昭和45年　大阪万博	
昭和47年　沖縄返還	
	24歳　結婚
	25歳　出産 　　　子育て
	30歳　離婚・就労
昭和55年　イラン・イラク戦争	
	35歳　再婚・出産
昭和60年　日航機墜落事故	
	40歳　出産
平成3年　湾岸戦争	
平成4年　バブル崩壊	
平成7年　阪神淡路大震災 　　　　地下鉄サリン事件	
	48歳　母死去
	49歳　長女結婚・出産
平成13年　アメリカ同時多発テロ	
平成23年　東日本大震災	
	65歳　父死去
	66歳　病気
	70歳　引っ越し
令和2年　新型コロナウイルス 　　　　感染症の流行	
	72歳　事故
	73歳　介護保険申請
	74歳　現在

話す

聞く

書く

見る

使う

覚える

つなげる

心をみる

内面を
磨く

Q32 生活史の上手な聴取方法が知りたい。

A 相手に情報収集していると思わせないこと。

　生活史の大半が本人のプライバシーにかかわる情報ですから、それを相手に意識されないように、情報収集していると思わせない工夫が必要です。

　まず、本人の目の前でシートを埋めていくような聞き取り方はよくありません。自分のことを目の前で書かれることに多くの人は敏感に反応します。ですから、なるべくメモは控え、記憶するようにしましょう。こうすることで、相手の警戒心を下げるだけではなく、情報を聞き取られているとは感じなくなるでしょう。また、自分自身も本人情報をしっかりと忘れないようにしようとすることから集中して話を聞けるようになります。ただし、このときの表情には十分注意しましょう。眉間にしわを寄せて真剣な顔をしていてはせっかくの努力も水の泡となってしまいます。表情は穏やかに、相手が心地よく話せる雰囲気をつくりましょう。

Q33 自分の生い立ちなどをあまり語りたがらない人にはどう対応すればよいか？

A 無理に語らせよう、聞き出そう、としないこと。

　利用者があまり語りたがらないのであれば、語りたくなるまで待つことが大事です。簡単にいうと、今はまだ語るときではないのでしょう。相手も思いが熟し、その情報が必要な状態となったときにはじめて少しずつ利用者から聞くことができるでしょう。

　またこのような場合に有効な手段があります。それは、援助者（ケアマネジャー）のほうから自分のことを語り、**自分のことをよく知ってもらうことです**。これは自己開示といって相手との信頼

関係を築く手法です。

　語りたくないことがある一部の出来事については、より注意が必要です。なぜなら、そのことは利用者にとっての大きな傷、すなわちトラウマになっていることかもしれないからです。このような場合にも、不用意に聞き出そうとはしないことです。

　自分は聞きたい、相手は話したくない、相反する状態となっているときにこちらから強引に前に進むことだけは避けるよう注意してください。

Q34 生活史から何を分析するのか？

A 「価値観」。

　利用者がどの地域で生まれ、どのような文化に触れ、どのような時代のなかを生き抜いてこられたのかをしっかりとらえることで本人の思考の傾向や価値観を理解できるようになります。

　例えば、お金で苦労した方はお金の使い方が慎重になりますし、お金を大切に扱います。人に騙された人は、相手に対して慎重になります。

　このように人は、人生のなかで体験したことや経験したことをその後の人生の物差しとしていきます。

　また、価値観には多くのものがあることも理解しましょう。

　特に死生観は、親などの家族との別れや喪失経験を通して自分のなかに育まれていくものです。自分自身はどのように生きて、どのように死にたいか、ということには大きな個人差があるのです。このようなことは、正解はありませんので、利用者がどのような経験からそのように考えている、という利用者の価値観を理解することが大切なのです。

話　す

聞　く

書　く

見　る

使　う

覚える

つなげる

心をみる

内面を
磨く

ICFとは

　世界保健機関（WHO）が示した国際生活機能分類であり、人間のあらゆる健康状態に関係した生活機能状態から、その人を取り巻く社会制度や社会資源までを分類し、記述・表現しようとするものです※。また、ケアマネジャーの法定研修においては、生活全体を総合的にとらえる視点や課題分析においてその活用が求められています。

図1-11　ICF

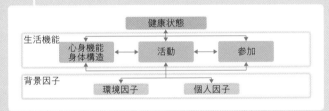

相互作用

　それぞれの分類は、単独に存在するのではなく、**相互に影響を与えます**。例えば、疾患により麻痺が残った人は、従来の活動や参加に大きな影響を与えます。このような『健康状態』→『身体構造』→『活動・参加』という一方向の流れだけでなく、従来参加していた趣味活動の教室等を辞めてしまったことで、意欲や活動性が低下するといった逆の流れもあります。また、影響の仕方にはマイナス面だけでなく、その人を支える家族や仲間の存在や、住環境や宗教観など、プラスの影響があることにも注意をしてください。

相互依存性と相対的独立性

　分類には相互作用による依存性が存在する一方で、独自性が存

在します。何か1つの影響が必ずすべてに影響するわけではありません。麻痺が残った人でも、「拘縮しないように関節可動域訓練を行う」「1人で車いす移動できる距離を延ばす」「オンラインで参加できるイベントを探す」など、それぞれ独立したアプローチを検討することも可能です。それぞれに独自性があるからこそ、分類したうえでアプローチを考えていくことが重要となります。

活動と参加の視点

　生命の維持に直結しにくい『参加』については、アセスメントや関係機関からの情報においても、漏れてしまうことがあるかもしれません。この「活動と参加」という視点は、**QOL（生活の質）を向上させる**という点において、常に念頭におくべき視点となります。ケアマネジャーの感覚では、『活動』はADLやIADL、『参加』は趣味活動や地域のイベントなどを想像することが多いかと思われます。しかし、厳密に『活動』と『参加』を分けることは難しく、多数の『活動』が『参加』を構成していることや、『参加』の具体的な形が『活動』の実行状況であることも多いため、相互の関係性を意識しつつ、場合によっては両方に併記されます。

実行状況（している活動）と能力（できる能力）

　平行棒内で10mの杖歩行ができることも大切ですが、生活の場においては、3m先のつかまるところのない食卓までの移動を考えなければなりません。「できる能力」を日常の「している活動」にすることです。ICFでは生活機能をプラスの面からとらえていきます。ここでいうプラス面とは、「残存機能として左半身が使える」ということだけではなく、「今後のリハビリによっては、麻痺側の右手でも茶碗を持てる可能性がある」という**潜在的生活機能**のことを指しています。リスクマネジメントが前提とはなりますが、ケアマネジャーがICFを活用する際には、実行状況と能力の評価とともに、見通しを踏まえたアプローチを検討する必要があります。

※障害者福祉研究会編『国際生活機能分類（ICF）―国際障害分類改定版―』中央法規出版、2002年、まえがき

話す

聞く

書く

見る

使う

覚える

つなげる

心をみる

内面を磨く

Q35 参加や個人因子を意識して利用者の習慣をケアプランに位置づけているが、それでよいか?

A 多職種で共有したほうがよいと思われることは、積極的に位置づける。

その習慣が今の生活を維持するには欠かせないことである、もしくは、この習慣は今後も続けてほしいという意図があれば、ケアプランに載せたほうがよいでしょう。いくつかの習慣から、「ケアプランに位置づける意味」と「生活機能との関係」を考えてみます。

○散歩を日課にしている

利用者が語った習慣をケアプランに位置づけることは、合意が得られやすく、評価もしやすい内容となります。習慣を目標や内容に位置づける際には、具体的な情報収集が大切です。「どのくらいの距離を歩けるのか」「どんな散歩コースなのか（坂道や階段の有無）」を把握することで、『心身機能・身体構造』の筋力や『活動』の移動能力も把握することができます。ケアプランに目標として記載する際には、「○○公園への散歩が続けられる」など、できるだけ具体的に書くことで、客観的な評価もしやすくなります。

○お風呂は毎日入る

体の清潔を保つ意味での入浴と、本人の習慣としての入浴を分けて考えましょう。入浴には、大きく保清や新陳代謝を促進するという身体的な意味と、疲労回復や安心感などの精神的な意味があります。ケアプランに位置づける場合には、保険制度で対応する必要性、本人にとっての意味、家族の負担感などに注意していきましょう。入浴習慣を確認することで、『心身機能・身体構造』の皮膚状態、『活動』の入浴動作、『環境因子』の浴室環境や介護力を把握することにもつながります。

○おやつは必ず食べる／夕食には毎回漬物とみそ汁をつける

ここでも「なぜケアプランに位置づけるのか」を考えることが重要です。習慣だから、ということではなく、「食事では足りない

カロリーを補うための間食」「カロリー過多の懸念がある」「毎食決まった量の塩分摂取があるならば、ほかの食事で調整する」などを考え、多職種で共有することの意味を考えていきましょう。

　習慣をケアプランに位置づける際には、利用者や家族の同意を得ることが前提となります。いくらケアマネジャーがケアプランに位置づけたいと思っても、それを多職種で共有するかどうかは、利用者や家族に選択権があることを忘れないようにしてください。

Q36 アセスメントにうまく活かすにはどのようにすればよいか？

A アセスメントの意味と合わせて考えてみる。

　ケアマネジャーの行うアセスメントには、大きく3つの意味があります。ここでは、それぞれの意味に合わせて、アセスメント上の活用を考えていきます。

○情報収集

　アセスメントの基本は情報を集めることです。運営基準上に定められている課題分析標準項目（23項目）は、最低限把握すべき項目となります。例えばICFの『参加』や『個人因子』を意識した場合、「家庭内や地域での役割」「所属や地域での居場所」「価値観や死生観」などを把握することで、その人らしさを理解する一助となります。事業所で使用しているアセスメントシートに、『参加』や『個人因子』の項目を位置づけるといった工夫をするのも1つの方法でしょう。

○課題分析

　ICFは集めた情報を整理し、課題を検討することにも役立ちます。集めた情報を分類することで、項目ごとにその人の強さや弱さが可視化されます。そのうえで、「お風呂に入れないのはなぜか」「退院後に必要と思われる支援は何か」「なぜ薬が余ってしまうのか」と、表面化した課題に対し、その原因や対応方法を考えること

話　す

聞　く

書　く

見　る

使　う

覚える

つなげる

心をみる

内面を磨く

につながります。情報が分類されていることで、シンプルにその項目から課題が見えることもありますし、相互作用から課題の原因が導かれることもあります。

○ニーズ抽出

「ニーズ」＝「利用者や家族が話した困りごと」とは限りません。ニーズにはケアマネジャーの専門職としての分析が入ります。お風呂に入れないことがニーズなのではなく、浴室環境の問題や下肢筋力の低下がニーズという可能性もあります。ICFで課題分析を行うことで、表面化された課題の原因を把握することができ、本当の意味でのニーズが導かれます。「お風呂に入れない」→「足腰に力をつけ住環境を整えることで、1人で入浴することができる」とニーズが変化することで、当初は訪問介護や通所介護で対応しようと思っていた入浴課題への支援が、「リハビリで下肢筋力をつける」「福祉用具の購入や住宅改修で浴室環境を整える」等、<u>その後の対応方法まで変わってくる</u>ことになります。

それぞれの事業所で使用しているアセスメントツールと併用することで、普段は意識しにくい視点を補うことや、課題分析の過程を可視化することにつながっていきます。

Q37 ケアマネジャーとして、ICFの活用の仕方について教えてほしい。

A 情報を可視化して整理することで利用者の全体像をとらえる。

○主訴や困りごとの原因を探る

課題を解決するためには「その困りごとはなぜ起きているのか」「なぜ今はその希望や要望が叶わないのか」というように、阻害要因を考え、原因分析を行っていきます。例えば「薬が余ってしまうのは、認知機能の低下が直接的な原因である。ただ、かつて管理職だったという思いの強さが、他者のかかわりを受け付けず、薬を管理しきれない状況にある」というように、『活動』『心身機能・身体

構造』『個人因子』から現状を説明することができます。ケアマネジャーには、根拠に基づいた支援が求められることから、このような形でICFを活用することができます。

○健康状態が生活機能に与える影響に着目する

　例えば、リスクを軽減するという視点から、「寝室は2階よりも1階のほうが望ましいですね」という声かけをしているケアマネジャーも多いと思われます。もちろん、可能であればそのほうが望ましいと思われますが、そこには、環境的な問題や個人の思い、身体的な特性をとらえていく必要があります。例えばパーキンソン病という疾患の特性を考えた場合、平地では転倒のリスクの高い疾患にはなりますが、段差や階段はそれほど苦にならない、といった場合があります。この場合、寝室が2階にあっても生活への影響はそれほど大きくないかもしれません。このように『健康状態』と『生活機能』の関係をみることで、その人の特性をとらえる支援につながっていきます。

○背景因子が生活機能に与える影響を把握する

　「自宅の周りは坂道ばかりだが、運転補助装置付きの車を運転しているので外出への支障はない」「認知機能の低下から食事の課題が出ているが、昔から料理教室に通っていた人なので、用意さえあれば調理はできる」というように背景因子を確認することで、支援の可能性が広がります。相互作用はマイナスだけでなく、プラスのかかわりもあることを十分に活用していきましょう。

○活動と参加を意識する

　生活の質を考えるうえで『参加』の視点は外せません。『参加』を起点として、必要となる『活動』の能力を考えることもありますし、『活動』の調理能力が、『参加』における趣味としての料理や母親の役割に連動するなど、『活動』と『参加』は密接な関係にあります。参加へのアプローチを検討することで、「台所に立つために、乗り気でなかった立位訓練に取り組むようになった」「花火大会を少しでも見るために、車いすで座っていられる時間を増やしていく」など、活動性の向上にもつながってきます。

話　す

聞　く

書　く

見　る

使　う

覚える

つなげる

心をみる

内面を
磨く

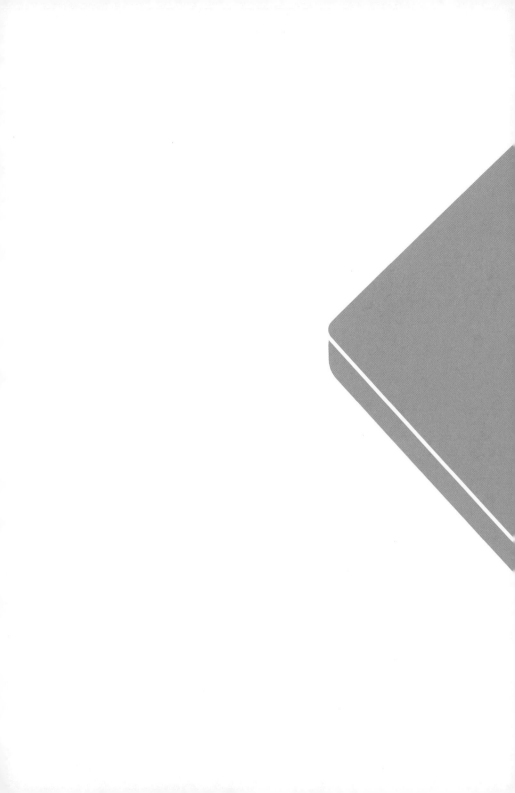

第 **2** 章

ケアプラン
作成
に必要な道具

介護保険制度以外に必要な他法の
知識やツールなどについて

1 成年後見制度

　認知症、知的障害、精神障害などのために判断能力が十分ではない状態の人を対象に、その権利や財産を守るため、家庭裁判所が本人の契約能力に制限を加え、本人に代わり後見人等（成年後見人、保佐人、補助人）がそれらの行為を担う制度です。

類型と権限

　本人の判断能力に応じて、家庭裁判所は以下３つの類型に区分して、後見人等に「取消権限」「代理権限」「同意権限」を付与します。

表2-1　成年後見制度の類型

①後見	②保佐	③補助
常に自分１人で判断できない状態にあり、日常生活に常に支援が必要な人に適用	時々自分１人で判断できない状態にあり、日常生活の相当部分で支援が必要な人に適用	物事によっては自分１人で判断ができないことがある人に適用

図2-1　後見類型における後見人の権限

後見類型の場合、成年後見人は、日常生活に関する行為や結婚・離婚・養子縁組等を除くすべての法律行為について、本人に代わって行う権限（＝代理権）をもち、また本人が行った行為を取り消す権限をもちます。後見人が行った行為は、「本人が行った行為」として扱われます。

利用の流れ

(1)本人または配偶者もしくは4親等内の親族が、家庭裁判所に対して申立てを行います。本人に親族がいない場合や、いても協力が得られない場合は、本人の権利擁護のために後見等が必要だと判断されれば、市町村長によって申立てが行われます。

(2)家庭裁判所が、本人をめぐる現在の状況や判断能力の程度を踏まえて類型（**表2-1**）を決め、適切な後見人等を選任します（**表2-2**）。後見が適正に行われているかをチェックするため、専門家を「監督人」に選ぶこともあります。

表2-2　後見人のカテゴリー

親族	本人の配偶者、子、孫などの親族の中から選任された者
専門職	弁護士や司法書士などの法律の専門職、社会福祉士などの福祉の専門職
市民後見人	親族や専門職以外で、地方自治体等が行う養成研修を受講するなどして成年後見制度に関する知識や技術・態度を身につけた一般市民の中から選任された者
法人後見	社会福祉法人や一般社団法人、公益社団法人、NPOなどで利益相反のない法人が選任されて実施する後見。法人職員が法人を代理して実務を担う。

以上は、判断能力が低下してから家庭裁判所が後見人等を選任する「法定後見」についての説明ですが、このほかに、判断能力が低下する前から本人が任意で後見人を選任する「任意後見」という仕組みもあります（→**Q40**（p.67参照））。

話　す

聞　く

書　く

見　る

使　う

覚える

つなげる

心をみる

内面を磨く

Q38 身寄りがない人が成年後見制度を利用するには、どう手続きしたらよい？

A 市町村の成年後見相談窓口に相談し、市町村長申立てを求める。

　成年後見（法定後見）の申立てをできるのは、後見開始の審判を受ける本人、その配偶者、4親等内の親族、任意後見人・成年後見人等、検察官、そして市町村長です。ケアマネジャーや介護施設には、申立ての資格がありません。

　現状では、身寄りがない人にかかる成年後見申立ての役割は、市町村長が担っています。したがって、判断能力が低下して日常生活に支障をきたしている人や、不利益・権利侵害を受けるリスクの高い人がいて、その人に身寄りがなく親族による申立てが期待できないことが把握された場合は、市町村の成年後見相談窓口に相談し、市町村長申立てがなされるよう状況を説明することが、援助職として求められます。

　市町村長申立てにかかる相談を受け付けた市町村は、まず申立ての対象となる本人に対して意思確認・状況確認を行ったうえで、2親等内の親族および存在が明らかな4親等内の親族に連絡を取って、親族として後見開始の審判を申立てる意向がないかどうかを問い合わせます。その結果、親族による適時かつ適切な申立てが期待できるのであれば、親族申立てに変更し、そうでない場合は家庭裁判所に申立てをすることになります。

Q39 困窮した人でも成年後見制度を利用できるのか？

A 必要とする人は誰でも利用できる。

　成年後見制度の利用には費用がかかります。申立てに際しては手数料や診断書作成費がかかり、後見開始後は後見人等に対して永

続的に後見等業務の対価（報酬）を支払う必要が生じます。

　報酬額は、「月額いくら」というような定額料金ではなく、家庭裁判所の裁量で、後見人の活動内容に照らして、個別に決定されます。目安としては、通常の後見業務として「基本報酬」が月2万円〜6万円とされ（本人の財産額によって幅がある）、特別困難な事情があったり、訴訟・調停・不動産売却等の特別な行為をした場合は、さらに上乗せされます。こうして決められる報酬額を、後見人等は本人の口座から引き出して受領する、という流れになっています。

　しかし、収入や預貯金が少ない人にとって、報酬額を支払い続けることは相当な負担となり、いずれ払えなくなるときがくるかもしれません。そこで、報酬額や申立費用について、市町村が一定額を助成する仕組みが設けられています。これを「成年後見制度利用支援事業」といいます。

　ただし、対象要件や助成額は市町村ごとにバラつきがあり、なかには助成を行っていないところもありますので、地域の状況を確認しておきましょう。

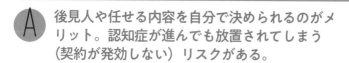

Q40 任意後見のメリット、デメリットを教えてほしい。

A 後見人や任せる内容を自分で決められるのがメリット。認知症が進んでも放置されてしまう（契約が発効しない）リスクがある。

　任意後見制度は、近い将来に自分自身の身に起きるであろう事態（認知症等による判断能力低下）を想定して、あらかじめ自分で選んだ人と「任意後見契約」という契約を交わしておいて、判断能力が実際に低下したらそれが発効する、という仕組みです。

　契約書を公証役場の公証人が作成する公正証書で交わす必要がありますが、任意後見人は原則として誰がなってもよく、任せる内容も二者間で自由に決められます。この柔軟性が最大のメリットで

話　す

聞　く

書　く

見　る

使　う

覚える

つなげる

心をみる

内面を磨く

す。

　また、身寄りがなく、体が不自由で日常的な金銭管理や諸手続きに不都合が生じている人は、併せて同じ相手と「財産管理委任契約」や「死後事務委任契約」を結んでおけば、いわゆる"おひとり様"の不安への備えともなります。

　一方、任意後見制度には、任意後見人による職務怠慢や搾取を防ぎ、本人に不利益や権利侵害が生じないように、「任意後見監督人」が定期的に収支や財産目録をチェックする体制が敷かれています。任意後見契約は、この監督人が選任されたときに、初めて発効する仕組みとなっています。したがって、本人の判断能力が低下したら、任意後見人になる予定の人や親族は、速やかに家庭裁判所に「任意後見監督人の選任」の申立てを行う必要があります。

　なお、判断能力が低下しているにもかかわらず、任意後見監督人が選任されていない状況は、搾取や濫用に無防備な、ハイリスクな状態ですので、そのようなケースでは、市町村の成年後見相談窓口に相談するなどの働きかけが求められます。

Q41　後見人はどう決まるのか？

A 本人の判断能力の程度や現在の状況を勘案して裁判官が決定する。

　法定後見開始の審判申立てを受けた家庭裁判所は、申立書類を精査し、申立人や後見人候補者（いる場合）との面接、さらに必要に応じて親族への意向照会、本人調査を経て、本人の判断能力の程度や現在の状況を把握したうえで、類型を決め、適切な後見人等（補助人・保佐人・後見人）を選任します。本人の親族がなる場合もあれば、弁護士、司法書士、社会福祉士などの専門家を選ぶ場合もあります。

　なお、申立者は自薦他薦を問わず、「後見人等になってほしい人」を候補者として提示しておくこともできますが（申立書の記入欄に

記入しておけばよい)、必ずしも希望どおりに選任されるとは限りません。決定内容に不満があっても、不服申立ては認められません。

現状では、後見人等が途中交代するシステムはありません。ひとたび選任されると、原則として本人（被後見人等）の判断能力が回復するまで、あるいは死亡するまでの間、後見人等であり続けます。ただし、2つの例外があります。①後見人等の側のやむを得ない事情（病気、高齢等で事務遂行が難しくなったなど）により辞任の申出がなされ、裁判所に認められた場合と、②後見人等に「不正な行為、著しい不行跡その他後見の任務に適しない事由」が認められ、裁判所から解任された場合です。

ただ、一度決まったら変えられないという仕組みは、親族や関係者から「使い勝手が悪い」と評判が悪く、柔軟な運用を望む声が高まっています。

Q42 後見人が動いてくれない場合、どうしたらよい？

A 職務怠慢と思われる事実やそれによる支障を記録し、成年後見センターや家庭裁判所に相談する。

まず、どのように動いてくれないのか、それによってどのような不都合や支障が生じているか、事実経過を記録しましょう。必要な手続きが行われず放置されている場合は、実際何についてどのくらいの遅延があったのか、連絡がつかない場合であれば、どのくらい音信不通が続いたか（留守電、FAX、メールなどの手段を講じたうえでの音信不通だったのか）なども記録しておきます。

それをもとに、市町村の成年後見相談窓口または家庭裁判所の苦情受付に相談するとよいでしょう。ただし、後見人等を途中交代させる仕組みが現行制度にはないため、根本的な解決につながるかどうかわかりません。それでも利用者の権利擁護を考えるならば、こうした行動を起こすことが大切です。

話 す

聞 く

書 く

見 る

使 う

覚える

つなげる

心をみる

内面を磨く

2 生活保護

人生には、病気、障害、失業、事業の失敗、借金、依存症、ひきこもり、DV、生計維持者の死亡や病気など、さまざまなリスクがあります。

こうしたリスクに対して、わが国の社会保障では、病気やけがには「医療保険」、要介護には「介護保険」、障害・老齢・生計維持者の死亡については「年金」、失業には「雇用保険」という具合に社会保険という仕組みでセーフティネットを用意しています。

これらの制度の対象にはならないものの、生活困窮の要因となるリスクには「生活困窮者自立支援制度」という仕組みで対応します。それでもなお、健康で文化的な最低限度の生活が維持できない状況である場合には「生活保護制度」が適用されます。両制度は、次ページのように、切れ目なく生活困窮者・要保護者のニーズに対応して支援を実施することとなっています。

図2-2 リスクへの対応

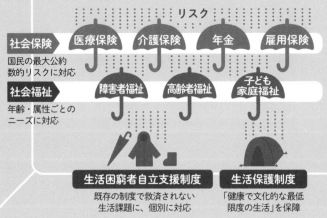

図2-3 生活保護制度と生活困窮者自立支援制度

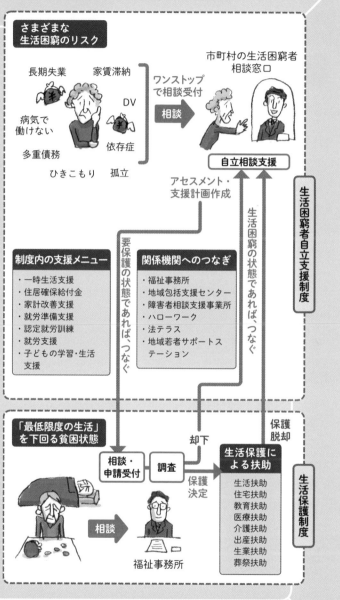

生活困窮者自立支援制度

さまざまな生活困窮のリスク

長期失業　家賃滞納
DV
病気で働けない
依存症
多重債務
ひきこもり　孤立

ワンストップで相談受付

相談

市町村の生活困窮者相談窓口

自立相談支援

アセスメント・支援計画作成

要保護の状態であれば、つなぐ

生活困窮の状態であれば、つなぐ

制度内の支援メニュー
・一時生活支援
・住居確保給付金
・家計改善支援
・就労準備支援
・認定就労訓練
・就労支援
・子どもの学習・生活支援

関係機関へのつなぎ
・福祉事務所
・地域包括支援センター
・障害者相談支援事業所
・ハローワーク
・法テラス
・地域若者サポートステーション

生活保護制度

「最低限度の生活」を下回る貧困状態

相談

福祉事務所

相談・申請受付 → **調査**

却下

保護決定

保護脱却

生活保護による扶助
生活扶助
住宅扶助
教育扶助
医療扶助
介護扶助
出産扶助
生業扶助
葬祭扶助

 話 す

 聞 く

 書 く

 見 る

 使 う

 覚える

 つなげる

 心をみる

 内面を磨く

Q43 本人が生活保護の申請を拒否する場合、どうすればよいか？

A 申請したくない理由を尋ね、丁寧に受け止め、それでも「生きるための大事な選択肢」であることを伝える。

　生活保護を受けるには、困窮状態にある本人（または扶養義務者もしくは同居の親族）が、窓口に出向いて申請し、所得や資産の申告などを行う必要があります。行き倒れで救急搬送されたり、本人に判断能力がなく急迫した状況の場合に、市町村長の職権で保護開始となる特例もありますが、原則は本人等の申請が前提となります。

　ただ生活保護は、「最低限度の生活水準を維持できなくなった人が、国の世話になる仕組み」というイメージが強く、本来支援の必要な人なら誰でも「権利」として利用できる仕組みであるにもかかわらず、申請にあたっての心理的ハードルが著しく高くなっています。

　援助職としては、「福祉の世話にはならない」という意思表示の裏側に、恥ずかしさ、後ろめたさ、これ以上自尊心を傷つけられたくないとの思い、親族に知られたくない・迷惑をかけたくないという思い、差別を受けるかもしれないという不安や恐怖——等々があるであろうことに思いを巡らせながら、なぜ固辞するのか理由を尋ね、丁寧に受け止め、それでも生活保護は「生きるための大事な選択肢」であることを伝え続けていくことが大切です。

　また、生活保護ではなく、「生活困窮者自立相談支援窓口」につなぐという方法もあります。こちらは、生活保護の要件には該当しないものの種々の事情で暮らしが行き詰まっている人を対象にしたワンストップの相談窓口であり、「くらしサポートセンター」「生活あんしんセンター」「市町村なやみごと相談窓口」といった名称で運営されています。相談員が「生活保護に該当する」と判断した場合は、本人同意のもとで適切に制度間連携が図られ、保護申請の手

続きにつなぐという対応がとられることになっています。

話す

Q44 本人が保護申請できない状態にある場合は、どうするのか？

聞く

A 代理資格を有する扶養義務者、同居の親族、成年後見人が保護申請する。代理申請者がいない場合は市町村長による「職権保護」が検討される。

書く

生活保護を申請できるのは、①困窮状態にある本人、②その扶養義務者、③同居の親族、④成年後見人（保佐人、補助人は含まない）のうちのいずれかに限られます。本人を取り巻く専門職等が、代理で保護申請することはできません。したがって、本人が保護申請できない状態にある場合には、代理申請の資格のある②～④が保護申請する必要があります。

見る

②～④に該当する人がいない場合は、生活保護法第25条に規定される「職権保護」が検討されます。これは、「生存が危うい場合その他社会通念上放置し難いと認められる程度に状況が切迫している場合」は、通常の申請手続きを省略して、市町村長の職権で保護開始できるという仕組みです（「急迫保護」ともいう）。例えば、路上生活者が医療機関に救急搬送された場合や、判断能力の十分でない人が明らかに困窮している場合などに適用されます。

使う

覚える

Q45 保護申請すると、必ず家族に連絡がいってしまうのか？

つなげる

A 扶養照会を拒む意思を伝えれば、理由次第では、扶養照会しないことも含めて個別に配慮される取扱いになっている。

心をみる

福祉事務所に生活保護の受給を申請すると、親、子、兄弟姉妹などの扶養義務者に対する「扶養照会」が行われます。具体的には、保護申請者から家族関係を聴き取り、戸籍等で住所を確認のう

内面を磨く

え、「あなたの△△（続柄）に当たる〇〇さんが現在保護を申請中です」と通知し、扶養は義務である旨を伝え、どの程度の金銭的援助をできるか期限付きで回答を求めるものです。

保護申請者にとって、この扶養照会という手続きは、「惨めな自分の状況を知られたくない」という心理的な萎縮をもたらします。相当数の人が、これが嫌で申請を取りやめる"最大の難所"でもあります。

しかし今日では、扶養照会されないこともあります。保護申請者が扶養照会を拒んだ場合、福祉事務所はその理由を丁寧に聞き取って、事情によっては扶養照会しないことも含めて個別に配慮する——という取り扱いになっているのです※。具体的には、扶養義務者が以下に該当する場合は「扶養義務履行が期待できない」ものとして、扶養照会を行わないことが検討されます。

扶養が期待できない場合

> ▽社会福祉施設入所者▽長期入院患者▽主たる生計維持者でない非稼働者▽未成年者▽おおむね70歳以上の高齢者

扶養照会が適当ではないケース

> ▽その相手に借金を重ねている▽相続をめぐって対立している▽縁を切られている▽10年以上音信不通▽暴力から逃れてきた▽虐待等の経緯がある

※「『生活保護問答集について』の一部改正について」（令和3年3月30日事務連絡）

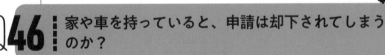

Q46 家や車を持っていると、申請は却下されてしまうのか？

A 持ち続けていたほうが結果的に自立につながると福祉事務所が判断した場合は、そのまま保有が認められる。

福祉事務所に生活保護の受給を申請すると、申請者が本当に「最低限度の生活を営めない貧困状態」にあるのかどうかを確認する調

査が行われます。具体的には、収入や資産の内容について保護申請者が申告した内容が事実かどうか、金融機関や官公署に照会したり、自宅を訪問して住まいの状況や暮らしぶりを確認して、裏を取ります。

処分可能な資産を保有していると、基本的には処分して生活費に充てることが求められます。ただし、持ち続けていたほうが結果的に自立につながると福祉事務所が判断した場合は、そのまま保有が認められ、保護が開始されることになります。

家屋については、保護申請者自身が居住する家であれば、「処分価値が利用価値より著しく高くない」ことを要件に、保有が認められます。ただし、高齢者のみの世帯の場合は、生活保護よりも土地家屋を担保とした公的融資＝「不動産担保型生活資金貸付（リバースモーゲージ）」という制度が優先することになります。

自動車については、日常生活の利便のために用いられるのみであれば保有が認められませんが、通勤や通院や事業継続のために必要で、他に手段がなく、かつ、自動車の処分価値が小さい場合など一定の要件を満たしている場合に限って、保有が認められます。

話　す

聞　く

書　く

見　る

使　う

覚える

つなげる

心をみる

内面を
磨く

Q47 生活保護で介護サービスを受ける場合、介護保険と手続きがどう違う？

A 介護扶助の申請がプロセスに加わり、支給決定されると「介護券」が発行されてサービス事業者等に送られる。

生活保護制度のもとで介護サービスを受ける場合、本人の年齢が65歳以上か、40 ～ 64歳かによって、適用される制度が違ってきます。というのも、生活保護制度には、他の法律に定める保障が優先して実施されるという決まり事（＝他法他施策優先の原則）があるからです。

65歳以上の人は、被保護者も含めて介護保険制度の「第1号被保険者」となり、介護保険の給付としてサービスを受けます。

　手続きとしては、まず福祉事務所の担当ケースワーカーに相談し、①介護保険の利用申請→②要介護認定→③ケアプラン作成というプロセスを経たうえで、サービス利用に先立って福祉事務所に「介護扶助」の申請を行います。ここで申請が認められると、「介護券」（＝介護扶助等の対象であることおよび本人支払額を証する書類）が発行され、福祉事務所から介護サービス事業所等（ケアプランに位置づけられた事業所）に送付されます。これを受けて、介護サービス事業者はサービスを実施します。介護費用の9割は介護保険による保険給付、1割は生活保護の介護扶助で賄われます。

　40〜64歳の人は、「第2号被保険者」の人は上記と同じですが、大半の人は介護保険の被保険者資格を持っていません（→Q48（p.77参照））。そうした人が特定疾病で要介護になった場合は、介護にかかる費用の10割が生活保護の介護扶助で賄われることになります。

　なお、この場合、介護サービスのなかでも、「ホームヘルプ」「通所サービス」「ショートステイ」の3サービスについては、他法他施策優先の原則により、障害者総合支援法の「居宅介護」「生活介護」「短期入所」が優先するので、注意が必要です（介護保険法と障害者総合支援法とでは「介護保険法」が優先するが、障害者総合支援法と生活保護（介護扶助）では、「障害者総合支援法」が優先する）。

　手続きとしては、先に介護扶助の申請をしたうえで、要介護認定→ケアプラン作成という流れとなります。このケースでのケアプラン作成は、他法他施策優先の原則に沿って対応する必要があります。

Q48 「みなし2号」とは何か？

A 介護保険の被保険者資格のない40〜64歳の被保護者で、特定疾病により要介護または要支援の状態にある人を指す造語。

介護保険制度の第2号被保険者は「市町村の区域内に住所を有する40歳以上65歳未満の医療保険加入者」と定められています。しかし、生活保護制度では受給が決定したその日から、国民健康保険（国保）の適用を外れ、「医療扶助」で医療を受給することになっているため、大半が「第2号被保険者ではない」状況となります。そこで、生活保護制度では、これらの人が特定疾病に罹って要介護・要支援となった場合には、第2号被保険者と"みなし"て、同等のサービスが受けられるようになっています。そこから、「みなし2号」という呼称が現場で用いられるようになっています。

話す

聞く

書く

見る

使う

覚える

つなげる

心をみる

内面を磨く

3 医療保険

　日本国内に住所のある人は、みな公的医療保険制度に加入します。大きく分けて「被用者保険」「国民健康保険」「後期高齢者医療制度」という3つの制度があり、どれに加入するかは、年齢や働き方・生計維持の方法等によります。

　ただし、税財源で医療費が賄われる生活保護制度の対象者と、住民登録の対象外の外国人は、公的医療保険制度の対象外です。

図2-4　医療保険

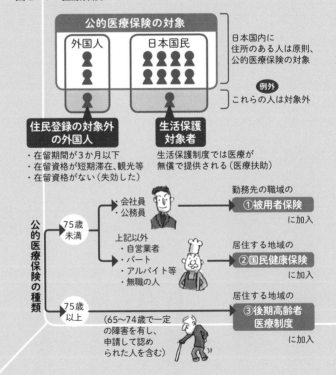

被保険者は、病気や怪我の際には、医療機関に通院または入院したり、あるいはオンラインや医療従事者の訪問による診療を受け、そのつど、かかった医療費の一定割合を「一部負担金」として支払います（残りは保険者が負担する）。一部負担金の割合は年齢で区分されています。

さらに、この一部負担金が高額になって家計が破綻することのないように、「高額療養費制度」という負担軽減の仕組みがあります。

図2-5　保険診療の流れ

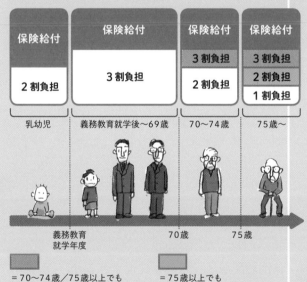

図2-6　一部負担金の自己負担割合（2023（令和5）年4月現在）

話 す

聞 く

書 く

見 る

使 う

覚える

つなげる

心をみる

内面を
磨く

Q49 医療保険の訪問看護と介護保険の訪問看護の違いは？

A 利用者負担、週あたり利用可能日数、１日あたり利用可能回数、「支給限度額」という"枠"の有無などが異なる。

　訪問看護は医療保険にも介護保険にも存在するサービスであり、要介護または要支援の認定を受けた人については、介護保険の給付が優先する決まりとなっています。

　なお、提供される看護の内容は、医療保険と介護保険のどちらから給付されるものであっても、違いはありません。両者が異なるのは、利用者負担と利用にあたっての制約です（下記）。

●**介護保険の給付**：原則１割負担[*1]。要介護度に応じた支給限度額があり、通常はその枠内でケアプランが立てられる。ケアマネジャーは利用者の状況に応じケアプランを立てる必要がある。

●**医療保険の給付**：年齢区分で負担割合が異なる。75歳以上は原則１割負担[*1]、70〜74歳は原則２割負担[*2]、小学校就学前も２割負担、それ以外は３割負担である。医療保険の訪問看護には、支給限度額という総枠はないが、原則として「週３日まで」「１日１回まで」「１事業所からのみ」という制約がある。

＊１：所得区分によっては２割負担または３割負担
＊２：所得区分によっては３割負担

　なお、重症化して頻回の訪問が必要な状態だと認められれば、介護保険優先原則が適用されなくなったり、医療保険での制約が緩和されるなどの例外的取り扱いとなります（→Q50参照）。

Q50 重症化して頻回の訪問看護が必要になった場合の算定ルールを教えてほしい。

A 特別訪問看護指示書が交付されるか、「別表第７」の疾病に該当すれば、医療保険給付に切り換えられ各種制限も大幅に緩和される。

　要介護または要支援の認定を受けた人は、訪問看護を介護保険

から受けることが原則となっていますが、①急性増悪、終末期、退院直後などで集中的に訪問看護が必要であるとして、主治医から**特別訪問看護指示書**が交付された場合、②厚生労働大臣告示「特掲診療料の施設基準等」の**別表第7**（下記）に掲げられた疾病に該当する場合については例外扱いとなり、医療保険の給付として受けることが認められます（その時点で介護保険の給付としては受けられなくなる）。この場合、「利用可能日数」や「利用可能回数」「利用可能な事業所数」といった制限は取り払われます。

【特掲診療料別表第7】

> 末期の悪性腫瘍、多発性硬化症、重症筋無力症、スモン、筋萎縮性側索硬化症、脊髄小脳変性症、ハンチントン病、進行性筋ジストロフィー症、パーキンソン病関連疾患、多系統萎縮症、プリオン病、亜急性硬化性全脳炎、ライソゾーム病、副腎白質ジストロフィー、脊髄性筋萎縮症、球脊髄性筋萎縮症、慢性炎症性脱髄性多発神経炎、後天性免疫不全症候群、頸髄損傷、人工呼吸器を使用している状態

また、以下に該当する場合は、介護保険優先原則が覆ることはなく、介護保険からの訪問看護が維持されますが、介護報酬において特別な医学的管理を評価する「特別管理加算」が算定できるようになります（この加算は区分支給限度基準額の枠外に位置づけられる）。

【特掲診療料別表第8】
【厚生労働省告示第94号6】

> ▽在宅悪性腫瘍等患者指導管理若しくは在宅気管切開患者指導管理を受けている状態▽気管カニューレ若しくは留置カテーテルを使用している状態▽在宅自己腹膜灌流指導管理、在宅血液透析指導管理、在宅酸素療法指導管理、在宅中心静脈栄養法指導管理、在宅成分栄養経管栄養法指導管理、在宅自己導尿指導管理、在宅人工呼吸指導管理※、在宅持続陽圧呼吸療法指導管理、在宅自己疼痛管理指導管理又は在宅肺高血圧患者指導管理を受けている状態▽人工肛門又は人工膀胱を設置している状態▽真皮を越える褥瘡の状態▽点滴注射を週3日以上行う必要があると認められる状態

※については「別表第8」にのみ掲げられており、介護保険の訪問看護では特別加算の対象とはならない。

話す

聞く

書く

見る

使う

覚える

つなげる

心をみる

内面を磨く

Q51 要介護認定を受けた高齢者は、精神科訪問看護（医療保険）を受けることができないの？

A たとえ要介護認定を受けた介護保険被保険者であっても、精神科訪問看護指示書が交付されれば、介護保険の訪問看護ではなく、医療保険による精神科訪問看護が提供される。

精神科訪問看護は、精神疾患を発症してケアを必要とする利用者宅等を訪問して、病状の観察、服薬管理、症状に対するセルフコントロールの援助、日常生活リズムの調整、社会復帰のための情報提供や助言、家族からの相談への助言や援助、他職種との連携などを行うものです。障害者総合支援法に基づく「自立支援医療」の対象となり、月額上限つきの1割負担で受けることができます。

介護保険には、これに該当するサービスメニューがないため、主治医が必要だと判断して精神科訪問看護指示書が交付されたなら、要介護認定を受けていようがいまいが、医療保険から精神科訪問看護が提供されることになります。これと並行して介護保険の訪問看護を利用することはできません。ただし、主病名が認知症の場合に限り、介護保険の訪問看護が優先されます（一部例外あり）。

精神疾患に加えて別途身体上の要因でも訪問看護の必要が生じたときは、精神科の主治医が別の診療科の医師から情報提供を受けるなどして必要な処置内容を精神科訪問看護指示書に記載すれば、精神科訪問看護として当該処置を受けられます。この場合は、自立支援医療の対象とはなりません。

Q52 無料低額診療事業について教えてほしい。

A 具合が悪いのにお金がなくて医療を受けられない場合の"駆け込み寺"。

無料低額診療事業とは、「生計困難者が経済的な理由によって必

要な医療を受ける機会を制限されることのないように、無料または低額な料金で診療を行う事業」のことであり、社会福祉法に基づく第二種社会福祉事業です。具合が悪いのに、お金がなくて医療を受けられない（生活保護は受けたくない）という場合に使える、緊急の"駆け込み寺"です。

利用対象は、低所得者、要保護者、ホームレス、DV被害者、人身取引被害者などで、医療機関において、患者の収入額などを"審査"して認められれば、医療費が一定期間（最長6か月）減免されます。全国で統一された審査基準はなく、運用は個々の医療機関に委ねられています。例えば、減免の適用対象として「収入が生活保護基準の120％以下」といった目安を内部で設けているのが一般的です。

なお、実施している医療機関は限られており、どこでも使える社会資源というわけではありません（実施医療機関は都道府県のホームページで確認可）。また、処方箋を渡されて院外の調剤薬局で受け取る医薬品費は減免対象外となりますので、注意が必要です。

話 す

聞 く

書 く

見 る

使 う

覚える

つなげる

心をみる

内面を
磨く

Q53 身寄りのない利用者の入院に際し、病院から身元保証人になるよう求められた。どうすればよい？

A 立場を明確にして、情報提供等を通じて連携・協力するよう努める。

病院が身元保証人に求める役割は、①緊急時の連絡受付、②入院計画書への同意、③入院中に必要な物品の準備・購入、④入院費等の支払い保証、⑤退院時の居室明け渡しや退院先の確保、⑥死亡時の遺体・遺品の引き取りや葬儀の手配――に分けられます。

身元保証人になるということは、「入院費用の肩代わり」をすることを意味し、これは、「公正・中立」の立場からずれるリスクがあります。ケアマネジャーは常に「公正・中立」であることを求められますから、身元保証人にはなれません。

ケアマネジャーとしてできることは、ケアプラン作成のための

アセスメントなどを通じて把握している本人情報を、病院と共有することです（本人の同意が前提）。世帯構成や交流の状況、連絡先、保険証の種類や保険料納付状況、クレジットカード所有状況などは、病院にとって有用な情報となります。

　なお、医療機関が「身元保証人がいないことのみ」を理由に入院を拒否することは、医師法第19条第1項に抵触する行為です。身寄りのない人の入院にかかる病院の対応のあり方は、厚生労働省ガイドライン「身寄りがない人の入院及び医療に係る意思決定が困難な人への支援に関するガイドライン」（厚生労働省ホームページからダウンロード可）に示されているので、参考にしてください。

Q54 紹介状がないと上乗せ料金を取られる病院とそうでない病院は、どこが違うの？

 一般病床のベッド数が200床以上か、未満かによる。

　病院のベッドは、その療養機能に応じて精神病床、感染症病床、結核病床、療養病床、一般病床という5種類に区分され、それぞれ構造設備や標準的な人員配置の標準が定められています。なかでも、急性期や回復期を中心にさまざまな疾病・病態の患者を受け入れるのが「一般病床」ですが、この一般病床が200床以上ある病院については、持てる機能をできるだけ高度・専門的な医療を必要とする患者に振り向けられるよう、アクセスを一定程度絞り込むためのルールが定められています。それが、「初診時選定療養費」（紹介状がない初診患者から徴収される上乗せ料金）です。また、診療が一区切りついて他院への紹介を打診したにもかかわらず、それを断って受診継続を希望する患者から、再診の都度、費用徴収する上乗せ料金もあります（＝再診時選定療養費）。

　これら初診時選定療養費／再診時選定療養費は、病院により、①徴収する・しないおよび徴収額を任意に決定できる病院と、②徴収義務が課せられ、徴収額の下限も定められている病院とがありま

す。①の病院のなかには、上乗せ料金を取らないところもあります。

　②に該当するのは、大学病院などの「特定機能病院」、地域の基幹的な病院＝「地域医療支援病院」、紹介患者を中心に高度・専門的な医療を主に実施することを標榜した「紹介受診重点病院」の3つです。これらの病院に紹介状を持たずに受診すると、少なくとも7000円以上（それを下限に各病院が定める料金）を、上乗せで支払わなければなりません。他院への紹介を断って再診を続けると、同様に少なくとも3000円以上を毎回上乗せで支払わなければなりません。

Q55：オンライン診療はどういう疾病・症状、場面に適している？

A オンライン診療に適しているのは「状態の安定した慢性疾患患者の健康管理」。例えば、基礎疾患を抱えた高齢要介護者の定期的な診療。

　オンライン診療は、「かかりつけの医師」から受けることが原則となっています。かかりつけ医でない場合でも、診療に先立って医師と患者がオンラインで「診療前相談」を行い、医師が「この患者にはオンライン診療を実施可能」と判断すれば、受診できることとなっています。

　急性症状で重篤な症状の場合、急な腹痛・胸痛・頭痛や、外傷や出血などの緊急の処置や検査を要する場合は、オンライン診療の適用ではなく、対面診療が必要となります。

　逆に、「状態の安定した慢性疾患患者の健康管理」は、オンライン診療が最も得意とするところです。特に、通院の必要がないオンライン診療は、二次感染や院内感染のリスクを避けられ、かつ、往復の移動を含めた労力や時間も不要であるため、「免疫が低下している人」「移動の困難な人」に有効な診療形態であるといえます。言い換えれば、基礎疾患を抱えた高齢の要介護者（とその家族）こそ、オンライン診療によるメリットが大きいといえます。

話 す

聞 く

書 く

見 る

使 う

覚える

つなげる

心をみる

内面を
磨く

日常生活自立支援事業

日常生活自立支援事業は、認知症、知的障害、精神障害などで、自分1人で日常生活上の諸手続きを適切に行えるか不安を抱えている人を対象に、各種手続きを「代行」したり、手続きのための援助を行う事業です。社会福祉協議会が実施しています。

支援内容は、①医療・福祉サービス利用の支援、②日常的な金銭管理、③重要書類等の預かり等です。

図2-7　日常生活自立支援事業の概要

福祉サービスを利用したいけれど、手続きがよくわからない

通帳をどこに置いたか忘れてしまう

利用している福祉サービスに不満があるが、取り合ってもらえない

土地の権利証など大切な書類を失くしてしまいそうで心配

利用者

公共料金、サービス利用料、家賃の支払いを忘れてしまう

↑

社会福祉協議会

医療・福祉サービス利用の支援
- サービスに関する情報提供
- サービスの利用やその変更・中止について、一緒に考えながら手続きを支援
- サービスに関する苦情解決制度の手続き支援

日常的な金銭管理（オプション）
- 医療費、税金、公共料金等の支払い代行
- 年金、手当等の受領確認
- 日常的な生活費に関する預貯金の出し入れ

重要書類等の預かり（オプション）
- 年金証書、預貯金通帳、不動産権利証書、契約書類
- 実印、銀行印
- その他社会福祉協議会が適当と認めた書類

利用者・家族や関係機関から相談を受け、アセスメントやプラン作成を担う「専門員」と、プランに基づいて支援を行う「生活支援員」とで分業して運営しています。利用にあたっての手続きの流れは以下のようになっています。相談や支援計画の作成は無料ですが、契約締結後に提供される支援は有料です（実施主体の社会福祉協議会が個別に設定）。

図2-8　利用の流れ

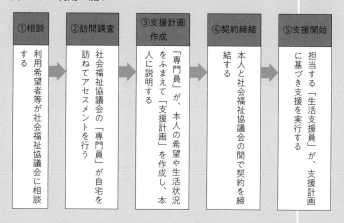

①相談
利用希望者等が社会福祉協議会に相談する

②訪問調査
社会福祉協議会の「専門員」が自宅を訪ねてアセスメントを行う

③支援計画作成
「専門員」が、本人の希望や生活状況をふまえて「支援計画」を作成し、本人に説明する

④契約締結
本人と社会福祉協議会の間で契約を締結する

⑤支援開始
担当する「生活支援員」が、支援計画に基づき支援を実行する

このサービスは本人から依頼や指示を受けて実行するものであり、本人に判断能力が一定程度残っていることが前提となります。認知症や障害が重く、依頼や指示等が難しいと認められる場合には、成年後見制度を通じて後見人等の支援を受けるように調整されます。

話す

聞く

書く

見る

使う

覚える

つなげる

心をみる

内面を磨く

56 成年後見制度との違いを教えてほしい。

A 対象者の判断能力の程度や、実施される支援内容が異なる。

　日常生活自立支援事業は、日常生活上の諸手続きに不安を抱えている人を対象としたサービスですが、あくまでも本人から指示や依頼を受け、それを代行する位置づけのものです。つまり、本人に指示や依頼ができる程度に判断能力が残っていることが前提となります。また、このサービスは、実施主体の社会福祉協議会と利用者の間で「契約」をとりかわして実施されるものであるため、契約の意味や内容を理解できない人は適用対象外となります。

　一方、成年後見制度は家庭裁判所の審判によって開始されるものです。したがって、本人の理解力云々で適用対象外となったりはしません。逆に言えば、判断能力が相当程度失われ、そのままでは権利が侵害される可能性が高い人には、成年後見制度による支援が必要であるともいえます。

　成年後見制度では、不動産の処分や管理、遺産分割、施設の入所等に関する契約の代理、トラブルとなった消費契約の取り消しと

表2-3　日常生活自立支援事業と成年後見制度

	日常生活自立支援事業	成年後見制度
利用方法	市町村社会福祉協議会に申込み。契約締結能力をガイドラインにより確認後、必要に応じて都道府県社会福祉協議会の契約締結審査会にて審査	申立権者により家庭裁判所へ申立て。医師の診断書等を提出し、家庭裁判所の審判により決定（必要に応じて鑑定を実施）
支援内容	本人の意思に基づき、日常生活の範囲内での支援（福祉サービスの利用援助、日常的金銭管理、書類等の預かり）	財産管理および身上の保護。代理権、同意権・取消権を行使することによって本人の権利擁護
利用負担	実施主体である社会福祉協議会において、支援内容ごとに利用料を定めている	本人の財産や、後見人の行った業務内容に応じて、家庭裁判所が後見人等報酬を決定する

いった契約行為を、裁判所から与えられた代理権・取消権の範囲内で行うことができます。一方、日常生活自立支援事業の支援内容は、福祉サービスの利用援助、日常的な金銭管理、書類預かりに限られます。

Q57 実際、どういうときに活用したらいいの？

A それまで手続きを担っていた家族・親族等の病気や死亡、公共料金や家賃の滞納の繰り返し、浪費癖、経済的虐待などの困りごとに幅広く活用可。

日常生活自立支援事業は、高齢や障害によって必ずしも判断能力が十分でなくても、地域で安心して生活を送ることができるように、本人の意思に基づいて日常生活上の手続きにかかる支援を行う事業です。本人の権利の制約を伴うものではないため、厳格な要件は定められていません。認知症の診断を受けていなくても、障害者手帳を取得していなくても申し込むことができます。本人の判断能力が低下し、意思が確認できなくなった場合は、成年後見制度の利用につなげる支援が行われます。利用していてやめようと思ったときには、本人の意思で解約することができます。

以下のような困りごとの兆候がみられたときに利用を検討してみるとよいでしょう。

・公共料金や家賃の滞納が繰り返される
・依存症等で浪費してしまう傾向があり、計画的な金銭管理が困難
・日常生活上の手続きを担っていた家族や親族が死亡したり、入院したりした
・親族等から経済的虐待を受けている疑いがある

社会福祉協議会では、本人以外でも、家族など身近な人、行政の窓口、地域包括支援センター、民生委員、ケアマネジャーや在宅福祉サービス事業者などを通じての問い合わせにも対応しています。

話す

聞く

書く

見る

使う

覚える

つなげる

心をみる

内面を磨く

5 障害者総合支援法

障害者総合支援法は、「全ての国民が、障害の有無によって分け隔てられることなく、相互に人格と個性を尊重し合いながら共生する社会を実現する」という理念のもと、障害種別の枠を越えて横断的かつ一元的に、障害者の日常生活を支える福祉サービスや医療、補装具等について定めた法律です。

制度の実施主体は市町村で、税を財源とし、保険料負担などはありません。利用者負担は1割ですが、幾重にも負担軽減の仕組みが設けられています。

障害福祉サービスには、介護保険でもおなじみの「ホームヘルプ」「短期入所」や、通所介護に相当する「生活介護」もあります。一方、「居住の場」と「日中活動の場」を明確に切り分けたサービス体系となっている点、就労や地域生活を支える支援など幅広いサービスによって構成されている点が、介護保険とは異なります。

サービスを利用できるのは、身体障害者、知的障害者、精神障害者、障害児、発達障害者、難病患者等で、一定の障害のある人です。

障害者本人または障害児の保護者が市町村に利用申請し、市町村による心身状況等の調査を経て「障害支援区分」が判定され、相談支援専門員によって「サービス等利用計画」が作成されて、利用できるようになります。なお、区分ごとにサービス量の上限が機械的に決まるわけではなく、市町村が個別に支給決定する取扱いとなっています。

図2-9　障害福祉サービスの体系（概念図）

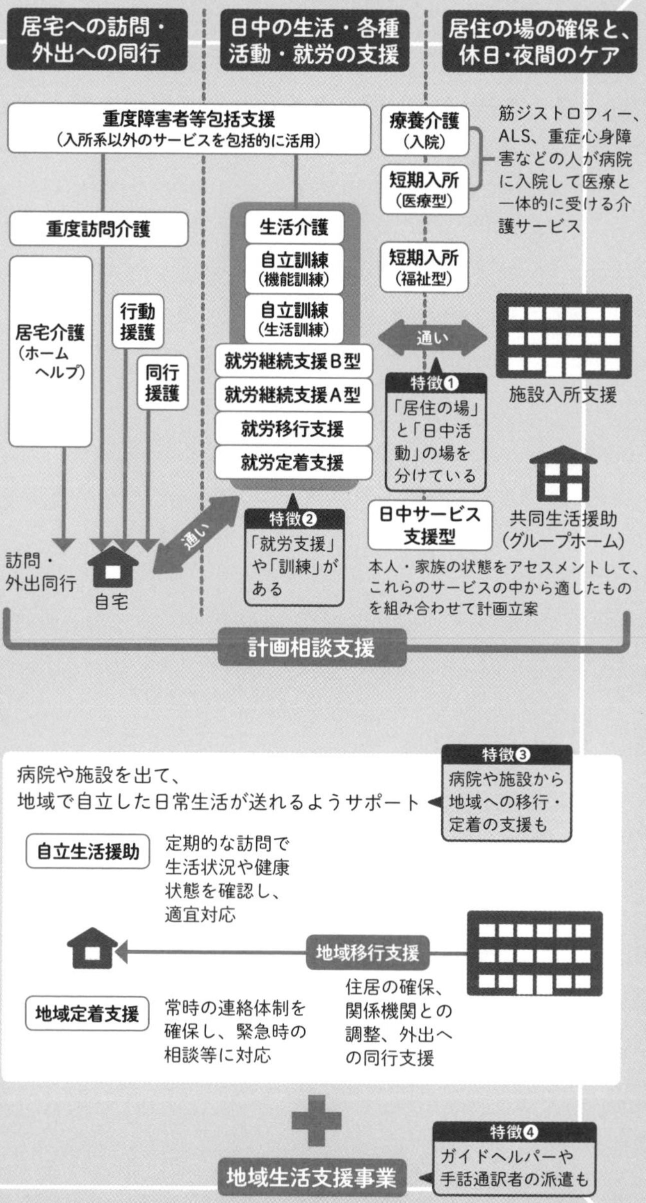

居宅への訪問・外出への同行 ／ 日中の生活・各種活動・就労の支援 ／ 居住の場の確保と、休日・夜間のケア

重度障害者等包括支援
（入所系以外のサービスを包括的に活用）

重度訪問介護

居宅介護
（ホームヘルプ）

行動援護

同行援護

生活介護

自立訓練
（機能訓練）

自立訓練
（生活訓練）

就労継続支援B型

就労継続支援A型

就労移行支援

就労定着支援

療養介護
（入院）

短期入所
（医療型）

筋ジストロフィー、ALS、重症心身障害などの人が病院に入院して医療と一体的に受ける介護サービス

短期入所
（福祉型）

通い

特徴❶
「居住の場」と「日中活動」の場を分けている

施設入所支援

日中サービス支援型

共同生活援助
（グループホーム）

特徴❷
「就労支援」や「訓練」がある

本人・家族の状態をアセスメントして、これらのサービスの中から適したものを組み合わせて計画立案

訪問・外出同行

自宅

通い

計画相談支援

病院や施設を出て、地域で自立した日常生活が送れるようサポート

特徴❸
病院や施設から地域への移行・定着の支援も

自立生活援助　定期的な訪問で生活状況や健康状態を確認し、適宜対応

地域移行支援
住居の確保、関係機関との調整、外出への同行支援

地域定着支援　常時の連絡体制を確保し、緊急時の相談等に対応

地域生活支援事業

特徴❹
ガイドヘルパーや手話通訳者の派遣も

話　す

聞　く

書　く

見　る

使　う

覚える

つなげる

心をみる

内面を磨く

Q58 障害支援区分と要介護度はどう違う？

A 最大の違いは利用できるサービス量の上限がないこと。

　介護保険制度における「要介護度」は、「現在の環境で自立した日常生活を送るうえで足りない部分・程度」を表す指標です。認定調査や主治医意見書によって把握された状態像や状況から、「必要となる介護の手間（介護の時間）の総量」を客観的に推定して、要支援1 〜 2、要介護1 〜 5の計7段階に切り分けたものです。「利用できるサービス量の上限」は要介護度ごとに定められており、それを超えると超過分は全額自費負担が必要となります。

　一方、障害者総合支援制度における「障害支援区分」は、区分1から区分6まで6段階で、障害のある人が「自らの生き方・暮らし方を選択して実現できるように、どのような支援がどの程度必要であるか」を検討するための指標として位置づけられています。認定調査員が訪問調査を行ってコンピュータで分析し（一次判定）、その結果を審査会で主治医意見書と併せて検討する（二次判定）というプロセスは要介護認定と同じですが、「利用できるサービス量の上限」とは直接的にリンクしていませんし、そもそも障害者総合支援制度には、介護保険のような「区分支給限度額」は存在しません。

　障害者総合支援制度の実施主体である市町村は、障害支援区分のほか、本人の利用意向、家族等の介護者の状況、社会参加の状況、サービス等利用計画案を加味して、サービスの種類や量について個別に支給決定を行っています。

A 車いすは買い取りだが、購入費の9割が支給される（上限あり）。

車いすは、「補装具費支給制度」の対象となっています。補装具とは、「失われた身体部位や損なわれた身体機能を代償、補完する用具であり、利用する人の身体にフィットするように製作され、身体に装着・装用して用いるもの」のことです。車いすのほか、義肢、装具、歩行器、座位保持装置、視覚障害者安全つえ、義眼、補聴器、重度障害者用意思伝達装置などが該当します。

かつて補装具は、行政権限による決定に基づいて現物を給付するという仕組みで提供されていましたが、2006（平成18）年4月施行の障害者自立支援法制定により、「利用者が補装具製作業者と契約して購入し、その費用の9割を支給する」という仕組みに改められました。さらに2018（平成30）年度からは、成長や障害の進行に伴って短期間で交換が必要になるケースについて、「①義肢、装具、座位保持装置の完成用部品、②重度障害者用意思伝達装置の本体、③歩行器、④座位保持椅子」に限って、レンタル（制度上は「借受け」といいます）が認められるようになっています（車いすは対象外）。

補装具費支給制度の自己負担は費用の1割ですが、所得に応じて上限額が設けられており、それ以上の費用負担はありません。ただし、制度の対象となる補装具は、種目、購入基準価格、耐用年数が決められており、使用者本人が希望するデザイン、素材等を選択することで基準額を超えると、差額が全額本人負担となります。

なお、要介護認定を受けている場合は介護保険優先の原則が適用され、介護保険の福祉用具貸与から支給を受けることとなります。

言い換えれば、介護保険の福祉用具貸与で調達できる品目は、補装具費支給制度からの給付は受けられません。ただし、医師や更生相談所等により「障害者の身体状況に個別に対応することが必

話す

聞く

書く

見る

使う

覚える

つなげる

心をみる

内面を磨く

要」と判断された場合は、補装具費支給制度の給付が認められます。

 障害福祉から介護保険に移行すると
自己負担はどうなる？

A **障害福祉サービスは「利用者負担なし」の人が多く、新たに1割負担が発生するが、一定の要件に該当すると、その負担増分が申請により償還される。**

　障害者総合支援制度で障害福祉サービスを利用した場合の利用者負担は、実際にかかった費用の1割と定められています。施設に入所したり短期入所した場合には、食費や光熱水費などの実費負担がかかります。ただし、それらの負担が支払可能な範囲におさまるよう手厚く軽減策が講じられており、そこが介護保険とは異なります。

　障害者総合支援制度の利用者負担には、本人とその配偶者の所得の合計額に応じて、段階別の上限額が定められています。どれだけサービスを利用しても、この負担上限を超えて利用者負担を求められることはなく、事実上の「応能負担」になっています。

　障害者の所得区分は、障害年金が非課税であることも影響して、利用者の約8割が利用者負担0円の「市町村民税非課税」で、これに「生活保護」該当を合わせると9割超の人が「利用者負担なし」となっています。

　一方で、介護保険の利用者負担の上限月額（高額介護サービス費）は、市町村民税世帯非課税であっても1万5000円または2万4600円であるため、「利用者負担なし」で障害福祉サービスを利用していた人にとっては、介護保険に移行することで、上限額までは新たに1割負担を支払わなければならなくなります。

　この不整合の改善策として、負担増分を申請に基づき償還する「新高額障害福祉サービス等給付費」という仕組みがあります。実

質的に「利用者負担なし」とするために後払いされる給付ですが、これを受けられるのは以下すべてに該当する場合に限られます。

- ・65歳到達前の5年間にわたって障害福祉の居宅介護、重度訪問介護、生活介護、短期入所の支給決定を受けていて、介護保険移行後に同等の介護保険サービスを利用する
- ・利用者とその配偶者が、市町村民税非課税または生活保護受給者
- ・65歳到達前に障害支援区分2以上
- ・65歳に達するまでに介護保険法による保険給付を受けていない

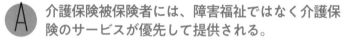

Q61 介護保険優先原則とは何か？

A 介護保険被保険者には、障害福祉ではなく介護保険のサービスが優先して提供される。

　介護保険優先原則とは、ホームヘルプ、デイサービス、ショートステイのように、「障害福祉」にも「介護保険」にも存在するサービスについては、原則として介護保険のサービスが提供されるというルールのことです。つまり、それと重複する障害福祉サービスは受けられないという約束事です※。

　ただし、原則はあくまでも「原則」であって、厚生労働省は「一律かつ機械的に判断しないように」という通知や事務連絡を再三にわたって市町村に発し、注意喚起しています。特に以下の場合は、障害者総合支援制度から提供が可能であると例示しています。

- ①市町村が適当と認める障害福祉サービスの支給量が、介護保険のもとでは「区分支給限度基準額」の制約があって、十分に提供できない場合
- ②介護保険サービスを利用したくても、事業所／施設が身近にない、あっても利用定員に空きがない場合
- ③市町村が「障害福祉サービスによる支援が必要」と認める対象者が、要介護認定で「非該当」と判定された場合

※障害者総合支援法第7条

話　す

聞　く

書　く

見　る

使　う

覚える

つなげる

心をみる

内面を
磨く

Q62 障害福祉サービスを利用してきた人が65歳になるときの留意点は？

A 「介護保険への移行」は、本人にとって相当の不都合を伴う一大事だと認識する。

65歳に達すると、障害福祉サービスの利用者は「介護保険第1号被保険者」となり、介護保険優先原則の適用を受けるようになります。障害福祉から介護保険への移行は、利用者にとっては以下のような一大事です。

> ● 「障害支援区分認定」から「要介護認定」に切り替わることで、利用可能なサービス量が減る可能性がある
> ● 利用者負担の仕組みが変わり、それまでの「負担なし」から1割負担を求められるようになる
> ● 通所・短期入所・ホームヘルプのサービスをなじみの障害福祉サービス事業所から受けられず、介護保険の指定事業所から受けることになる

こうした変化に伴う不都合が起きないように、ケアマネジャーとしては介護保険への移行に先立って、以下の取り組みが求められます。

・相談支援専門員と一緒に利用者のニーズを改めて確認し、現在障害福祉で受けている支援を介護保険給付で置き換え可能かどうかを検討する

・必要に応じて、障害福祉サービスを継続できないか市町村に相談する

・「共生型サービス」の利用を検討する

・利用者や家族に対して「65歳になると何がどう変わるか」「2つの制度の違い」「この先遭遇するかもしれない不都合」などについて説明する

Q63 自立支援医療とはどのようなものか?

A 自己負担は1割。薬代も含めて「自己負担上限額」を超えた支払いは不要。

　自立支援医療とは、所定の手続きを経て認められると、対象となる医療を指定自立支援医療機関で受けた場合に、自己負担割合が一律1割に引き下げられ、かつ、処方薬の薬代も含めて月当たりの「自己負担上限額」を超えた支払いが発生しなくなる仕組みのことです。

　以下の3つの医療が対象となります。

①更生医療：身体障害者手帳を持つ18歳以上の人に対して、障害の除去・軽減や悪化防止のために実施される治療
②育成医療：障害を有する児童（治療を行わないと将来障害を残すと認められる疾患がある児童含む）に対し、生活能力を得ることを目的に実施される治療
③精神通院医療：精神科の受診を続ける必要がある人の通院医療

※精神通院医療の対象となるか否かは、症例ごとに医学的見地から判断されます。

Q64 いわゆる「親亡き後」への備えは、どうしたらよい?

A 親亡き後の障害児・者の生活を、地域全体で支える取り組みがある。

　いわゆる「親亡き後等」の支援については、市町村の「地域生活支援拠点」が司令塔の役割を担っています。そこに所属する「相談支援専門員」が、本人とコミュニケーションを取って可能な限り意思をくみ取り、かつ、親から伝えられた留意事項なども踏まえながら、本人の立場に立って各制度やサービスをコーディネートします。また、随時の見守りや緊急時の対応も行います。

話 す

聞 く

書 く

見 る

使 う

覚える

つなげる

心をみる

内面を
磨く

補装具・日常生活用具

補装具や日常生活用具

　介護が必要になった場合に利用できる公的な保険制度のなかに、「介護保険」と「障害福祉サービス」があります。ケアマネジャーは、介護保険制度を利用している人に対し、用具の支援が必要となった場合、介護保険による福祉用具貸与（購入）によって対応していきます。しかし、利用者のなかには身体障害者の人もいます。この場合、65歳以上（介護保険法第7条第3項第2号に規定する特定疾病による場合は、40歳以上65歳未満）の身体障害者（以下、高齢障害者等）については、介護保険で貸与される福祉用具と、障害者総合支援法で支給される補装具費において、共通する種目（車いす、電動車いす、歩行器、歩行補助つえ）は介護保険から貸与を受けることが基本となります。そのため、障害者総合支援法における補装具費としては**原則として支給されません**。

　しかし、介護保険で貸与される福祉用具は通常、標準的な既製品の中から選ぶことになるため、利用者の身体状況等によっては、これらの既製品では対応できないことも考えられます。こうした状況においては、医師の意見書や身体障害者更生相談所の判定により、障害の状況に合わせて、個別に製作する必要があると判断される場合、共通する種目についても障害者総合支援法の補装具費として支給することが可能です。

　障害者総合支援法には、障害者が日常生活を送るうえで必要な補装具の、購入または修理に必要な費用の一定額を支給する**補装具費支給制度**だけではなく、障害者総合支援法による地域生活支援事業のうち、市町村が行う必須事業の1つであり、障害者などの日常生活がより円滑に行われるための用具を給付または貸与する

ことで、日常生活の便宜を図ることを目的とした**日常生活用具給付等事業**についても定められています。

　ケアマネジャーは、こうした障害福祉サービスの制度の理解が必要です。こうしたケースを担当した際、介護保険サービスと共通する補装具費支給制度や日常生活用具給付等事業といった支援内容について、概要や大まかな流れだけでも把握しておくと、対応を円滑に行うことができます（→**資料①**（p.292参照））。

　なお「地域生活支援事業」とは、市町村や都道府県が実施主体となり、障害者（児）が自立した日常生活や社会生活を営むことができるよう、地域の特性や利用者の状況に応じ、柔軟な形態により効果的・効率的に行うことができる事業のことをいいます。

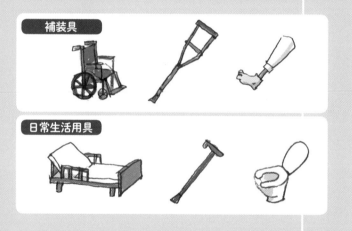

補装具

日常生活用具

Q65 償還払いと代理受領の違いを教えてほしい。

A はじめに全額負担するか、利用者負担額のみを支払うかが大きな違い。

償還払いと代理受領の手続きについては以下の表のとおりです。

表2-4　償還払いの場合

①利用者から市町村に補装具費支給の申請を行います。
　※併せて、低所得世帯の場合には、利用者負担額の減免申請を行うこともできます。
②市町村は、身体障害者更生相談所等の意見をもとに補装具費の支給を行うことが適切であるか審査し、適当であると認められた場合は利用者に対して補装具費の支給決定を行います。
　※併せて、利用者負担の減免対象者には減免の認定を行います。
③利用者は市町村から補装具費の支給決定を受けた後、補装具業者に補装具費支給券を提示し、補装具の購入（修理）等について契約を結びます。
④補装具業者は、契約に基づき補装具の購入（修理）等のサービス提供を行います。
⑤利用者は、補装具業者から補装具の購入（修理）のサービスを受けたときは、補装具の購入（修理）に要した費用を払います。
⑥利用者は、領収書と補装具費支給券を添えて、市町村に補装具費を請求します。
⑦市町村は、利用者からの請求が正当と認めた場合は、補装具費の支給を行います。

表2-5　代理受領の場合

①利用者から市町村に補装具費支給の申請を行います。
　※併せて、低所得世帯の場合には、利用者負担額の減免申請を行うこともできます。
②市町村は、身体障害者更生相談所等の意見をもとに補装具費の支給を行うことが適切であるか審査し、適当であると認められた場合は利用者に対して補装具費の支給決定を行います。
　※併せて、利用者負担の減免対象者には減免の認定を行います。
③利用者は市町村から補装具費の支給決定を受けた後、補装具業者に補装具費支給券を提示し、補装具の購入（修理）等につい

て契約を結びます。

この際、「補装具費の代理受領に係る委任状」を作成します。

④補装具業者は、契約に基づき補装具の購入（修理）等のサービス提供を行います。

⑤利用者は、補装具業者から補装具の購入（修理）のサービスを受けたときは、補装具の購入（修理）に要した費用のうち、利用者負担額を支払います。

⑥補装具業者は、利用者負担額に係る領収書を発行するとともに、補装具費支給券の引き渡しを受けます。

⑦補装具業者は、市町村に対し、「補装具費の代理受領に係る委任状」および補装具費支給券を添えて、補装具費を請求します。

⑧市町村は、補装具業者からの請求が正当と認めた場合は、補装具費の支給を行います。

Q66 日常生活用具給付等事業の用具の要件について教えてほしい。

A 以下のとおりである。

　日常生活用具給付等事業の用具の要件および用具の用途および形状については以下の表のとおりです。

表2-6　用具の要件

①障害者等が安全かつ容易に使用できるもので、実用性が認められるもの

②障害者等の日常生活上の困難を改善し、自立を支援し、かつ、社会参加を促進すると認められるもの

③用具の製作、改良又は開発に当たって障害に関する専門的な知識や技術を要するもので、日常生活品として一般に普及していないもの

表2-7　用具の用途および形状

○介護・訓練支援用具…特殊寝台、特殊マットその他の障害者等の身体介護を支援する用具並びに障害児が訓練に用いるいす等のうち、障害者等及び介助者が容易に使用できるものであって、実用性のあるもの

話す

聞く

書く

見る

使う

覚える

つなげる

心をみる

内面を磨く

○自立生活支援用具…入浴補助用具、聴覚障害者用屋内信号装置その他の障害者等の入浴、食事、移動等の自立生活を支援する用具のうち、障害者等が容易に使用することができるものであって、実用性のあるもの

○在宅療養等支援用具…電気式たん吸引器、盲人用体温計その他の障害者等の在宅療養等を支援する用具のうち、障害者等が容易に使用することができるものであって、実用性のあるもの

○情報・意思疎通支援用具…点字器、人工喉頭その他の障害者等の情報収集、情報伝達、意思疎通等を支援する用具のうち、障害者等が容易に使用することができるものであって、実用性のあるもの

○排泄管理支援用具…ストーマ装具その他の障害者等の排泄管理を支援する用具及び衛生用品のうち、障害者等が容易に使用することができるものであって、実用性のあるもの

○居宅生活動作補助用具…障害者等の居宅生活動作等を円滑にする用具であって、設置に小規模な住宅改修を伴うもの

※障害者の日常生活及び社会生活を総合的に支援するための法律第77条第1項第6号の規定に基づき厚生労働大臣が定める日常生活上の便宜を図るための用具（平成18年9月29日厚生労働省告示第529号）

Q67 補装具の種類を教えてほしい。

A 補装具の種類は以下のとおりである。

表2-8　補装具の種類

【身体障害者・身体障害児共通】
義肢、装具、座位保持装置、視覚障害者安全つえ、義眼、眼鏡、補聴器、車椅子、電動車椅子、歩行器、歩行補助つえ（T字状・棒状のものを除く）、重度障害者用意思伝達装置
【身体障害児のみ】
座位保持椅子、起立保持具、頭部保持具、排便補助具

また、参考までに日常生活用具の参考例を**表2-9**に示します。

表2-9　日常生活用具参考例

【介護・訓練支援用具】 特殊寝台、特殊マット、特殊尿器、入浴担架、体位変換器、移動用リフト、訓練いす（児のみ）、訓練用ベッド（児のみ） **【自立生活支援用具】** 入浴補助用具、便器、頭部保護帽、Ｔ字状・棒状のつえ、移動・移乗支援用具、特殊便器、火災警報機、自動消火器、電磁調理器、歩行時間延長信号機用小型送信機、聴覚障害者用屋内信号装置 **【在宅療養等支援用具】** 透析液加温器、ネブライザー（吸入器）、電気式たん吸引器、酸素ボンベ運搬車、盲人用体温計（音声式）、盲人用体重計

※このほかに【情報・意思疎通支援用具】や【排泄管理支援用具】などがある

Q68　補装具や日常生活用具における耐用年数とは何か？

A　安全に使用することができる期間。

　補装具や日常生活用具には、それぞれ耐用年数というものが設定されています。耐用年数とは、想定できる使用方法にて使用した場合、その補装具や日常生活用具が修理不可能となるまでの予想年数のことをいい、再支給の目安となります。

　しかし、耐用年数の経過だけが必ずしも再支給の理由として認められるわけではありません。あくまで使用中の状態に応じて、必要と認められた場合は再支給されることがあります。なお、災害などにより本人の責任によらない状況での破損や紛失があった場合、日常生活用具の再支給が認められます。

話す

聞く

書く

見る

使う

覚える

つなげる

心をみる

内面を磨く

7 リハビリテーション

ケアマネジャーは、ケアプラン作成に際して、リハビリテーションに関する地域の社会資源を日頃から把握し、適切に位置づける必要があります。ケアプランに位置づけるときに、**何のためにリハビリテーションを導入するのか、根拠や目標設定が非常に重要になります。**

リハビリテーションの定義

リハビリテーションとは、単なる機能訓練ではなく利用者の自立支援に向けて、明確な目標を立て、そのために必要な期間を設定して支援を行うものです。リハビリテーションを行っても、以前の状態に回復することが困難で、障害が残る場合も少なくありません。その場合は障害を受容してもらいながら、残存機能を活かし、生活動作を工夫していく視点が必要になります。

リハビリテーションを行う職種

以下の表のような職種があります。

表2-10 リハビリテーションを実施する主な職種

職種	リハビリテーション内容
理学療法士 (PT)	主に運動機能の維持・改善を行う 起きる・立つ・歩くといったような基本的な動作能力の回復をサポートする
作業療法士 (OT)	基本的な動作能力や応用的な動作能力（トイレや食事・家事など）、社会的な適応能力の維持・改善を行う
言語聴覚士 (ST)	失語症、聴覚障害、言葉の発達の遅れ、音や発音の障害、摂取・嚥下の障害についての訓練、指導、助言を行う

リハビリテーションの段階

❶急性期

　急性期は、入院や外来治療を含め、医療保険でのリハビリテーションになることが多いものです。この時期は疾患の治療が中心となりますが、**治療と同時にできるだけ早い時期からリハビリテーションを開始することで、その後の生活機能の低下を少なくすることができます**。例えば、受傷後に全く動けずベッド上であっても、関節の角度を良肢位に保ちながら拘縮予防のマッサージを行ったり、骨折でギプスを巻いていても、その指先が拘縮しないように指を動かすリハビリテーションを行うことができます。

❷回復期

　急性期を脱した利用者が、回復期リハビリテーション病棟や老人保健施設などに移って本格的に機能回復を目指していきます。**急性期を脱していても、まだ合併症などのリスクは高い段階です**。また、受傷前の生活に戻りたいと思いながらも、障害が残る場合もあり、社会復帰への不安や障害の受容をしていく精神的な支援も必要になります。医療保険では疾患によって入院・外来を含めてリハビリテーションの期間が決まっていますので注意が必要となります。

❸生活期（維持期）

　ここから介護保険で対応し、在宅生活へ移行される人が多くなる時期です。再発予防や体力の維持等を目指します。

　障害があっても、自立した生活ができるようにケアマネジャーがケアプランにリハビリテーションをどのように位置づけるかが大切なポイントです。

話　す

聞　く

書　く

見　る

使　う

覚える

つなげる

心をみる

内面を
磨く

Q69 在宅のリハビリテーションとは、どのようなものがあるか？

A 以下のとおり、さまざまな方法がある。

　在宅での（主に介護保険サービス）リハビリテーションには、以下に示すようなさまざまな方法があります。それぞれの特徴を鑑み、利用者の状況や疾患特性を踏まえて、利用者の地域にどのような資源があるかを把握し、必要なリハビリテーションを位置づけていく必要があります（**→表2-11**（p.107参照））。

Q70 訪問リハビリテーションと通所リハビリテーションの違いやメリット、デメリットを教えてほしい。

A 自宅内でできるリハビリテーションと施設で器具を使うリハビリテーションには大きな違いがある。

　訪問リハビリテーションは、セラピストとマンツーマンで、1回あたり20〜60分かけて、機能訓練をしっかり手厚くできることがメリットになります。また、自宅内でリハビリテーションを行うことで、自宅内の移動の仕方（歩行の仕方、段差の越え方、歩行器や車いす・杖などの使い方等）、入浴動作、家事動作（調理や洗濯、掃除等）が実際に**個々の身体状況や家屋状況に合わせて、自宅でできるように訓練することができます**。デメリットは、医師の指示書（有料）が必要なうえ、通所に比べると、1回あたりの費用が割高になる場合もあることです。一方、通所リハビリテーションでは、外に出かけ、他者と交流（会話）するというように社会参加できることが有意義な点です。自宅ではできない**器具や道具等を使ったリハビリテーション**ができることや、**集団で行う体操やゲームなどのレクリエーション**ができることもメリットになります。しかしながら訪問リハビリテーションのように、セラピストとマンツーマン指導を受けられる時間は短くて、通常は20分程

表2-11 在宅のリハビリテーションの種類

①訪問リハビリテーション	訪問リハビリテーションは、自宅にセラピストが来て生活の場面でリハビリテーションを行います。単なる歩行訓練や体力維持などだけではなく、実際に自宅でのトイレ動作や入浴動作、調理や洗濯などの家事動作なども実施していきます。また、セラピストの所属も、訪問看護ステーションからの訪問（この場合は訪問看護となる）と、医療機関などからの訪問がありますが、いずれにしても「主治医からの指示書」が必要になります。
②通所リハビリテーション（デイケア）	介護保険で実施している事業所が多いですが、精神障害者用の医療保険での通所リハビリテーションや身体障害者用の障害の区分認定を受けて通う通所リハビリテーション等もあります。通所介護（デイサービス）との違いは、看護師や理学療法士などの専門職が常駐していることです。訪問リハビリテーションに比べ、個別に行う施術の時間は短いですが、自宅ではできない器具を使ったトレーニングや他者との交流、入浴などもできるメリットがあります。介護保険で通所リハビリテーションを導入するにあたっては、医療系サービスとしての必要性や留意事項などについて**医師への意見聴取が必要となります。**
③通所介護（デイサービス）によるリハビリテーション	通所の時間を半日などと短くして、レクリエーションや入浴・食事の提供はせず、機能訓練に特化している通所介護も増えてきました。長い時間の通所介護は嫌がる男性利用者も多いので、「リハビリテーションに行く」という明確な目的があると、嫌がらずに通ってくれたり、1日は座っていられないような体力のない方にも適しています。最近では、「パーキンソン病」「脳血管疾患」など、疾患別の通所介護の事業所も見受けられるようになっています。 　リハビリテーションを実施する専門職が理学療法士や作業療法士などのセラピストではない場合があります。スポーツトレーナーの資格者や看護師等が機能訓練を実施している事業所もありますので、事前に確認しておきましょう。通所介護は、医療系サービスではないので、**ケアプランに位置づける際に医師への意見聴取は不要です。**
④訪問マッサージによるリハビリテーション	在宅の維持期になると急性期や回復期ほどのリハビリテーションは必要ないが、慢性的な痛みや拘縮、廃用症候群の予防として、体の関節を柔らかくしたり、マッサージによる疼痛緩和が必要な場合があります。医療保険での算定になり、利用にあたっては、**医師の「同意書」が必要になります。**

話す

聞く

書く

見る

使う

覚える

つなげる

心をみる

内面を磨く

度しかなく（退院後３か月以内は増やすことが可能）、リハビリテーションとしての満足感がやや感じにくい場合があります。

　例えば、退院直後は、訪問リハビリテーションで自宅内の生活動作中心のリハビリテーションを行い、自宅での生活が安定し体力が回復したら、社会参加として通所系サービスに切り替える、または並行して利用しながら、身体機能を維持していくなど、状態に合わせての支援を検討するとよいでしょう。

　介護保険制度では、**原則として訪問リハビリテーションと通所リハビリテーションを、同時には算定できない**ので注意が必要になります。退院直後等で同時に実施する必要があるなど、条件によっては可能な場合があるので、主治医や保険者等に確認が必要になります。通所リハビリテーションではなく、通所介護によるリハビリテーションを併用する等の工夫をしてみましょう。

Q71 訪問リハビリテーションは、週何回まで算定できるのか？

A 退院直後とその他の場合で、時間数が異なる。

　セラピスト（PT・OT・ST）の訪問は**週120分**まで、算定できます。介護保険では、20分が１単位なので、１回40分であれば、週３回訪問できます。１回60分なら、週２回となります。ただし、退院（所）から３か月以内は、週240分まで算定可能です。

　また、訪問看護ステーションからの訪問では、60分を超えると90％の減算になります（40分までは、減算はありません）。一方で、病院や施設などからの訪問リハビリテーションは、回数制限は同じ週120分ですが、１回60分以上でも減算はありません。

　さらに、訪問看護ステーションから、同じ日に職種が違うからといってPTやSTが２回に分けて訪問した場合は、減算対象となります（他事業所のセラピストが訪問した場合でも同じです）。

Q72 病院の外来で行うリハビリテーションは、介護保険と同時に利用できるか教えてほしい。

A 医療保険と介護保険になるので、同時に利用はできない。

外来でのリハビリテーションは、医療保険での算定になり、介護保険との併用はできません。疾患が発症（診断）された日から、保険でできるリハビリテーションの日数が疾患ごとに決められています。

表2−12　疾患別　医療保険での算定日数一覧

疾患別リハビリテーション	標準的算定日数
脳血管疾患等リハビリテーション	180日
運動器リハビリテーション	150日
廃用症候群リハビリテーション	120日
呼吸器リハビリテーション	90日
心大血管疾患リハビリテーション	150日

ただし、保険給付期間を超えても、介護保険給付を受けていない（申請もしていない）場合は、月13単位（1単位20分）を上限に、医療保険給付の対象となりますので、外来でのリハビリテーションを希望される人は、病院やクリニックなどへ直接相談してください。

話す

聞く

書く

見る

使う

覚える

つなげる

心をみる

内面を磨く

1 インフォーマルサポート

　利用者が住み慣れた地域で尊厳ある生活を継続するために、さまざまな社会資源の活用やその連携は欠かすことができません。利用者を取り巻く人的、物的、制度的なものすべてが社会資源といえます。

　社会資源のうち、家族や友人・知人・近隣住民の協力や、NPOやボランティア等制度化されていない当事者組織や相互援助団体等が行う活動で、利用者の支援に活かされるものをインフォーマルサポートといいます。**公的な法律や制度に基づかないサービスや支援**です。利用者やその家族が希望するサービスでありながら、制度には含まれないサービス内容であったり、利用には制限があったり、サービスとして適用されないものであった場合などに、こうしたインフォーマルサポートで補うために活用されます。

　一人暮らし高齢者の安否確認や見守りの支援、買い物や通院等の付き添いが民生委員や知人・近隣者の支援として行われています。また、介護保険では適用されない家事援助や趣味や娯楽にかかわる外出援助、特別な掃除等をNPO法人の団体やボランティア団体、シルバー人材センター、介護保険の事業者が介護保険外のサービスとして、別の契約に基づいてサービス提供しています。

　家族や友人・知人による訪問や話し相手といった支援は、単に安否確認や見守りといった機能だけではなく、利用者の**精神的な支え**になり、利用者の**生活を継続するために大事な役割**を担います。

　社会資源のなかで、公的な制度や市町村が設置する相談機関等、**公的な主体によって供給されるサービス**は、**フォーマルサービス**と位置づけられています。また、行政の認可や指定を受けた民間機

関・団体のサービスや職員もフォーマルな社会資源であり、そこから提供されるサービスも、フォーマルサービスといえます。介護保険の給付により提供されるサービスは、フォーマルサービスです。

　フォーマルサービスである介護保険制度では、利用者の多様なニーズに対応するために、介護保険以外のさまざまなサービスやサポートも導入することが求められています。

表2-13　インフォーマルサポートとフォーマルサービスの比較

	インフォーマルサポート	フォーマルサービス
サービス・サポートの提供主体	・家族や親族が行うサポート ・近隣者によるサポート ・友人や知人によるサポート ・ボランティアで供給されるサポート ・民生委員や自治会 ・老人会等が供給するサポート	・行政が主体となって提供される福祉施策、医療、介護保険制度 ・行政に許認可された事業所からのサービス
サービス・サポート内容	・安否確認・見守り支援 ・外出付き添い ・大掃除等の家事 ・介護保険適用外のサービス	・高齢者福祉サービス(配食サービス・おむつ費用助成、緊急通報システム等) ・介護保険サービス ・医療保険サービス等
メリット	・サービス内容に縛りがなく、希望に沿う幅広いサポート ・緊急的な対応や柔軟な対応が可能 ・家族もサービスを受けることが可能	・継続して安定的なサービスが提供される ・各分野での専門性が高い ・トラブル・事故に対する責任の所在が明確
デメリット	・継続した安定的なサービスを受けにくい ・専門性が低いこともある ・トラブル・事故の責任を問いにくい ・費用が高い場合もある	・利用の制限がある ・サービス利用にさまざまな手続きが必要 ・サービスが画一的で柔軟な対応がしづらい

話す

聞く

書く

見る

使う

覚える

つなげる

心をみる

内面を磨く

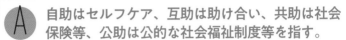

A 自助はセルフケア、互助は助け合い、共助は社会保険等、公助は公的な社会福祉制度等を指す。

高齢者の多様化するニーズに対して、介護保険や医療保険、福祉サービス等のフォーマルなサービスの利用だけで充足することは困難です。地域包括ケアシステムでは、自分でできることは自分でする「自助」を基本に、お互いに助け合う「互助」を活用し、自助・互助・共助・公助をバランスよく組み合わせて、高齢者の在宅生活を支えていくことを目指しています。

自助・互助・共助・公助について**表2-14**にまとめました。

表2-14 自助・互助・共助・公助

①自助	地域包括ケアシステムの目指す、住み慣れた地域で暮らし続けるために、自分で行うことを「自助」という。自分自身で実行しづらくなった排泄や入浴、食事、更衣・整容といったADL（日常生活動作）にかかわる行為、家事や通院等のIADL（手段的日常生活動作）にかかわる行為を工夫して実行すること。
②互助	地域の人々が互いに助け合うことを「互助」という。互いに助け合うという点では、「共助」と同じだが、「互助」には制度的な費用負担がないことに違いがある。住民同士の助け合い、自治会等の活動、ボランティアによる活動や有償ボランティア等、さまざまな主体の活動による支援が互助にあたる。
③共助	制度化された相互扶助のこと。医療、年金、介護保険、社会保険制度等の保険者による相互の負担（保険料等）で成り立っている。
④公助	自助・互助・共助では対応できないことに対し、最終的な生活保障の社会福祉制度のことで、セーフティーネットともいわれる。生活困窮に対する生活保護、人権擁護、虐待対策等が該当する。

図2-10　自助・互助・共助・公助

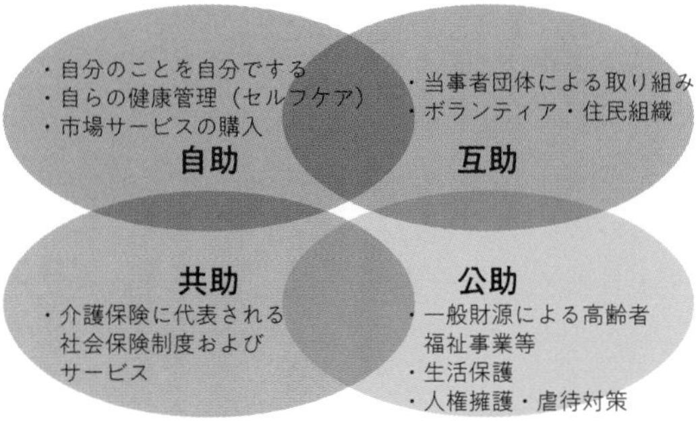

・自分のことを自分でする
・自らの健康管理（セルフケア）
・市場サービスの購入
自助

・当事者団体による取り組み
・ボランティア・住民組織
互助

共助
・介護保険に代表される
　社会保険制度および
　サービス

公助
・一般財源による高齢者
　福祉事業等
・生活保護
・人権擁護・虐待対策

 話す

 聞く

 書く

 見る

使う

覚える

 つなげる

 心をみる

 内面を
磨く

Q74 生活支援コーディネーターとは何か？

A 生活支援・介護予防サービスの基盤を整備し、
提供体制のコーディネートを行う専門職。

2015（平成27）年の介護保険法の改正により、**生活支援体制整備事業**が地域支援事業に位置づけられました。生活支援コーディネーターは、生活支援体制整備事業を推進する専門職です。「地域支え合い推進員」とも呼ばれ、高齢者の**生活支援・介護予防の基盤の整備**を進めていくことを目的としています。地域の生活支援・介護予防サービスの提供体制の構築のためのコーディネートを行います。

　生活支援コーディネーターのコーディネート機能は、第一層（市町村区域）・第二層（日常生活区域）で展開されます。生活支援体制整備事業は、この第一層・第二層において、生活支援コーディネーターには次のような役割が期待されています。

①地域のニーズと社会資源の状況の見える化と問題提起

②地縁組織等多様な主体への協力依頼などの働きかけ

③関係者のネットワーク化

④目指す地域の姿・方針の共有、意識の統一

⑤生活支援の担い手の養成やサービスの開発

ケアマネジャーは、利用者の多様化する生活課題を解決するために、地域の社会資源を組み合わせ、住み慣れた地域で暮らし続けることができるように支援していきます。生活の基盤の支援となる公助や共助のほかに、それらを補完するとともに、さらにその人らしい望む生活の実現に向けて、互助や自助の力を活かしていくことも必要なことです。生活支援コーディネーターは、ケアマネジャーにとっても利用者の支援に活かしたい、また、連携を必要とする社会資源です。

Q75 ピアサポートとはどのような活動か？

A 同じ悩みや症状をもつ仲間同士が体験を語り合い、互いを支え合う取り組み。

ピアサポートは「仲間・同輩」（peer）による支え合い活動（support）のことです。20世紀初頭のニューヨークで、非行少年に対する支援活動において、仲間支援の方法論として考案されました。アルコール依存症やがんなど同じ悩みや症状をもつ仲間同士が体験を語り合い、互いを支え合う取り組みとしても成果を上げています。

わが国においても、教育の分野でその活動が広まってきました。福祉分野では、1960年代頃よりつくられ始め、増加・多様化しながら発展し、障害者等の当事者の活動であるセルフヘルプ活動として受け継がれてきました。

セルフヘルプ活動は、「自助」と「相互援助」の側面をもつ自助グループの活動です。メンバーは障害や疾患をはじめとする共通課題を抱える「当事者」であり、当事者自身のもつ力や権利への思い、権利擁護といった視点により、集団で支え合う活動です。

ピアサポートでは、同じ経験からもたらされる同調や寄り添いが、感情の表出や自己解決力を高め、専門職からの指導やスーパーバイズとは異なる効果があります。参加者が本音で体験や思いを語

り合うことで、つながりが生まれ、孤独感の解消や個々の課題解決の糸口を発見できることが期待されます。参加者がお互いに公平な関係性のなかで悩みを分かち合うことが可能であり、そこから自分の抱えている課題に気づき、向き合えるきっかけが生まれ、他人と親密な人間関係を築くためのサポートにつながっていきます。対話を通じて誰もがもっている「自分で解決する力」を呼び起こします。また、実際に経験した人にしかわからない対処法やセルフコントロールの方法を学ぶこともできます。

　なお、高齢者の分野では、同じ疾患や生活状況、経験を有する「家族介護者の会」「若年性認知症の人の集まり」「認知症の人とその家族の会」「ひとり暮らし高齢者の会」等といった当事者グループがあります。

　ピアサポートを通じて、エンパワメントを強め、セルフケアの拡大が図られ、自助や互助を強化することが可能です。ケアマネジャーは、利用者の生活課題を解決するために、さまざまな社会資源をつなぎ、フォーマルな共助の支援である介護保険サービスや、生活の基盤を支える公助の支援である福祉サービスを利用できるようにマネジメントを実践します。さらに利用者の望む生活を充実させるために、また、家族介護者を支援するために、自助によるセルフケアの向上や共助によるフォーマルサービスを補完するサポートを常に視野に入れたケアマネジメントの実践が期待されます。

話　す

聞　く

書　く

見　る

使　う

覚える

つなげる

心をみる

内面を
磨く

2 ケアプラン点検

ケアプラン点検とは

　介護保険制度は2000（平成12）年4月にスタートし、高齢者の生活を支える制度として定着してきましたが、制度の普及と相まって、介護サービスの利用は大幅に拡大し、そのなかで、過剰なサービスや不適切なサービスの提供といった問題も一部でみられるようになりました。介護給付の適正化については、これらの過剰・不適切なサービスによる介護給付費の増大や介護保険料の上昇が懸念され、こうした状況を受け、介護給付の適正化を行う必要性が高まってきました。2007（平成19）年6月に「介護給付適正化計画に関する指針」に基づき、各都道府県の考え方および目標等を定めた「介護給付適正化計画」を策定し、介護給付適正化事業の全国的な展開を図られるようになり、主要な5事業（**表2-15**）が取り組まれました。

表2-15　介護給付適正化事業の主要5事業

・要介護認定の適正化
・ケアプラン点検
・住宅改修・福祉用具点検
・縦覧点検・医療情報との突合
・介護給付費通知

　ケアプラン点検はこの5事業に位置づけられています。ケアプラン点検は、ケアプランがケアマネジメントプロセスを踏まえ、「自立支援」に資する適切なプランとなっているかを、ケアマネジャーとともに、検証確認していきます。そのなかで、ケアマネジャーの「気づき」を促すとともに、「自立支援に資するケアマネ

ジメント」とは何かを追求し、その普遍化を図り、健全なる給付の実施を支援するために行うものです。ケアマネジャーが作成したケアプランの記載内容について、事業者に資料提出を求め、または訪問調査を行い、市町村職員等の第三者が点検および支援を行うことにより、個々の受給者が真に必要とするサービスを確保するとともに、その状態に適合していないサービス提供を改善することを目指します。

ケアプラン点検支援マニュアル

実施にあたっては、2008（平成20）年に厚生労働省老健局振興課※より公表された <u>「ケアプラン点検支援マニュアル」</u> などを活用し、①保険者によるチェックシート等を活用したケアプランの内容確認、②明らかになった改善すべき事項のケアマネジャーへの伝達、③自己点検シートによるケアマネジャーによる自己チェックおよび保険者による評価などを行うとともに、④ケアマネジャーへの講習会の開催などを一体的に実施します。毎月漫然と同様のケアプランを作成しているケアマネジャーや事業所が存在する場合もあることから、国保連の適正化システムにおいて把握できる範囲で、各種指標の偏りをもとに不適切な可能性のある事業者等を抽出することにより、地域の個々のケアマネジャーの作成傾向を分析し、受給者の自立支援に資する適切なケアプランになっているかという観点から対象事業所を絞り込んで点検したり、サービス付き高齢者向け住宅や有料老人ホーム等の高齢者向け住まいの入居者に焦点を当てたケアプランの点検を実施したりすることなどを通じて、適正な給付となることを目指します。

話 す

聞 く

書 く

見 る

使 う

覚える

つなげる

心をみる

内面を
磨く

※「『課題整理総括表・評価表の活用の手引き』の活用について」（平成26年6月17日事務連絡）

Q76 ケアプラン点検支援マニュアルは何のためにあるのか？

A 専門家ではない保険者の職員でも点検が行えるようにするため。

　ケアプラン点検支援とは、健全な給付の実施が行われるようにするために行うものですが、その点検をケアマネジメントに精通していない保険者の担当職員が実施する場合があります。現状、多くの自治体が、人材不足やケアマネジメントに対する専門的知識や経験の不足という課題に直面しているなかでは、保険者の担当者が、ケアプラン点検に携わるうえで必要となる介護保険制度やケアマネジメント、ケアプラン等に関する知識や、ケアプラン点検の意義、目的、必要な視点や意識などについて最低限理解を深めたうえで、ケアプラン点検に臨むことができるような取り組みが重要となります。そのため、ケアプラン点検支援マニュアルでは、ケアプラン点検における基本姿勢や進め方、点検すべきポイントが確認できるように作成されており、ケアプラン点検支援マニュアルを活用することで、保険者職員でもケアプラン点検ができるようにしています。

　その他にも、事業所内でのOJTやセルフチェックでも活用できます。

Q77 実際にどのような事例や書類を使って行うのか？

A 点検者によって違いがある。

　ケアプラン点検を実施するにあたっては、まず、介護保険制度の理念を念頭におき、ケアプラン点検の目的や目標を設定します。ケアプラン点検を通して達成したい目的や目標の設定は、地域の実情や課題を踏まえたうえで行う必要があり、目的・目標を設定したら、その目的・目標を踏まえて、ケアプラン点検の対象とするケア

プランの条件を定めます。事例を抽出する条件としては以下のものが挙げられます。

・利用者の状態やケアプランに着目した抽出
・状態の改善がみられた事例を抽出
・特定のサービスを利用している事例を抽出
・ケアマネジャーに着目した抽出
・経験1年未満のケアマネジャーの作成したプランを抽出
・事業所の特性に着目した抽出
・ケアマネジャーが1名のみの事業所が作成したプランを抽出
・地域の特性に着目した抽出

　条件が決まったら、居宅介護支援事業所に点検対象とするケアプランの提出を依頼します。基本的には、第1表～第3表やアセスメント表などを提出してもらい、さらに点検の目的や目標に応じて、モニタリング記録、サービス担当者会議の要点、サービス担当者会議に対する照会がある場合は照会した内容に関する書類、利用票、課題整理総括表、その他に軽度者における福祉用具貸与などの例外給付確認書、居宅療養管理指導報告書、加算の内容によっては算定要件が確認できる書類などの追加提出を依頼します。

表2-16　ケアプラン点検のフローチャート（点検者）

①ケアプランの回収
　　↓
②事前点検、疑義事項の整理
　　↓
③「対話方式」によるケアマネジャーとの協働点検作業
　　↓
④必要に応じてケアプランの修正
　　↓
⑤回答などを集積しそれらを整理・分析
　　支援システムの構築

話　す

聞　く

書　く

見　る

使　う

覚える

つなげる

心をみる

内面を
磨く

A 事業所に対して行うか、個人に対して行うかの
違い。

実地指導は居宅介護支援事業所に対して運営基準を遵守してい
るかどうかの点検・指導を実施するものであり、ケアプラン点検は
ケアマネジャー個人を対象にケアプランの点検を実施するもので
す。

また、実施指導と監査、ケアプラン点検はそれぞれ、主たる目
的が異なります。実地指導および監査は介護保険法第23条または
第24条に規定する権限を行使し行う「指導」、不正等の疑いが認め
られる場合に行う第76条等の権限を行使に基づき行う「監査」に
より行われます。一方、ケアプラン点検は、第115条の45に基づい
て行われる介護給付等費用適正化事業の1つであり、自立支援に
資するケアプラン作成やケアマネジャーの資質向上を目的に実施さ
れるものです。そのため、点検の際に法令上の不正な事案や不当な
事案が確認された場合には、実地指導もしくは監査で対応する必要
があります。

なお、「適正なケアプラン」を推進するため、ケアプラン点検に
より、例えば週4回の訪問介護の提供をケアプラン上位置づける
ことが可能な場合に、「過剰なサービス提供であり、週2回の訪問
介護が適当」と判断し、過去に遡及して事業者に自主返還を求める
ことは制度上認められません。なぜなら法令上「適正なケアプラ
ン」とは明確に規定されているわけではないからです。

Q79 ケアプラン点検支援マニュアルを活用して どのように点検するのか？

話　す

A マニュアルの質問項目に沿って、
ケアプランを確認していく。

聞　く

ケアプラン点検支援マニュアルは、第1表から第3表の各表において押さえておきたい基本事項に関して解説をしています。

各基本事項は、「質問」→「目的」→「解説」→「留意事項」→「確認のポイント」→「類似および補足質問」という構成になっており、それぞれの基本事項についての説明は、**表2-17**のとおりです。

この基本事項に沿って点検が行われます。

書　く

見　る

表2-17　基本事項

質問	ケアプランを点検するにあたり、押さえておきたい基本事項が不十分だと思われる場合や、内容に関して確認しておきたい事項がある場合に、それらの項目を整理するために活用する。
目的	それぞれの「質問」の目的が記載されており、押さえておきたい確認事項がまとめられている。点検作業においてその質問をする意図は何か、なぜ質問の内容を確認しなければならないのかを記載している。
解説	それぞれの項目ごとに押さえておきたい目的（ねらい）に対して、分析表では具体的にどのような視点でアセスメントを実施していく必要があるのかを解説している。
留意事項	目的や解説等に対する補足の説明、確認していく事項について、誤解が生じないように留意すべきことを記載している。
確認のポイント	それぞれの項目ごとの目的（ねらい）に応じた内容が、押さえられているかどうかを確認するものとして点検者が活用するほか、介護支援専門員の自己点検指標としても活用できる。
類似および補足質問	確認しておきたい事項に対して、質問は1つとは限らないため、保険者が類似する質問等も参考にしながら、自ら発案する際の参考としたり、活用しやすいものを選んで利用してもらえるようにしている。

使　う

覚える

つなげる

心をみる

内面を
磨く

3 適切なケアマネジメント手法

適切なケアマネジメント手法とは

利用者とその家族等の尊厳を保持し、住み慣れた地域での生活の継続を支えるために、各職種で培われた**状態の維持、重度化の予防・遅延化、リスク低減の根拠**のある知見に基づいて想定される支援を体系化し、その必要性や具体化を検討するためのアセスメントやモニタリングの項目を整理したものです。

また、この根拠性の高い知見をケアマネジャーをはじめ他職種や保険者とも共有する基盤にすることで多職種連携の円滑化や保険者によるマネジメントの円滑化に貢献するために、厚生労働省老人保健健康増進等事業において「適切なケアマネジメント手法の策定、普及推進に向けた調査研究事業」が展開されています[※]。

すでに2020（令和2）年度までに手法の確立・完成がなされ、現在は手法の普及および定着に向けた実践研修の開催やYouTube等での動画配信や手引きの配布等が進み、広く全国に展開されている段階です。また、2024（令和6）年度以降は、介護支援専門員法定研修で適切なケアマネジメント手法の考え方が科目類型として導入される予定です。

『適切なケアマネジメント手法』は、「基本ケア」と「疾患別ケア」の2階建て構造となっています。それぞれ、①想定される支援内容、②支援の概要、必要性、③適切な支援内容とするための関連するアセスメント／モニタリング項目等が一体的に整理されています。活用の導入としては、『項目一覧』（概要版）が一覧表形式で示されていますので、全体を把握するのに役立ちます。概要版を基本的な知識の体系として活用し、さらに詳細な支援内容や項目を確認したい場合には本編を参照し読み込むことで支援内容の抜け漏

れを防ぐことにつながります。将来の再発や重度化リスクを小さくするための知見が参考となりますし、本人や家族の生活の質の維持・向上の実現を目指すというケアマネジメントの目的に合致しています。こうした実践の積み重ねによって、どの利用者に対しても一定以上の水準のケアマネジメントを提供できるような力量をつけることを目指しましょう。また、ここで重要なのは、『適切なケアマネジメント手法』は**ケアプランの標準化ではない**ということです。『適切なケアマネジメント手法』をケアマネジメントの土台にすえることで、むしろ今まで以上に個別性の高いケアプランが作成できるようになることを実感してみてほしいと思います。

「基本ケア」と「疾患別ケア」の構造

　支援内容を体系化するにあたっては、老年学等の知見に基づいて**高齢者の生活を継続する基盤を支える「基本ケア」**が、そのうえで、既存のエビデンスがあって、多職種協働の必要性が大きいという観点で**「疾患」ごとのケア**があります。この「疾患」については、要介護状態となる要因の上位にあたり、また、重度化によってその後の生活機能に与える影響が大きい疾患群や状況を踏まえて、「脳血管疾患」「大腿骨頸部骨折」「心疾患」「認知症」「誤嚥性肺炎の予防」の5疾患（状態）が体系化されています。また、その時期によって本人の状況や必要な支援内容、併せて医療との連携における留意点が変化することから、そのことを踏まえた支援内容の見直しにも着目し、期別の視点も盛り込まれています。

　「基本ケア」と「疾患別ケア」の項目構成は**資料②**（p.293）を参照してください。

話す

聞く

書く

見る

使う

覚える

つなげる

心をみる

内面を
磨く

※厚生労働省HP「適切なケアマネジメント手法の策定、普及推進」日本総合研究所
　「適切なケアマネジメント手法の手引き解説」（YouTube）
　日本総合研究所HP「適切なケアマネジメント手法に関連する事業の成果物一覧」

Q80 これまでやってきたことをやればよい ということか？

A 個人ごとに力量が異なるので一概には いえない。

『適切なケアマネジメント手法』は根拠に基づいた知見を体系化したものです。どんなに経験豊富なケアマネジャーであっても、あらゆる領域においての知見をすべて身につけているかと問われて即座に「はい」と答えられる人は少ないでしょう。知識や情報収集・分析の質や量は個人ごとにばらつきがあることはむしろ当然のことです。その意味でこの手法を活用する意味はあるといえます。

また、『適切なケアマネジメント手法』は、ケアマネジャーが単に介護給付サービスの調整をするだけの存在ではなく、医療や福祉・保健など関連他制度やインフォーマルサポート利用といった複数の選択肢を踏まえた意思決定支援や地域づくりへの参画、さまざまな家族等への支援等々、さまざまな役割があることも踏まえて作成されていますので、活用のねらいには**ケアプラン検討時の抜け漏れの防止**や**多職種協働の推進**、**ケアプランの見直しの円滑化**などがあげられています。

活用方法としては「基本ケア」の概要版から、ケアプランのセルフチェックに取り入れてみてはいかがでしょう。「基本方針」「大項目」「中項目」「想定される支援内容」「支援の概要、必要性」「主なアセスメント項目／主なモニタリング項目」「相談すべき専門職」の順に目を通していくだけでも、自身のケアマネジメントのリフレクションとなり、視点の見落としや情報分析の不十分さなどの気づきを得られ、そのことがさまざまなケースでのケアマネジメントの質の向上にもつながるはずです。

Q81 基本ケアと疾患別ケアを合わせて用いるとは？

A 「基本ケア」と「疾患別ケア」は2階建て構造。

「基本ケア」と「疾患別ケア」は、組み合わせてセットで用いることが有効です。「疾患別ケア」はあくまで疾患に応じた視点を軸に展開されているものであり、ケアのすべてではないからです。「基本ケア」を出発点に、「疾患別ケア」を（期別も踏まえて）次の段階で組み合わせましょう（**図2-11**）。

「基本ケア」の構造は、基本方針－大項目－中項目－想定される支援内容と続きます。この構造を理解しつつ想定される支援内容の確認をしていくとよいでしょう（→**資料②**（p.293参照））。

また、「疾患別ケア」では、冒頭にその疾患の特徴やマネジメント上の留意点がまとめられています。端的でわかりやすい表記です。まずここを踏まえてから想定される支援内容を読み進めていただくとよいと思います。

例えば、「脳血管疾患のある方のケア」では、退院直後には生活における不安を小さくできるように調整することであり、生活が安定してきた先は、再発の予防が大切となります。脳血管疾患は再発しやすく、再発すると状態が悪化しやすい傾向があることを踏まえ、疾患別ケアでは退院後の時期によってⅠ期とⅡ期とに分け、病院病棟の多職種から地域・在宅チームの多職種に支援ケアを引き継

図2-11 「適切なケアマネジメント手法」の構造

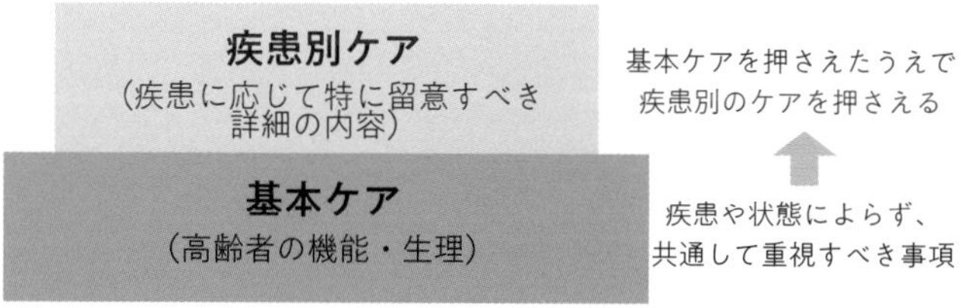

疾患別ケア（疾患に応じて特に留意すべき詳細の内容）	基本ケアを押さえたうえで疾患別のケアを押さえる
基本ケア（高齢者の機能・生理）	疾患や状態によらず、共通して重視すべき事項

日本総合研究所『「適切なケアマネジメント手法」の手引き』2021年

話す

聞く

書く

見る

使う

覚える

つなげる

心をみる

内面を磨く

いでいくことも意識しつつ、各々の項目を確認し、基本方針や支援内容について検討することとなります。

　他の疾患や状態も同様にそれぞれの特徴やもつべき視点が整理されています。ケアマネジメントの基本と疾患や状態別の支援の柱を組み合わせて、繰り返し確認しながら活用していきましょう。

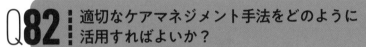

Q82 適切なケアマネジメント手法をどのように活用すればよいか？

A 日々のケアマネジメント実践で取り入れる。

　アセスメントからケアプラン作成やモニタリングに取り入れることで、支援の方針を見きわめたり、自身の情報収集や分析に抜け漏れがないかセルフチェックすることに活用することができるでしょう。繰り返し実施していくことで、見落としがちな項目や視点、連携すべき専門職が明確となり、ケアマネジメント力の向上に必要な事柄が抽出され、効率的な学習の取り組みに向かいやすくなることでしょう。

　また、事業所のスーパービジョンやOJTの一環で、例えば「何がわかっていないのか、何に気づいていないのか、何が足りないのか、何につまづいてしまっているのかがわからない」状態の初任段階のケアマネジャーへの具体的な指導や助言をするうえで、ともに行うチェックリストとして活用することができるでしょう。指導や助言の際、お互いに共通したツールを用いることで、一般化された課題抽出の助けとなり、スーパービジョンやOJTがスムーズに進みやすくなるでしょう。

　他には、事業所や地域連絡会、地域包括支援センターの実施する研修や事例検討会、地域ケア会議などの場で活用することで、ケアマネジャー支援や多職種連携による地域づくりなどに役立てることができます（**表2-18**）。

表 2−18　適切なケアマネジメント手法の活用場面の例

①日々のケアマネジメント実践（自己点検）
②事業所内の研修やOJT、スーパービジョン
③退院時カンファレンス
④サービス担当者会議

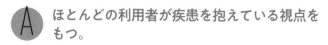

Q83　ケアプランに医療的な内容が盛り込まれすぎることに戸惑いを覚える。

A　ほとんどの利用者が疾患を抱えている視点をもつ。

「疾患別ケア」を読み進めていくと（確認していくと）、医療との連携が必要となる内容が多く含まれることがわかります。何かしらの疾患を抱えていることがほとんどの要介護高齢者の支援に際し、入院先の医療機関やかかりつけ医からの指示の内容等を把握することは重要ですし、ケアマネジメントには欠かせない情報ともいえます。ケアマネジャーは医療的ケアが必要となる想定で情報収集を実施し、そのうえで判断・ケアにかかわる専門職種へつなげていく役割を果たす必要があります。生活モデルで支えているケアマネジャーとしては「医療的な内容が盛り込まれすぎる」と思ってしまうことも理解できますが、そう考えるのではなく、必要な内容を必要なだけ盛り込んでいるのだと考えましょう。

「相談すべき専門職」を意識しながら多職種連携を進めるためにも『適切なケアマネジメント手法』を有効活用しましょう。

話　す

聞　く

書　く

見　る

使　う

覚える

つなげる

心をみる

内面を磨く

本人・家族の思いをくみ取る力（共感力）

共感力とは

　初回面接は、信頼関係の構築において、非常に重要な場面です。ここがうまくいくかどうかで、その後の支援が成功するかが決まるといっても過言ではありません。初回面接は、契約書を交わし、事業所で決められたアセスメントシートを埋める作業のことではありません。利用者・家族は、「助けてほしいこと」「支援してほしいこと」を聞いてほしくて、つまり今すぐにでもヘルパーやデイサービスを使いたくて相談に至った場合もあれば、本当は嫌だけれど、仕方なく相談するに至った場合等もあり、その思いはさまざまです。それを理解せず、いきなり「介護保険制度は……」「家族関係は……」等と、こちらばかりが一方的に話していれば、利用者・家族からすれば、「なぜそんなことを聞くのか？」と、期待に反した面接内容になってしまい、信頼関係の構築が、初めからできないことになります。訪問の目的や、なぜ情報収集するのかを説明したうえで面接を開始し、初めから、「ヘルパーを利用したい！」と言われているなら、場合によっては、「市内に、このような事業所があり、利用料金は、1時間あたり、○○円くらいです」と具体的な利用方法を話し、いったん相手の思いや疑問を受け止めたうえで、そのあとに、「利用するためには、契約などの手続きが必要です」と説明したり、関連づけて情報を聞き取ると、利用者側にも「なぜ聞かれているのか」「その説明が必要なのか」が伝わりやすいでしょう。**大切なのは、なぜヘルパーが必要になったのかという思いや経過に共感することです**。これが共感する力です。

シンパシーではなくエンパシー

　本当は自分で家事をしたいのに、痛みなどの身体機能の限界が
きて、頼まざるを得なくなった自分自身への悔しさや悲しさ、喪失
感があるかもしれません。または、家族に介護負担や迷惑をかけな
いように、本当は嫌だけれど我慢して頼むことになったのかもしれ
ません。そうした思いをくみ取ることができれば、「今まで、大変
でしたね」「おつらかったのですね」というような労いの言葉が自
然と出てくるのが共感力ではないでしょうか。ケアマネジャーに求
められる**「共感力」とは、ただ単に「かわいそうだ」と、同情
（シンパシー）することではなく、相手の立場に立って、自分が
その人の立場だったらどのように思っただろうという感情を抜き
にして、本人の思いをとらえることです**（エンパシー：他人の感
情や経験などを理解する能力）。自分とは異なる価値観や考え方を
もつ相手に対し、共感力やエンパシーを活用して、意識しながら面

図2-12　エンパシーとシンパシーの違い

同じ出来事をどう見るか：車いすの人が、電車に乗る場合

シンパシー
：感情移入（同情）

その主人公を
どう考えるか

車いすで電車に
乗るなんて、大
変そうだなぁ…

エンパシー
：自己移入（共感）

自分がその立場に置か
れたら、どう考えるか

車いすでも、電車
に乗れば遠くまで
出かけられる。

接し広い視野で物事を考え、相手を理解し信頼関係を構築していきながら、思いをくみ取っていきましょう。

　介護保険制度においてケアマネジャーは、少なくとも毎月1回はモニタリング訪問をすることが義務づけられています。毎月の面接で、信頼関係が徐々に構築され、潜在的な思いを自己開示してくれるようになっていきますが、ケアマネジャーとしては、毎回意識して話を聞き取らないと相手の話を引き出すことはできません。モニタリング訪問の際に「今日は、ここをこのように声かけして聞いてみよう」などと、意識をもって声かけし、傾聴する姿勢をもつことが共感力の醸成にも大切です。

Q84 本人と家族の思いが違うとき、それぞれの思いを 理解するためにはどのようにすればよいか？

A 家族関係や家族の歴史に着目し、家族をシステム としてとらえる。

「本人・家族」とひとくくりにしていても、全く違う人格の持ち 主の集まりです。それぞれに個性や価値観の違いがあり、「思い」 や「ニーズ」が違っていて当然のことです。しかしながら、「家族」 というものは、社会システムのなかの一番の下位システムとして存 在し、相互作用があり、影響を与え合っています。また家族システ ムは、社会情勢や地域性などの影響も受けています。さらに個人 は、家族システム以外に、それぞれが属する「学校」「職場」「趣味 サークル」等の他のシステムからの影響を受け、それが「家族シス テム」にも相互作用を引き起こします。例えば、職場でうまくいか ず、うつ病になり、ひきこもりになり職場を辞めてしまった場合、 職場の人間関係の問題が家庭に持ち込まれて、長引けば「8050問 題」として、親へ影響していきます。そのような背景があり、今ま で親から養護してもらっていた子どもが、親のほうに介護が必要に なってしまうと、立場が逆転してしまい、うまく思いを伝えられな いこともよく見受けられます。

「自分自身」というものは、家族の歴史のなかで育まれ、価値観 や性格がつくられていきます。したがって、**利用者にはどのよう な生活史があり、価値観や思いがあるのか、家族は同様にどのよ うな生活史があり、思いがあるのかをそれぞれに情報収集し、そ のうえで家族がどのような相互作用（影響を与え合っているの か）を把握・分析する必要があります。**利用者自身はどのような ストレングスをもちケアニーズがあるのか、一方家族はどのような ストレングスがありケアニーズがあるのかを、分けて分析しないと それぞれに必要なケアニーズが見えてきません。そしてさらに、今 現在利用者と家族は、どのような結びつきや課題・問題を抱えてい るのかも分析します。特に、介護が必要になる前と後では、「どの

話 す

聞 く

書 く

見 る

使 う

覚える

つなげる

心をみる

内面を
磨く

131

ような変化が家族内で起きているか」にも着目していくと、どのような経緯で思いや考え方が違っているのかが見えてきます。

Q85 利用者と意思の疎通が難しい場合、どのようにすればよいか？

A 言語以外の表現方法を検討したり、利用者以外（家族等）から情報を得る等の工夫をする。

認知症や精神疾患などの場合、できる限り意向や思いを本人の言葉で聞き取りましょう。すでに症状が進行していて、言葉として表現できない場合は、家族や親しい方から、今までの本人の生活ぶり等から、本人の思いを聞き取っていきましょう。

ALSや失語症で、言葉を発することができない場合は、紙やホワイトボードを利用した筆談や文字盤（視線入力できる機器等もあります）などのコミュニケーションツールを活用しながら、意思疎通を図ってみましょう。

聴力障害の人には、筆談だけではなく、パソコンやタブレットなどで文字入力して見せたり、スマートフォンに音声入力をすると文字化してくれるアプリ等もあります。時間はかかりますが、根気よく聞き取り、合っているかどうかの確認をして意思の疎通を図ってみましょう。

Q86 思いとニーズをくみ取ったら、どう活かせばよいのか？

A わかりやすく言語化し、ケアプランに表現する。

私たちケアマネジャーが、なぜ利用者の思いやニーズをくみ取るのかといえば、ニーズ（生活課題）を解決するためにケアプランを作成し、必要なサービスや機関につなぎ支援していくためです。したがって、思いやニーズをくみ取ることができたら、利用者・家

族にそれが合っているかどうか（ケアマネジャーの思い込みになっていないか）を確認し、そのうえで解決方法も一緒に検討して、ケアプランに落とし込んで活かしていきます。第1表の意向欄や第2表のニーズの部分にあたります。しかしながら、思いをすべて、ケアプラン（用紙）に表現してよいかというと、そうではありません。繊細な思いや知られたくないこともありますので、必ず合意を得たうえで、記載します。ケアプランに反映しない思いは、支援経過に記載しておきます。

　ケアプランのニーズから、どのような目標や支援内容になり、誰がその役割を担うのか等、ケアプランの内容について、伝えるための言語化能力も求められます（→説明力（p.2参照））。定期的にケアプランを自己チェックしたり事業所内チェックをしてもらい、スキルアップを図っていきましょう。

話す

聞く

書く

見る

使う

覚える

つなげる

心をみる

内面を
磨く

5 本人の今後を予測する力

生活の将来予測

　ケアマネジャーには、利用者の今後を予測した対応が求められます。以前は「予後予測」という表現が使われていましたが、今はより生活面を重視した「生活の将来予測」と表現されるようになりました。アセスメントにおいては、将来予測を含んだ課題分析が必要である、ということになります。ケアマネジャーが課題を整理する際のツールである課題整理総括表（p.26参照）にも「見通し」という項目がありますが、ここでは本人の今後を予測するという点において、同じように考えていきたいと思います。

　ケアマネジャーのなかには「将来のことなんてわからない。今、目の前の困りごとに対応するだけで精一杯。それではだめなのか」といった声もあります。確かに、多くの課題に対応しなければならない場合には、その対応だけで追われてしまいます。ここで確認しておきたいことは、利用者の今後を予測するというのは「ああなったらどうしよう」「こうなったらどうしよう」「利用者はこう言っているけど、家族はこう言っている。どちらが本当のことかわからない」というような、あれこれ考えるということではありません。専門職の予測とは、**根拠に基づいた推測・仮説**のことです。利用者や家族の視点だけでは想定しにくいことでも、専門職の経験と知識によって、今後の変化を予測できるということです。

　今後の見通しの精度を上げるには、ケアマネジャー1人の視点ではなく、多職種による見立てが必要になります。ケアマネジャーと多職種による推測・仮説を照らし合わせることで、より精度の高い将来予測が可能になります。では、利用者の今後を予測することは、ケアマネジャーにとってどのようなメリットがあるのでしょう

か。大きな点としては、リスクの管理と目標設定があげられます。

表2-19 リスクの管理

（1）リスクを生じさせる活動を予測し、リスクを回避する
　　例：退院後は、洗濯物を干すときには2階を使用せず、1階で
　　　　干すようにする
（2）リスクに対応することでその発生を予防、もしくは軽減する
　　例：手すりを設置し、下肢筋力を向上させることで転倒を防ぐ
（3）リスクが起きた場合にも、それを受容する
　　例：できる限りの住環境は整えたが、転倒する可能性はある。
　　　　それでも最期まで自分でトイレには行きたいという思いを
　　　　尊重する

表2-20　目標設定

（1）「今」すべきことが明確になる
　　例：買い物に行くためには、バスの乗り降りをしなければなら
　　　　ないため、40cm程度の段差は1人で昇降できるようになり
　　　　たい
（2）自身の課題として認識しやすい
　　例：× 「1人ではトイレもお風呂も行けないのだから、介助を
　　　　　　受けましょう」
　　　　○ 「1人でできることを増やしていくために、立ち座り訓
　　　　　　練から行っていきましょう」
（3）達成状況が評価しやすくなる

話　す

聞　く

書　く

見　る

使　う

覚える

つなげる

心をみる

内面を
磨く

Q87 今後の変化について予測することは必要なことか？

A 予測しないことで、利用者の可能性を潰し、リスクを高める結果となり得る。

　下肢筋力が低下し、入浴の課題がある利用者を例に考えてみます。もし、今の課題にだけ対応するのであれば、介護力や住環境の問題として対応することになるでしょう。一方で、その人の今後の変化を想定した場合、「将来的に以前のように1人で入浴することは可能か」「今家族が行っている入浴介助の負担を減らすことはできるか」「危険なく、清潔を維持するための体制が継続的に必要か」と、それぞれ利用者や家族の選択も考慮しながら、可能性を探ることになります。

今現在の困りごと	未来への手立てを考える 今後も悪い状況にならないようにする
下肢筋力低下によるふらつきはあるが、入浴時に見守りがあれば転倒しないで清潔が保てる	もう少し足に力がついてつかまるところがあれば、1人でも入浴できるのではないか

下肢筋力の低下によるふらつきはあるが、足に力をつけ、浴室につかまるところがあれば以前のように1人で入浴することが可能と思われる。それまでの間は、見守りのもとに入浴を行うようにする。

　今後の変化を予測しない対応は、利用者の可能性を潰しかねず、リスクをそのままにしてしまう危険性があります。例えば、当面の課題となる医療的な管理や排泄の対応等が中心となり、元々行っていた参加の可能性が考慮されないことや、看取り期において、まだまだこの生活が続くと思っていた利用者や家族が突然の変化についていけないなど、予測をしないことで利用者・家族の不利益となってしまう事例は数多く存在します。ケアマネジャーにとって、今後の変化を予測したうえで支援を進めていくことは必須といえます。

Q88 どうやって予測すればよいのか教えてほしい。

話 す

聞 く

A 「このままだとどうなってしまうか」から
考えてみる。

何から予測をしたらよいかわからないという場合、「このまま何もしなければどうなってしまうのか」「どのような支援を行えばリスクを防ぎ、課題解決へと至るのか」と、二段階で考えるとわかりやすいでしょう。

書 く

図2-13　予測の仕方

悪化の予測	改善の予測
○○という状況から考えると、支援を行わなければ、××という可能性がある	○○という状況にあるが、△△という支援を行うことで、□□という可能性がある
○○の例： ずっと横になっている、入浴ができてない、閉じこもりがち、食べ過ぎ　など ××の例： 寝たきりのリスクが高まる、皮膚状態の悪化、認知機能の低下、基礎疾患の悪化　など	○○の例：左記 △△の例： 下肢筋力の向上、入浴機会の確保、浴室環境の整備、運動の場づくり、病状管理　など □□の例： 室内移動の自立、保清の確保、皮膚疾患の改善、認知機能の改善、疾病コントロールが図れるなど

見 る

使 う

覚える

ケアマネジャーには介護を中心とした課題解決が求められます。「このまま何もしなければ」というのは、課題のある状態が今後も続くということです。そのまま様子をみるだけで解決するのであれば、ケアマネジャーが支援する必要はないはずです。ここでは、顕在化した（本人や家族も理解している）課題だけでなく、潜在化している（本人や家族は理解していないが、専門職の視点で課題と感じている）課題についても考えていきましょう。そして、改善の予測（悪化した予測のようにならないために／本人や家族が希望する

つなげる

心をみる

内面を
磨く

姿に近づくために）を考えていきます。時間はかかるかもしれませんが、このように分けて考えることで、今後の変化について予測を立てやすくなります。

　また、ケアマネジャーの身近にあるツールや手法などでも、具体的な予測ができます（**表2-21**）。

表2-21　予測のためのツール・手法

> **1．高齢期に多い疾患の基礎的理解**
> 　疾患の予後についての知識をもつことは、今後の経過を予測し、その対応や予防を考えることにつながります。基礎的な範囲であれば、医療職と連携を図る、服薬内容から疾患を調べる、インターネットで検索する、など知識を得る方法はたくさんあります。
> **2．スーパービジョンや事例検討会**
> 　1人では気づかないことも、第三者の力を借りることで気づきを得るということも多いものです。主任ケアマネジャーによるスーパービジョンの機会や、事業所内もしくは多職種による事例検討会を経験することは、第三者の視点でケースを考える機会となります。
> **3．課題整理総括表**（p.26参照）
> 　課題整理総括表の見通し欄に、『要因』『要因の解決のために必要と考えられる援助内容』『援助を利用した場合に到達が見込まれる状態』を簡潔にまとめることで、ケアマネジャーの見通しを可視化することができます。
> **4．適切なケアマネジメント手法**（p.122参照）
> 　適切なケアマネジメント手法の基本ケアには、「現在の全体像の把握と生活上の将来予測、備え」といった大項目が存在し、それがさらに中項目や支援内容に細分化されています。アセスメントやモニタリングにおいて、必要な項目を活用することで、予測が立てやすくなっています。

Q89 予測したことを具体的にどう活かせばよいか？

A 利用者、家族、多職種と共有し、ケアプランに活かす。

多職種からの専門的な見地も含め、予測したことを利用者や家

族と共有していきます。利用者や家族は、顕在化された課題しか見えていないことがあります。そのため「この手段（サービス）を使えば解決するのでは」→「このサービスを利用したいのです」と表現してくることが少なくありません。専門職であるケアマネジャーは、潜在化されたニーズや今後の予測を利用者や家族へ伝え、ケアプランという帳票を用いて、課題解決への見通しを立てていきます（→意思決定支援（p.204参照））。

　また、予測することは、利用者の意思決定支援にもつながっていきます。人生の最終段階において最期をどのように迎えたいのか（→ACP（p.198参照））、ということを考える際に、この病気がどのように進行し、どのように心身機能が低下していくのかという予測がなければ現実的な話をすることはできません。意思決定支援にはACPのほかに、「障害福祉サービス等の提供」「認知症の人の日常生活・社会生活」「身寄りがない人の入院および医療」「後見事務」などがガイドラインとして示されていますが、今の課題や対応だけを考えるのではなく、『これから』を考えていくために、将来の生活予測を行うことは必要なことなのです。

話す

聞く

書く

見る

使う

覚える

つなげる

心をみる

内面を
磨く

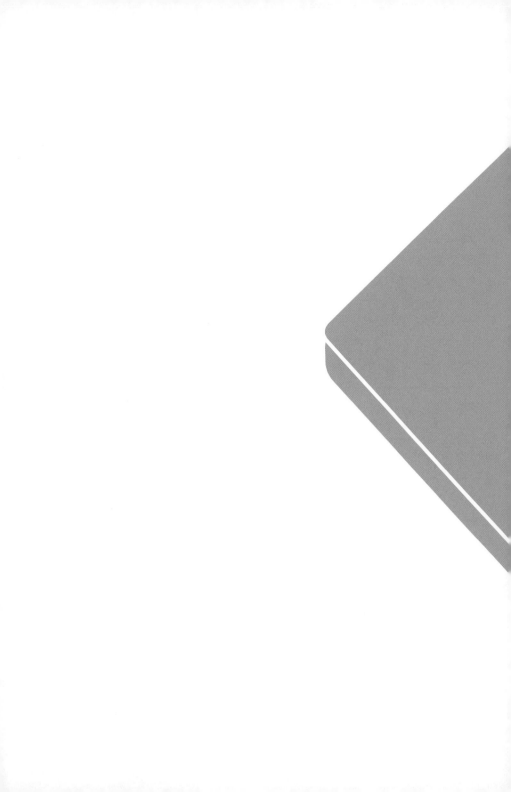

第3章

サービス
担当者会議
で使える道具

サービス担当者会議に必要な
ケアマネジメントスキルについて

1 司会力

ケアマネジャーの司会力

　ケアマネジャーはさまざまな場面で司会の役割を担いますが、特に役割が重要となるサービス担当者会議を、よりよいケアチームの構築につなげるという視点で、司会力のスキルを解説します。

日程・会場調整

　サービス担当者会議は、利用者が日常生活を送る場所で、すべての関係者が参集して開催することが理想ですが、近年、感染症対策への配慮の必要性から、ICTという選択肢も登場しました。

　基本的に、利用者や家族等の都合に配慮し、地域の行事は避けるよう調整しますが、通常の事業所の営業時間内の開催を基本とし、かつサービスごとの多忙な時間（食事の前後等）を避けることが望ましいため、働いている家族に勤務調整を依頼する場合もあります。なお、インテークやアセスメントの段階で、利用者等が土日や夜間等の訪問希望やサービス利用を希望される場合、ケアプラン原案作成やサービス作成の際、対応できるサービス種別、事業所を選択することで、後のトラブルや苦情を避けるよう配慮します。

事前準備

　事前準備の要は、ケアマネジメントプロセスの適切な実施であり、**事前にケアプラン原案と会議次第を参加者に配布**しておくことで、当日の議事がスムーズに進行しやすくなります。なお、ご近所トラブルにつながる<u>駐車場</u>問題は、事前に周知しておくなど、トラブルを回避する配慮が必要です。

　また、事前に議事を把握し、参加者に連絡を取り、課題の聞き取りをしたうえでシミュレーションを行うことで、当日の議事が進めやすくなり、効果・効率的な会議にすることが期待できます。

　ケアマネジャーは、司会（議事進行、タイムキーパー）とともに、利用者の代弁者、専門用語の通訳等の役割も担うことから、**利用者に声をかけやすく、参加者全員の表情が見える席**に座ることが望まれます。慣れないうちは同僚や出席者にサポートを依頼したり、利用者が信頼している出席者がいれば、利用者の代弁者や通訳の役割を依頼することも1つの方法です。

　会議開始にあたり挨拶と自己紹介を行い、議題、発言時間、会議終了時間を伝える等、時間を意識した議事進行を徹底します。

　長時間の会議や予定時間の超過は、出席者の時間を奪い、感染症流行時においては感染リスクを高める行為となるので注意します。論点がずれたときには「時間」を理由に話を止め、軌道修正を行います。また、時間を意識する一方で、参加者の発言機会は複数回設定し、実際にサービスを提供する人から利用者に話をしてもらうことで、専門職の役割を認識しやすくなり、集中力の持続も期待できます。

　会議の最後に、ケア目標の確認と役割分担を明確化し、利用者等の理解を得てケアチームで共有化する、まとめと確認を行います。継続検討になった場合は、その内容を共有します。

図3-1　ケアマネジャーの座る位置

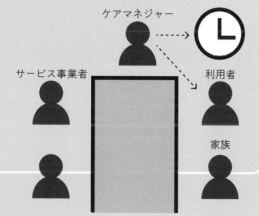

話　す

聞　く

書　く

見　る

使　う

覚える

つなげる

心をみる

内面を
磨く

143

Q90 サービス担当者会議の日程や会場調整の工夫は？

A 集まりやすい時間と場所で開催できるよう調整する。

　利用者や家族等の事情に配慮して調整しますが、事業所の営業時間内の開催を基本とします。開催場所は利用者が生活を送る場所が理想ですが、感染症対策や駐車場確保等の課題を踏まえ、ICTの活用（ビデオ会議等）も検討しつつ、状況に合わせて調整します。

1. 主治医が訪問診療等を行っている場合は、主治医に許可を得たうえで診療時間の前後に開催できると、効果・効率的です。訪問系サービスを利用している場合も同様です。

2. 通所、短期入所等の利用や見学の前後に事業所で開催することも、サービスの雰囲気がわかるためよい選択肢です。

3. 居宅介護支援事業所で開催する場合、移動の調整を行います。

Q91 就労中の家族にサービス担当者会議へ参加してもらうには？

A 勤務調整を依頼する（条件を満たす場合は介護休業制度※を紹介する）。

　利用者や家族等の都合に配慮して、サービス担当者会議の日程や会場を調整することは当然ですが、働き方改革の観点から、事業所の営業時間内に設定することが望ましいと考えられます。

　就労している家族に、勤務調整、年休、介護休業制度等の利用を検討いただくこと、依頼することも1つの方法です。

※介護休業制度：労働者が要介護状態にある対象家族を介護するための休業です。介護保険制度の介護サービスや育児・介護休業法を組み合わせて活用し、仕事と介護を両立することが期待されています（適用条件あり）。

Q92 退院カンファレンスや家屋調査を担当者会議にできる？

A 本人の出席等、法令に基づく要件が整えば可能。

　事前に参加者が合意し、利用者が出席する等、法令に基づく要件が整えば、退院・退所カンファレンスや、リハビリテーション病院（病棟）入院中に一時帰宅して実施される家屋調査の機会を、サービス担当者会議として取り扱うことが可能です※。

　退院カンファレンスは、入院先医療機関（病院等）が開催場所となり、日程調整も病院等の医療ソーシャルワーカー（MSW）等の主導で行われますが、参加予定者への声かけの役割分担を確認し、必要によりサービス事業所等への連絡調整を行います。

　なお、退院・退所加算のカンファレンスの要件に、福祉用具の利用が見込まれる場合、福祉用具専門相談員や居宅サービスを提供する作業療法士等が参加することが定められています。在宅サービスの担当者が可能な限り参加できるよう調整します。

※市町村条例等の「指定居宅介護支援の具体的取扱方針」

Q93 ICTを活用したサービス担当者会議の留意点は？

A システムの操作に慣れておく。

　ビデオ会議システム（Zoom、LINE）等、ICTを活用したサービス担当者会議も認められるようになりました。

　ICTを活用する際には、事前にビデオ会議システムの操作に慣れ、会場設備を把握（電源、Wi-Fi等）して、実際に使用できるか試行をすませておく必要があります。

　会場出席者とICTを活用したビデオ参加者が混在すると、かなり話が聞き取りづらくなるため、会場にマイクやスピーカーを準備

話 す

聞 く

書 く

見 る

使 う

覚える

つなげる

心をみる

内面を
磨く

145

するか、全員がシステムを通じて会議に参加する等、状況に合わせ、利用者等が話を聞き取りやすいように配慮する必要があります。会議当日、ケアマネジャーは利用者と同席し、利用者の代弁者、専門用語の通訳等の役割もこなすこととなります。可能であれば、会議のサポート役を準備し、ICTの操作とタイムキーパーを依頼すると、議事進行に注力でき、スムーズに運営できます。

Q94 サービス担当者会議の準備のポイントを教えてほしい。

参加者も事前準備をして会議に臨めるように配慮・工夫する。

事前にケアプラン原案を配布、会議の流れが伝わるよう配慮し（**表3-1**）、会議で意見をもらうことも含めて、事前に伝えておくことで、参加者にも事前準備をして会議に臨んでもらえるようにします。

表3-1　開催通知を兼ねたサービス担当者会議次第（例）

> ○○○（ショート担当○○様）御中　○○年○月○日
> サービス担当者会議開催のお知らせ（参加依頼）
> お世話になっております。
> 神○川○子さま（桜町）の会議につきまして、調整の結果、
> ○○年2月14日（水）14：00〜14：45　自宅にて
> 開催しますので、ご出席ください。
> 駐車場は、自宅横の月極No.3〜5をご利用ください。
> 議題は、
> （1）緊急連絡先、意向、課題の確認　10分（各事業所1分目安）
> （2）目標とサービス内容について　22分
> （3）会議のまとめ・その他　10分　を予定しています。
> ※ケアプラン原案記載の緊急連絡先、目標、サービス内容等を事前にご確認、当日ご持参、ご意見をお寄せください。
> ※やむを得ず参加できない事業所は、文書にて、会議前に、議題やケアプラン原案に基づくご意見をお寄せください。
> ケアプラン○○　介護支援専門員　○○○○
> 070-XXXX-XXXX XXX@XXX.com

Q95 意見がまとまりやすい司会進行のポイントが知りたい。

A 時間を意識し、話を振る役割に徹する。

　意見をまとめようと意気込むと、焦りが生じてしまいます。司会は時間を意識しながら、参加者に話を振ることに努め、参加者が話し合う様子を見ながら意見を集約し、会議をまとめます。

表3-2　サービス担当者会議の運営（例）

1. 当日朝…利用者と会場に電話連絡（うっかり忘れを防止）
2. 開始直前…余裕をもって会場へ
◎利用者に声をかけやすく、参加者の表情が見える席に座る
　利用者や家族等と世間話をして緊張をほぐす
（事前にケアプラン原案を配布できていない場合は速やかに配布）
3. サービス担当者会議…ケアプラン原案を使用
（1）緊急連絡先、意向、課題の確認　約10分
①司会　開始挨拶、議事次第、終了時間を伝達（1分）
　※利用者の代弁者、専門用語の通訳等の役割も
②司会　緊急連絡先の確認と修正（1分）
③司会→利用者等　意向や困りごとの再確認（5分）
④司会→事業者等　現状と課題の報告：更新時のみ（各1分）
（2）目標とサービス内容について　約20分
⑤司会　ケアプラン原案を説明　※要点のみ（3分）
⑥司会→質疑応答　※参加者同士の意見交換を促す（15分）
⑦司会　週間サービス計画表を使い漏れがないか確認（2分）
（3）会議のまとめ、その他　約10分
⑧司会　⑥⑦を踏まえ利用者等に確認　※継続検討可（5分）
⑨司会→事業者等　事業者の役割を利用者に説明（各1分）
　※役割分担の明確化
⑩司会　まとめ　ケア目標やサービス内容の確認（1分）
⑪司会→利用者等　講評　終了の挨拶（1分）
4. 記録…サービス担当者会議の要点を記録

2 ファシリテーション

ファシリテーションとは

　人々の活動が容易にできるように支援し、うまくことが運ぶよう舵取りすることであり、その舵取りを担う人をファシリテーターといいます。

　ケアマネジャーの生涯研修体系においては、主任介護支援専門員養成・主任介護支援専門員更新等の法定研修や各所で実施されている事例検討会、その他さまざまな研修会・会議等で、演習・討議の際に、受講者の参加を促進したり、舵取りをしたりする役割を果たす人を「ファシリテーター」と位置づけていることが多いようです。担う役割も意味づけも幅広いものです。演習や討議の過程では、立場や経験、価値観の相違などによっていろいろな意見が出てきます。時には感情のぶつかり合いや意見の相違、戸惑いが生まれます。こういった演習・討議のプロセスにファシリテーターが介入することによって、問題解決や合意形成、学習支援などを促進していくことが期待されています。

ケアマネジャーとファシリテーター

　法定研修等の演習においてファシリテーターが果たすべき機能（役割）から考えていきましょう。一番の役割は、**受講者の学びや気づきを促進する**ことです。そのために、学びのプロセスへの介入をするわけですが、ここで重要なのは、どこに焦点を当てて支援するかということです。また、その支援の際には、活動的すぎる受講者には一定の抑制を、一方で消極的な受講者には積極性を求めるといったバランスも意識しつつ、受講者のやり取りが活発に行われるようにしていく必要があります。

　そのためには比較的初期のかかわりにおいて、ファシリテーター

はできるだけ早く各々のグループが受講者にとって安心安全が確保されている場と感じられる状態となるように努めてほしいと思います。何よりも研修の場は守秘義務が守られる場であることを前提に、ファシリテーターの適切なかかわりによって自身の所属するグループが安心で安全な場であることが早い段階で伝われば、受講者はちょっとした間違いを恐れず、また、必要以上に自己の正当性をアピールするような状況に陥らずに、堂々と意見を述べることができますし、その効果としてグループの相互作用や相乗効果が生み出され、受講生は単に一方的な講義を受けるだけでは得ることができない学びや気づきを体験できるのです。

求められる能力（スキル）

　学びや気づきを生むためには、目の前の議論をどの方向に向けていけば受講者の学びがさらに深まり拡がり浸透するのかを考え、グループの議論に適切に介入していくことです。そこで活用できるスキルがコーチングスキルです。

　答えを与えるよりも、受講者やグループに対して考えてほしい事柄が議論されるように、適切な問いを投げかけていくのが、コーチングスキルを活用したファシリテーターの介入方法です。ファシリテーターは、受講者やグループが立ち止まって考え、さらにグループの議論が深まり、かつ掘り下げていけるような問いかけをするところから始まります。そして、質問を投げかけられた相手から返ってきた事柄に対して、そのことを承認します。また、そもそもの問いかけの意図の理解ができていなかったことが判明したり、意図した方向に考えられなかったり、議論が進まないような場合には「このように考えてみてはどうでしょうか」と提案することもあります。

　また、ファシリテーターの問いかけに対し、グループから質問されることもあります。質問に対してはついつい返答しなければならないと考えてしまいがちですが、答えをすぐに与えてしまう指導方法は一方向性のコミュニケーションに陥り、受講者にちゃんと考えてもらうことで得られる効果が望めなくなります。質問する側に

話　す

聞　く

書　く

見　る

使　う

覚える

つなげる

心をみる

内面を
磨く

はその質問をする理由や思いがあるはずです。ですから、ファシリテーターは、その意図を理解するための問いかけをして（例「といいますと？」）、意図を明確化（例「つまり、○○と理解したので、××について聞きたいということであってますか？」）します。質問者から「そうだ」という返答があれば、もともとの質問の意図が、グループのメンバーにも共有されることになりますから、例えばほかのグループメンバーに考えてもらうこともできますし、単純に質問に答えることがグループ討議の促進に役立つと判断されれば、答えればよいわけです。このようにコーチングスキルを磨き活用することが、ファシリテーターの役割を十分発揮することにつながることを理解してください。

演習・討議の講評

研修の終わりにはファシリテーターの講評やコメントの時間が設けられていることが多いです。グループ討議そのものや討議の発表などに対するコメントは、発表された学びをグループや会場全体で共有し、さらに理解を深めたり新しい気づきを促進するような作用をもたらします。そこではできるだけポジティブでエールを伝えるような講評を心がけましょう。なかでもグループ討議や発表された内容のうち重要な項目を取り上げて、それが一体なぜ、どういう意味で重要なのかを再認識させるような講評は研修のまとめとして大切な役割を果たすわけです。

研修のファシリテーターとして基本となるファシリテーション知識や技術は以上のようなものですが、さらにいえば、ケアマネジメントに関する知識や技術がベースとしてなければいけません。例えばケアマネジメントプロセスの理解、各種ツールや介護・医療・福祉・保健など関連する諸制度について、説明ができ、使いこなせて、教えられる。このベースがあって、「気づきを促す」ファシリテーションスキルを発揮するのが研修におけるファシリテーターなのです。

Q96 会議が荒れたり対立したときの調整の仕方を教えてほしい。

A ルールを徹底しておく。

話す

聞く

　会議や研修会では、仲の良い人が集まるのではなく、さまざまな立場や経験値、価値観をもつ人たちが集まり、なおかつ、いやいや参加している人や関係性の悪い人が同じ場所に集まっている可能性がありますので、会議がうまく運ばないことも想定しておきましょう。

書く

見る

　ファシリテーターとしてすべきことは、起こりがちな混乱の発生を回避するために**あらかじめ会議・討議の際のルールを示しておくこと**です（例「必ず全員が発言できるようにお互いに配慮しましょう」「必ず全員が何らかの役割を担当しましょう」「正解探しやノルマ達成が目的ではありません」「多数決は合意形成ではありません」等）。そのうえで、グループの力量の評価を含めた観察を行います。グループでの解決が難しいと判断したならば、司会役や書記役への働きかけをしながら、議論の方向性がズレてきた際には、方向性の整理や新たな視点の提案を適宜行っていきます。また、グループの力で解決できそうな可能性があるならば、注意深く経過を見守りつつ、早急な介入はできるだけ控えながら、働きかけていきます。

使う

覚える

つなげる

　なお、自己顕示欲の強いメンバーとファシリテーターが対立してしまうと、のちのちのファシリテーションに悪い影響が生じることも予測されますので、まずはその承認欲求を満たすようなアプローチも有効となるでしょう。

心をみる

内面を磨く

Q97 事前準備などは必要か？

A 絶対に必要である。

とても基本的なことですが、身だしなみや体調管理は大切です。そのうえで事前に当日使用される資料を読み込み、演習にかかるワークは必ず実際やっておくのはもちろんのことですが、さらに法定研修のファシリテーターを担当する際は研修ガイドラインに目を通して、担当する科目の位置づけ、科目のねらいや到達目標などを確認しておくことも事前準備の１つであることを忘れないでください。

また、最近ではオンライン研修や会議も増えてきました。オンライン研修の特徴として、ファシリテーターが演習中の個人の進捗状況を確認しづらいことに加え、オンライン研修に不慣れで戸惑いながら参加している受講者や、操作の未熟さから意図せず演習を滞らせてしまうような受講者に対するフォローが必要になることなどがあげられます。自宅などから参加している場合、慣れ親しんだ環境下、集合研修ではしないような態度や行動をついついとってしまったりすることもあるようです。ファシリテーター自身、ある程度のオンライン研修受講のためのスキルやオンライン環境の整備も必要となることでしょう。オンライン講義の受け方や演習参加の方法について、研修前に簡単なオリエンテーションの機会を設けている機関もあるようです。ファシリテーターとして不安を感じる場合は、そのような機会に参加させてもらうことも事前準備の１つになるかもしれません。

Q98 ファシリテーションスキルの向上に役立つものはあるか？

A 事例検討会へ積極的に参加するとよい。

　自分の教えによってどれだけ相手が伸びたかではなく、グループ成員同士で高め合っていけることに喜びを感じられるようにかかわっていくことを念頭に、教えたい欲求を抑え、相手やグループが自力で解決する前に仕切らないことです。グループメンバー同士で学び合い、育て合う機会を奪わないでください。

　日頃から「質問力」を鍛えること、その際、介入のサイクル（観察→質問→評価）と介入のレベルを意識すること、介入と承認の経験値を上げていくことについて意識されること、トレーニングしていくことが有用です。

　その1つの方法が、事例検討会への参加です。ケアマネジャー同士の検討会でもよいですし、多職種が参加するものでもそれぞれにメリットがあります。事例提出者役、司会者役、書記役、検討メンバー役のそれぞれをぜひ何度でも経験してみてください。

　また、コーチングやアサーション、スーパービジョンについて学ぶ過程においても、ファシリテーションスキルに活用できる学びが多くあるはずです。

話す

聞く

書く

見る

使う

覚える

つなげる

心をみる

内面を磨く

1 アサーティブスキル

アサーティブスキル（アサーション）とは

　お互いの意見を尊重しながら自分の意見をしっかり伝えていくことで、互いに納得した気持ちとなり、良好な関係を保つためのコミュニケーションスキルです。

　アサーティブの意味は「自分の意見をはっきりと述べる」「自分の意見を積極的に主張する」ということで、これは「自分の意見を無理やり押し通すこと」とは違います。

　ケアマネジャーは、利用者・家族・サービス事業者・医師などさまざまな人と意見を交わしています。このようなときに、言いたいことも言えないような状況を抜け出して、しっかりと自分の意見を言えるようになることが大切になってきます。また、相手の無理難題ばかりを聞き入れてしまうことも、ケアチームに負担をかけることだけではなく、精神的に自分自身を追い込んでしまうことにもつながります。自分自身も相手も周りの関係者も精神的に負担なく健全に支援するためにもアサーティブスキルを身につけましょう。

　アサーションでは、3つの自己主張タイプがあるとしています。

①アグレッシブタイプ（攻撃型タイプ）：思ったことはすぐに口に出してしまうタイプです。自己主張が強い、自分の意志や信念を曲げない、勝ち負けにこだわる、精神的に幼いなどという特徴があり、自分ばかりを大切にします。

②ノン・アサーティブタイプ（非主張型タイプ）：自己主張が苦手もしくはできないタイプです。ほかにも、物静かな印象、曖昧な意見を好む、言い訳が多いなどの特徴があり、自分より他人を大切にする傾向にあります。

③アサーティブタイプ（バランス型タイプ）：自分の気持ちを素

表3-3　タイプ別自己表現

ノン・アサーティブ （非主張型）	自分のことよりも他人を優先してしまう。意見を言わなかったり、後で言い訳をするタイプ。
アグレッシブ （攻撃型）	自分のことだけを考えて他人はお構いなし。自分の意見や考えを押し付けてくるタイプ。
アサーティブ （バランス型）	自分のことを考えるのと同時に、他人への配慮もできる。その場に合った自分の意見を言えるタイプ。

話す

聞く

書く

見る

使う

覚える

　直に伝えられて相手の気持ちも考えられるタイプです。場の空気が読める、その場にあった表現方法を選択できるなどの特徴があり、バランスの取れた理想的なタイプといえます。

　まずは、自分自身が「どのタイプの人間なのか」を知るところから始まります。

　あなたは福袋を買うために朝から行列に並んでいます。そのとき、知らない人が列に割り込んできました。どう対応しますか？

①「何も言わない」

②「怒りをぶつける」

③「後ろに並ぶように頼む」

回答は以下のとおりです。

①＝ノン・アサーティブタイプ

②＝アグレッシブタイプ

③＝アサーティブタイプ

つなげる

心をみる

　このように、実際の自分がどのような反応をするのかで、どのタイプなのかがわかります。タイプによい悪いはなく、自分の特徴や傾向を知ることでクセを矯正していけばよいのです。

　アグレッシブタイプもノン・アサーティブタイプも一長一短があり、ケアマネジャーとしては、常にしっかりと自分というものを保ちつつ、周りの人への配慮を忘れないアサーティブタイプが求められていると思います。ケアマネジャーが目指すのはまさにこのタイプではないでしょうか。

内面を
磨く

Q99 お互いが納得できるような伝え方とは？

A 感情的にならず冷静に伝える。

　まず、「自分はちゃんとあなたと話をする準備がある」という思いを伝えることです。

　ここでは、面接技術を使い話し合いを進めていきます。面接技術を使った方法では、表情は穏やかにして目線や身体の向きも相手の方を向くようにします。そのうえで「相づち」や「おうむがえし」をしながら時折話の内容を「要約」しつつ話を進めていきます。こうしてきちんと話をする準備ができていると、意見をすり合わせて互いに納得できる着地点を探すことができる可能性も出てくるでしょう。ほかにも、最初に相手の言い分を十分に話してもらってから、矛盾点や不足している点を指摘しながら改善案や修正案を出していくことも有効です。

　例えば「あなたの意見では、不満をもつ人も出てくるでしょう。でも、少しだけ協力してもらえるとみんなが満足できるのですが、いかがでしょうか」といった具合に、「私はあなたの話をしっかり聞いてからよりよい方法を判断していますよ」ということが相手に伝わるように提案していくのです。その際、客観的で冷静な判断であることも重要です。

Q100 自分の意見を伝えるのが普段から苦手。何を意識すればよいか？

A 「何をどのように伝えれば、相手にわかりやすく伝わるのか」を意識する。

　自分が言いたいことや、話したいことを思うように話したとしても、話を聞いた相手が理解できなければ思いや考えは伝わりません。自分の意見を伝えるのが苦手な人の多くは、簡単にいうと自分

の考えや意見がまとまっていないのです。話す内容がまとまっていないのに話し出すものだから、相手に思うように伝わらないだけではなく、話している自分自身も何を話しているのか途中からわからなくなってしまうのです。

また、話したい内容はまとまっているのにその場になると話せなくなってしまう人は、相手や周りの人に遠慮しているのです。「自分がこのようなことを言ったせいで他人に迷惑になってしまうのではないか」などと考えてしまうのです。

意見というのは、現状をよりよくしようとして発するものですから、「よくしたい」という思いを遠慮することはありません。たとえ相手が一時的に嫌な思いをしたとしてもあなたがきちんと根拠を示して説明した改善策であれば相手も納得してくれるはずです。

今を変えていこうとする勇気をもつ必要もあるでしょう。

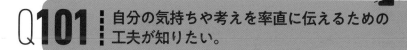

Q101 自分の気持ちや考えを率直に伝えるための工夫が知りたい。

A 相手との距離感などを意識する。

ここでの工夫は、相手との距離感・親密度に応じた雰囲気や言葉遣いに配慮することです。まずは、自分のほうから相手との距離を詰めていく必要があります。

そして「私はこのように思う」ということを伝え、さらに「なぜなら……」と続けます。このときに大切なのが、相手の観察です。「なぜなら……」を説明しているときに表情が緩んだり、笑顔になった場合には、あなたの言いたいことは理解したというサインです。

また、そうでない場合には「わかりますか」と確認してみてもよいでしょう。わかってもらえたら「はい」ですし、わからないときには「だけど……」などと続くでしょう。

アサーティブスキルは**伝えておしまいというものではなく、**

「落としどころ」や「着地点」を見つけ、合意形成を図っていく**スキル**です。改めて、アサーティブとはどういうものかを以下にまとめましたので、参考にしてください。

表3-4　アサーティブとは

・人の話をきちんと聞いたうえで、自分の意見をしっかり言えるコミュニケーション術
・自分も相手も大切に考え、その場に合った折り合いをつけるということ（合意形成）
・大きなストレスよりも小さなストレスを優先させる（代替案の提案）
・相手に遠慮しないで、言いたいことをはっきり言うことではない
・相手を傷つけなければ何を言ってもよいというものではない

Q102 アサーティブスキルを磨くには？

 現在では、広く多くの業種・職種のなかで、アサーティブスキルは使われている。

　アサーティブスキルを磨いていくためにできることですが、まずは書籍です。書店に行けばアサーション関連本がたくさん出版されています。

　手軽に身近で勉強するには書籍で知識を得るのが最適ですが、実践的に学ぶのであれば、研修会やセミナーに参加してみることです。ケアマネジャー向けの研修から他業種向けの研修まで盛んにアサーティブスキルに関する研修が開催されています。ケアマネジャーの職能団体が開催している研修会やセミナーを活用することも1つでしょう。

　その他、とてもよい実践経験ができる場としてワークショップがあります。ワークショップでは、多くの専門職や他業種の人が参加しています。そのため、他業種の人との交流や体験を通じて、自

分の業務や普段の生活のなかで活用できるヒントがたくさんもらえます。なかでも大きいのが「視点の違い」です。

　視点の違いは、自分の当たり前が世の中ではそうではないということです。つまり、ケアマネジャーの当たり前は利用者や家族の当たり前と違う場合があるということです。

　この違いを埋めるためにアサーティブスキルが有効になるのです。

　ワークショップも今では多くの場所や規模で開催されています。インターネット上でも紹介されており、研修と同じようにオンライン化も進められています。

　このコミュニケーションスキルは身につけて終わりではなく、学んだことを仲間に伝えていったり、人材育成の場や組織内でも伝えていくことで、身につけたスキルを伝える人もそれを教わる人も同時にレベルアップしていくことができるのです。また、地域や他法人との研修会や勉強会のなかで開催していくことも可能です。常に学びの場を求めることが上達の道なのです。

話　す

聞　く

書　く

見　る

使　う

覚える

つなげる

心をみる

内面を
磨く

2 多職種連携コンピテンシー

多職種連携コンピテンシーとは

コンピテンシーとは、高い成果につながる行動特性のことで、多職種連携コンピテンシーとは、多くの機関の多職種が高度に連携し、ハイパフォーマンスなケアチームを構築するために実践する行動特性のことをいいます。

ケアマネジャーは、多くの機関に所属し立場も考えも異なる多職種が、利用者を支えるために連携して支援するケアチームを構築する際に主導的な役割を果たします。そのため、**利用者や家族の立場、専門職の視点を理解**できる技量が必要です。

利用者との信頼関係

多職種連携を行い、専門職同士で意見が一致しても、**利用者が納得しなければ適切な支援はできません**。多職種連携の前提に利用者との信頼関係を築くことが必要です。

ただし、ヘルパーや訪問看護師等、ケアマネジャーより信頼関係を築いている人がいれば、うまく頼ることも1つの方法です。

一部に、個人情報を理由に多職種連携を拒む利用者等も存在しますが、連携なくしてケアマネジャーの業務は成り立たないことを伝えていく必要があります。拒む理由（借金、親族間の相続トラブル、ケアマネジャーやサービス事業者への不信感等）を探り対処しつつ、それでも理解を得られない場合は支援困難事例として、管理者や地域包括支援センター等に相談、対応を検討してください。

効果・効率的な支援

少子高齢化などにより社会保障を取り巻く環境は厳しく、社会保障制度の持続可能性が国の課題となっています。人も財源も時間も有限であることを踏まえ、課題を効果・効率的に解決することも

求められています。利用者の納得が支援の前提ですが、利用者の言いなりでは、ケアマネジャーの存在意義はありません。**適切なケアマネジメントプロセスに基づいた根拠ある支援**により、見立てを行い、どの専門職と連携すればよいかを判断します。

専門職との信頼関係

多職種連携には、**専門職相互の信頼関係**の構築が重要です。

まずは情報共有、報告・連絡・相談や会議の設定を、相手に伝わりやすく負担にならない方法や時間で密に行うことが大切です。また、各専門職の立場や考えを理解しておくことは、信頼関係の構築に役立ちます。

医療連携の場合は、疾患の知識、専門用語や略語を理解しておくとともに、医療機関の役割や入院日数の上限等、知識が多いほど各専門職の立場や考えを理解でき、医療職に対する苦手意識も払拭されます。生活保護や障害福祉等、関連諸制度についても同様です。

実際の多職種連携においては、専門職の権力格差、機関の特徴があり、うまく連携できていたケアチームが、担当者が1人変わるだけで崩れてしまうこともありえる等、一筋縄ではいきません。それだけにうまく連携が取れるチームが構築できたときの喜びはとても大きいものです。

図3-2 コンピテンシーの概念図

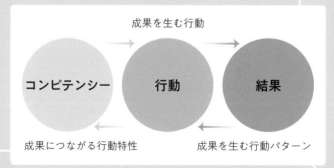

成果を生む行動

コンピテンシー → 行動 → 結果

成果につながる行動特性　　　成果を生む行動パターン

 話す

 聞く

 書く

 見る

 使う

 覚える

 つなげる

 心をみる

 内面を磨く

Q103 多職種連携に必要な知識や専門用語を
学ぶには？

 A 信頼できる発信元の最新の情報から学ぶ。

　少しハードルが高いのですが、サービス提供地域の都道府県保健医療計画を一読し、医療政策の概要を知ったり、個々の医療機関（病院、診療所等）がおかれた立場を理解することで、今後の見立てがしやすくなり、多職種連携もスムーズに取りやすくなります。

　また、医療用語や関連諸制度等、多職種連携に必要な情報が載っている雑誌や書籍からも学ぶことができます。さらに医療知識を深めたいときは、看護学生向けの出版物をおすすめします。特に疾患別看護過程の書籍は、ケアプラン作成にも応用できて便利です。

　また、厚生労働省は、「適切なケアマネジメント手法の手引き」を活用した、基本ケア＋疾患別・期別ケアを推奨しています。資料と動画が無料で公開されていますので、活用してください。

Q104 連携が取りやすい主治医がいるとよいのだが。

A 現在受診中の医療機関か
診療所等の医師を検討する。

　主治医は、原則、現在受診中の医療機関から選択しますが、介護の主な原因と診療科が一致しない等、変更が適切な場合は、診療所や中小病院（一般病床199床以下）から、利用者に選択してもらうことが望ましいと考えられます。紹介状をもたずに大規模病院（一般病床200床以上）を受診した場合、通常の医療費＋選定療養費が追加され、支払医療費が高額になりますので注意してください。なお、連携ルールが地域で定められている場合はそれに従い、特にない場合は、診療時間に医療機関の受付に確認し、医師との連携方法、訪問時間の確認を事前に行います。

表3−5　ケアマネジャーが理解すべき医療政策

（1）医療施設の類型
①病院（20床以上）
　　特定機能病院…専門的で高度な医療を提供する大学病院等
　　地域医療支援病院…地域医療の中核となる病院
　　一般病院、精神科病院
②診療所（0〜19床）
　　有床診療所（1〜19床）、無床診療所（0床）
③入院病床種別
　　一般病床（高度急性期、急性期、回復期、慢性期）
　　地域包括ケア病床
　　→在宅復帰が原則、入院最大60日、レスパイト入院可
　　回復期リハビリテーション病床
　　→在宅復帰が原則、入院最大60〜180日（疾患等による）
　　療養病床、感染症病床、結核病床、精神病床

（2）都道府県保険医療計画
①5疾病：がん、脳卒中、急性心筋梗塞、糖尿病、精神疾患
②5事業：救急、小児（救急）、母子周産期、災害、へき地

（3）医療提供体制
①一次医療（予防、初期診察）診療所、病院（一般〜199床）
　　→かかりつけ医（紹介状の発行）
②二次医療（入院医療）地域医療支援病院、病院（一般200床〜）
　　→日常生活（二次医療）圏域で医療を完結
③三次医療（高度医療）特定機能病院　など

話　す

聞　く

書　く

見　る

使　う

覚える

つなげる

心をみる

内面を
磨く

Q**105**　在宅ケアでスムーズに医療連携を行うコツは？

A　居宅療養管理指導や訪問看護の利用を検討する。

　訪問診療にも対応する在宅療養支援診療所を主治医とする、居宅療養管理指導（医師、歯科医師、薬剤師、管理栄養士、歯科衛生士）や訪問看護を利用することで、医療連携が円滑になります。

Q106 円滑な入院連携の方法を知りたい。

A 事前準備＋医療介護連携システムを活用した迅速な連携。

利用者や家族に対し、入院が決まりしだい連絡がほしいことや、医療（健康）保険証と一緒にケアマネジャーの名刺を入れておくように働きかけることで、入院の把握に努めてください。

そのうえで、事前に厚生労働省の様式例に基づいた入院時情報提供書を準備しておき、入院を把握次第、病院へ出向くか、ケアプランデータ連携システムやFAX等を活用して、迅速な入院連携を行います。

Q107 大規模な病院（大学病院等）との円滑な連携方法を知りたい。

A 医療ソーシャルワーカー（MSW）に相談する。

医療機関には役割があり、特定機能病院（主要な大学病院等）では一般病院で対応できない高度専門医療を担い、医師は多忙かつ研究にも追われています。救命救急センターが設置された地域医療支援病院も、命に直結する救命救急医療を担っており、医師は多忙で、緊急対応が頻繁に入り得ることを理解する必要があります。

医師と直接連携を求める場合は、利用者の同意を得て受診に立ち会う、退院カンファレンスに同席したりすることが現実的ですが、急患対応や患者集中により多忙なため、一日仕事になる覚悟が必要ですし、連携を好まない医師も散見されます。

特定機能病院や地域医療支援病院には、地域連携室や相談室等の相談窓口が設置され、医療ソーシャルワーカー（MSW）として、社会福祉士や看護師等が配属されていますので、医師との連携を試みる前に、相談することをお勧めします。

Q108 リハビリテーション病院から退院する際の連携のポイントは?

A 家屋調査や退院カンファレンスの際には専門職を参集する。

　回復期リハビリテーション病床では、退院前に家屋調査やサービス担当者会議が実施されることが多いので、在宅でサービスを提供する看護師、理学療法士（PT）、作業療法士（OT）、言語聴覚士（ST）や、福祉用具を担当する福祉用具専門相談員、住宅改修を担当する福祉住環境コーディネーター等も参加できるように調整し、その際に選定した福祉用具を病院に届け、その用具を使いながらリハビリテーションや評価を行ってもらいます。また、退院後の様子を病院に伝えると喜ばれ、関係性の強化につながります。

Q109 認知症や精神疾患の利用者の支援・連携のポイントは?

A 地域ケア会議を活用した支援を行う。

　認知症施策推進総合戦略（新オレンジプラン）や、認知症施策推進大綱では、インフォーマルサポートを積極的に推進し、地域で認知症の人を支える、「共生と予防の視点」が求められています。

　課題がある利用者については、地域包括支援センターに相談し、地域ケア会議を依頼することで、個人情報保護を遵守しながら、行政保健師、民生・児童委員、自治会役員、介護・障害・民間事業者等が集い、利用者の支援体制構築を検討することが可能です。

　なお、精神疾患や対応が難しい前頭側頭型認知症等の場合、精神科病院、精神科ソーシャルワーカー（PSW）等と、事前に連携を取れる体制を構築しておくと、緊急時のスムーズなサポートが期待できます。

話 す

聞 く

書 く

見 る

使 う

覚える

つなげる

心をみる

内面を
磨く

第**4**章

モニタリング
・支援過程
で活きる道具

モニタリングに必要なマナーや
意思決定支援などのスキルについて

PDCAサイクル

　PDCAの起源は、製造業のための統計的品質管理手法であり、生産プロセスにおける課題点の特定と改善をするための考え方です。その後、製造業以外の分野でも用いられるようになり、事業や施策の管理手法として一般化していきました。特徴として、改善点が次の計画に反映されるというサイクル（循環）の形を取ることがあげられます。

　PDCAにおける「P」はPlanのことで、**「計画」**です。課題や目標に対して取り組むべきことや数値、期日を決めていく過程です。

　「D」はDoのことで、**「実行」**です。Planで立てた計画を実行するステップとなります。介護保険事業においては、実行したことを記録することも含まれます。

　「C」はCheckのことで、**「評価」**です。ここまでの過程は計画から実行でしたが、これらは仮説に対して進めていたものです。そのため、計画の実行状況を評価し、必要に応じて改善する必要があります。評価するためには、計画の内容や評価項目が具体的な形である必要があります。

　「A」はAct（もしくはAction）のことで、**「改善」**です。評価して得られた課題に関し、具体的な改善案を出すステップです。改善で重要なことは、次以降に行うことを明確にすることです。改善段階では、今までの計画、実行、評価のそれぞれが適切であったかも併せて確認することになります。

表4-1　PDCAサイクル

Plan（計画）　：課題や目標に対し、行動するための計画を立てる
Do（実行）　　：計画に基づき実行し、記録する
Check（評価）：計画の進捗状況や妥当性を評価し、成果を確認する
Act（改善）　：改善点を確認し、次に活かす
または Action

介護保険制度においてもPDCAサイクルの考え方は随所にみられます。ケアマネジャーの中核となるケアマネジメントプロセスもPDCAサイクルが基本となりますが、ここでは、介護支援専門員の研修でみられるPDCAをご紹介します。

図4-1　介護支援専門員関連研修のPDCAサイクルのイメージ

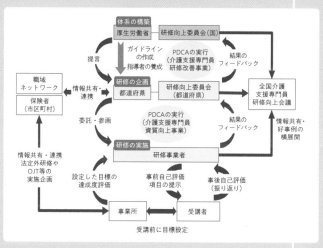

「介護支援専門員の法定研修のカリキュラムやガイドライン等について（情報提供）」（令和4年4月28日事務連絡）

話 す

聞 く

書 く

見 る

使 う

覚える

つなげる

心をみる

内面を
磨く

Q110 実際の業務ではどのようにPDCAを意識するのか?

A ケアマネジメントプロセスと合わせて考える。

ケアマネジメントプロセスとPDCAサイクルの関係は以下のようになります。

○ Plan【計画】

ケアプランの作成には、初めて作成するプランと、更新・変更するプランがあります。初めて作成する場合は、アセスメントの結果をもとに作成していきますが、更新や変更については、Check・Act（Action）の過程を踏まえます。計画はケアマネジャーだけがするものではありません。指定居宅介護支援等の事業の人員及び運営に関する基準（以下、運営基準）には、「サービス担当者会議の開催により、居宅サービス計画の変更の必要性について、担当者から、専門的な見地からの意見を求めるものとする」（第13条第15号）とあります。計画は多職種で行っていくことを意識しましょう。

○ Do【実行】

サービス担当者会議において、利用者・家族・支援者の合意を得たのち、ケアプランに基づいた支援が開始されます。ケアマネジャーは利用者・家族への相談支援を継続的に行い、サービス事業所との連絡・調整を行っていきます。運営基準第29条には、記録を整備することが定められています。利用者・家族への相談支援やサービス事業所との連絡・調整については、記録を残すことで、行ったことの証明となります。介護保険制度では「サービスの提供の記録」が義務づけられているため、実行と記録はセットで考えましょう。

○ Check【評価】

ケアプランの実施状況について、継続的な観察と定期的な情報収集により、効果等を評価していきます。サービス導入直後や長期

の利用状況など、必要なタイミングでモニタリングを行い、その評価を見極めたうえで、ケアプランを修正する準備をしていきます。

　毎月のモニタリングによる評価、短期目標など期間を定めての評価、課題整理総括表および評価表の活用など、効果検証を一定期間ごとに行っていきます。ケアマネジャーはケアプランの実行状況についての評価を行いますので、プラン自体が評価できるものでなければなりません。特に目標については、何をもって「安心」「安全」と評価できるのか、具体的にイメージできる表現をしていきます。「現状維持」という評価をする場合には、何がどう維持できているのか、判断の根拠を具体的な言葉で残していきましょう。

○ Act（Action）【改善】

　モニタリングによって把握された実行状況を検証します。ケアプランに位置づけたサービスの効果がない、修正が必要である、新たなニーズが発生した場合などは、再度アセスメントを行い、次のケアプランへとつなげていきます。モニタリングの結果を次のプランに反映する場合、利用者や家族の意向による軽微な変更なのか、サービス担当者会議の開催により計画を見直す必要があるのか、再アセスメントを行いながら判断していきます。計画や対応は変えずに、もう少し様子をみていこうと判断した場合には、「なぜ様子をみようと判断したのか」「それによってどのような結果を想定しているのか」といった判断の根拠を残すようにします。

図4-2　ケアマネジメントプロセスとPDCAサイクル

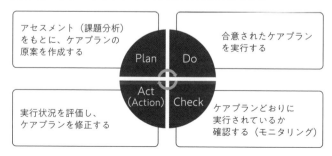

話　す

聞　く

書　く

見　る

使　う

覚える

つなげる

心をみる

内面を
磨く

Q111 業務以外でPDCAの使える場面を教えてほしい。

A 「事業計画」「研修計画」「行動計画」などに
活用することが可能。

2021（令和3）年度介護報酬改定において、居宅介護支援には
「介護保険等関連情報の活用とPDCAサイクルの推進について」が
位置づけられました（指定居宅介護支援等の事業の人員及び運営に
関する基準について　第二　3運営に関する基準（1）　新設）。今後
は、科学的介護情報システム（LIFE）等との連動や、人材育成、
事業計画など、さまざまな場面でPDCAサイクルを構築・推進し
ていくことが求められます。ここでは、ケアマネジメントプロセス
以外の場面について、考えていきます。

○事業計画、研修計画での活用

居宅介護支援の特定事業所加算には、計画的に研修を実施する

図4-3　介護支援専門員研修の最終目標（アウトカム）

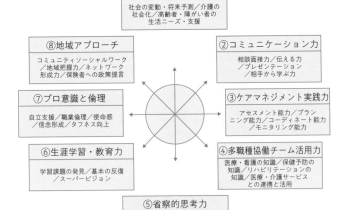

厚生労働省「実務研修・専門研修・主任研修・主任更新研修ガイドライン」
2016年

ことが算定用件として定められています。また、加算を算定していなくても、研修計画や事業遂行のための事業計画を作成している事業所も多いと思われます。PDCAサイクルは、ケアマネジャーの研修計画や事業計画を立てる際にも活用することができます。ケアマネジャーの法定研修には、アウトカムが明示されていますので、それぞれの項目や達成度に応じて計画を立てて活用してみましょう。

〇実践力向上のための行動計画での活用

　介護保険法第69条の34第3項には、「介護支援専門員は、要介護者等が自立した日常生活を営むのに必要な援助に関する専門的知識及び技術の水準を向上させ、その他その資質の向上を図るよう努めなければならない」と定められています。ケアマネジャーは常に自身の実践力を向上させなければなりません。実践力を高めるには自身を振り返り、考え、具体的に計画することが必要です。

話す

聞く

書く

見る

・過去の失敗やうまくいかなかったことは何か
・自分に不足している知識や技術は何か
・研修などで得た学びを実践に活かしているか
・足りない知識や技術をどのように身につけていくか
・ケアマネジャーとして求められている知識や技術は習得できているか

使う

覚える

　こういったことに対し、PDCAサイクルの考え方を用いて、行動計画へとつなげていくといった活用の仕方があります。

Plan：行動計画を作成する

Do：日々の実践／研修を受ける／資料を読む　など

Check：自己評価／自己分析／内省／省察　など

Act（Action）：行動計画の修正、改善

　ケアマネジャーの行動計画は、先に述べた事業計画や研修計画と別に作成することもできますが、一体的に作成することで、より実践的な計画となっていくでしょう。

つなげる

心をみる

内面を
磨く

2 観察力
（モニタリング）

■ モニタリング時の観察

　モニタリングの目的は、サービス利用の評価・新しいニーズの発掘ですが、観察力において重要なことは「前回からの変化」です。

　先のアセスメントにおける観察力でも触れましたが、自宅内の環境の変化や利用者・家族の精神的・身体的な健康面、生活状況を確認していきます。

ここで大切なのが「前回の訪問時（普段の状況）と今回の訪問時の状況の対比」です。

　何か変わっていることはないのか、どうして変わってしまったのか、利用者や家族の心情の変化を観察・確認しながら面接を進め、情報収集を行います。

　例えば、前回までは気にならない程度の室内環境だったのが、今回の訪問では衣服が片付けられておらず、床などに無造作に置かれていたり、キッチンのテーブルが物であふれていたりすることがあったとします。介護者である妻にそれとなく「何かありましたか？」と聞くと「先月、弟が亡くなってしまってショックでボーっとすることが増えてきたんです」と話しました。この後、少し介護から離れる時間をつくることが必要だと考え、妻の介護負担軽減のためにショートステイの利用を提案しました。

　このように、モニタリング時には普段の状況と比較をして変化に気づく観察力を養っておく必要があり、利用者だけではなく家族の状況や心情の変化を敏感に感じ取ることも求められます。

　また、デイサービスが大好きだった利用者が休みがちになったり、熱心だった趣味に興味を示さなくなった場合等にも同じように

「何が起きているのか？」を観察し、考察していく必要があります。

違和感を感じとること

観察力では、違和感を感じとることが大切ですが、アセスメントの場合は「一般的な情報と個別的な情報」を収集しながら、特に個別的な情報から利用者・家族理解を深めていき、モニタリングの場合は「どの部分がどのように変わってきたのか」を考える必要があります。利用者のおかれた状況が変化してしまうであろう条件やリスクは何があるのか？　を考えていきます。また、この時に利用者や家族の情報から人物像が理解できていないと「何がリスクになるのか」にたどり着くことはできません。

ではどのようにしたら、このような広い視野で物事をとらえられるような観察力が身につくのか？　それは、知識と経験を積み上げていくことです。

そのためにできることは、職場や地域で事例検討やスーパービジョンなどを行い、数多くの事例に触れることで、事例のなかで何が起きているのか、必要なことは何か、そして何ができるのかを考えることです。

図4-4　観察のポイント

いつもの元気がない

いつもと違ってテーブルの上が汚い

違和感!!

服が汚れている

床に物が散乱している

話　す

聞　く

書　く

見　る

使　う

覚える

つなげる

心をみる

内面を
磨く

Q112 モニタリング時に求められる観察力とは？

A 「前回からの変化」においても さまざまな視点が必要。

①健康状態

多くの利用者は、何かしらの疾病を抱えているため、まずは健康状態を確認します。

身体的に変化はないのか、できなくなっていることはないかなど、まずは利用者から聞き取っていきます。次に家族から見た変化を確認します。ここで、変化の訴えがあった場合には、身体部位の観察や動作確認などをしてもよいと思います。必要に応じて関係者間で共有しましょう。併せて服薬の状況も確認します。

②生活状況

ここでは広く生活全般について観察します。

室内環境の乱れは大きな変化ですが、介護者の負担増加や心身の不調については、すぐに言葉にできない人もいます。こちらから観察することで相手の内面を察して語りかけていくような配慮は必要です。放っておくと、利用者だけではなく家族の生活も立ち行かなくなる場合もあります。

また、利用者の生活能力も定期的に確認する必要があります。例えば、日課であったことができなくなったり、やらなくなったときには、身体機能や生活能力と併せて精神面の変化など少し視野を広げて考察する必要があります。

生活状況の変化は、現在の生活が維持できなくなることにつながります。ケアマネジャーは健康状態の変化だけでなく、生活状況の変化に応じて将来予測を立てて支援に臨む必要があります。

③サービスの利用状況

サービスの利用状況については、利用者の意向・家族から見た状況や効果・サービス事業所からの評価を総合的にとらえる必要があります。

利用者によっては、とても楽しくデイサービスに参加しているのに、家族に対して「あんまり楽しくない」と話したりすることがあります。また、これとは逆になかなか周りになじめない人が「大丈夫だよ」と話したりすることがあります。このような場合には、その利用者の思いを聞き、察することが必要です。サービスの良し悪しだけではなく、利用者が今どのような心情でサービス利用をしているのか、ということも大切な視点です。

④家族との関係性

　仲がよさそうに見えていても実際には違うといったことはあります。また、お互いに遠慮しすぎていて我慢の限界に達してしまうことも少なくはありません。こうしたこともモニタリングしていく必要があります。例えば、一見、在宅介護に協力的だった家族から、利用者の状態悪化を契機にして「施設に預けたい」と方向が転換したケースでは、利用者の妻から「実は同居している長男の嫁に遠慮しながら生活してきた。最近になり近所の方にも主人の病気のことが広まってしまい、長男から施設に入れるよう話があった」と聞かされました。

　このように家族の関係性については、外から見ただけではなかなかわかりにくく、ケアマネジャーは自分自身の先入観で決めつけてしまうことがありますが、そのようなことがないようにモニタリング訪問の際には状況の変化を確認しながら話を進め、変化を感じた際には立ち止まって確認することが大切です。

　時に同じ質問を利用者と家族のそれぞれに投げかけることでお互いの思いを確認することもできます。このお互いの思いにズレが生じたときには今の家族関係につながるヒントが隠れていたりするのです。

⑤新たな生活課題

　これまでの項目をすべて参考にしたうえで「新たな生活課題」が発生していないかについて考えます。

　健康状態についてだけでも、通院方法について、内服方法について、自宅の療養状況についてなど、数多くあります。

話す

聞く

書く

見る

使う

覚える

つなげる

心をみる

内面を
磨く

このように先にあげた観察項目を一通り見回して、「生活に変化は生じていないか」「今後中止しなければならないことが生じていないか」を確認しておくのです。これができているとリスク管理につながります。

今後の変化に対しても、いくつかの選択肢を用意しておくこともできるでしょう。日頃から「**今は大丈夫だけど、今後このような状況になることが考えられる**」ということを考えておく癖をつけましょう。

Q113 モニタリングでは意識変容や行動変容をみるのか？

A その意識や行動が「維持」できているのかを確認する。

ケアマネジメントの過程において、特にケアプランの原案承認やサービス担当者会議の場において、意欲の喚起を行い意識変容・行動変容をケアマネジャーは促していきます。

そして、モニタリング場面では、面接のなかで利用者の思いを中心に話を進めます。利用者の思いが表明されたときに確認の意味で「どうしてそう思われたのですか？」等と質問して相手の思いをもう一つ深く聞くことも行いましょう。

利用者の意識や行動が維持できている場合には問題はないのですが、逆に維持できなくなっているときには丁寧に聞き取っていくこと、観察していくことが必要です。

また、気持ちがついていかないのか、身体がついていかないのかにも大きな違いがあります。このような場合には、必要に応じて関係者と連携してケアチームでかかわることが必要です。ケアマネジャー1人で答えを見つけて対処する必要はないのです。

特にモニタリングでは、状況観察から情報を収集して多職種と連携してかかわっていく意識をもって、現状をきちんと把握し、ケアプランの評価と改善点や目標の達成状況をしっかりと確認しま

しょう。

Q114 サービス事業所のモニタリングはどうすればいいか？

話 す

聞 く

A 直接提供してもらう。

書 く

サービス事業所から届く定期的なモニタリングは、とても参考となる他者評価です。

見 る

また、さまざまな職種の意見を聞けるものでもあります。特に、同じ利用者をケアチームのケアマネジャー以外のメンバーがどのようにとらえているかを把握することができます。このことは、ケアマネジャーの援助の確認や点検となります。ケアマネジャーとサービス提供事業者が同じようにとらえている場合には、お互いに共感できます。また、ケアマネジャーと違う場合には、確認しなければならない材料となるわけです。それ以外にも電話やメールなどで情報を共有することで、共通認識ができるようになります。

使 う

覚える

書類でもらって、ファイリングしてしまうだけでなく、内容を確認して必要に応じて関係者間で情報共有しながら支援を進めていくことが大切なのです。

つなげる

心をみる

内面を
磨く

1 接遇・マナー力

ケアマネジャーのマナー

　ケアマネジャーは利用者からの相談を受けたり、サービス事業者との連絡・調整を行うなど、相談援助を行う立場にあります。また、日頃からモニタリング訪問や様子の確認などで、自宅や入所施設の居室など、利用者が生活している場所へ訪問します。さらには、日常生活における困りごとの相談を行ったり、自分の身体や疾患、生活状況や家族状況といったプライバシーにかかわることについて話したり、質問を受けたりします。そこには信頼関係が必要であり、そのためにもあいさつや身だしなみ、電話対応などといったマナーがとても重要となるのです。

　利用者とのかかわりで一番多い電話対応の場面におけるマナーについて考えていきたいと思います。

電話の対応の仕方について

　相談援助職であるケアマネジャーにとって、電話は大切な連絡手段です。利用者やその家族からはもちろん、サービス提供事業所や地域包括支援センター、病院や役所等、さまざまな立場や関係性の人と、常日頃電話での連携を図る場面があります。電話は直接会って面会するのと違い、表情やしぐさなどによる意思伝達ができず、受話器から聞こえる声だけが頼りとなります。そのため、話し方や伝え方のマナーには細心の注意を払う必要があります。

電話に出るとき

　電話に出るときは、できるだけ相手を待たせないよう、3コール以内で出ることを心がけます。そして、ゆっくりと聞き取りやすい声で、社名と自分の名前をしっかり相手に伝えます。

　用件をうかがい、必要に応じてメモを残します。別の担当者に

取り次ぐ場合は、しっかりと相手につなぎますが、不在の場合は、不在である理由、すぐに戻るのか、時間がかかるのか、終日不在なのかなどを伝えます。そのうえで、折り返しかけ直すか、伝言を承るか、など対応方法を確認します。伝言を承る場合は、伝言内容を簡潔にメモに残し、電話先の相手と電話番号、日時を記載します。

電話をかけるとき

利用者について話す電話の場合、万が一かけ間違えた場合は個人情報漏洩となるため、かけ間違えのないように、まずは「○○様のお電話でお間違いないでしょうか？」と確認を行います。また、電話は相手にとって突然かかってくるため、「お電話させていただいてもよろしいですか？」と、相手の都合を確認します。その他、朝方や夕方はいろいろと慌ただしく過ごす時間帯であり、日が沈んだ後もゆっくりと過ごしている場合や、相手によっては寝ている場合もありますので、電話をする時間帯には配慮が必要です。

その他の注意点

利用者、家族への連絡は、電話に出ないからといって頻繁には行わず、留守番電話に用件を残し、不安を抱かせないように配慮します。各家庭において、電話連絡先や注意点などが異なりますので、それぞれ確認が必要です。なお、電話では伝わりづらい内容の場合は、直接会った時に話すようにしましょう。

表4-2　電話対応でよく使う尊敬語と謙譲語

通常	尊敬語（相手が主語）	謙譲語（自分が主語）
言う	おっしゃる	申す
行く	いらっしゃる／お越しになる／おいでになる	参る／伺う
来る	いらっしゃる／お越しになる／おいでになる／お見えになる	参る
する	される／なさる	いたす
いる	いらっしゃる	おる
聞く	お聞きになる	伺う／承る
見る	ご覧になる	拝見する
食べる	召し上がる	頂く
会う	お会いになる	お目にかかる
知っている	ご存じ	存じる／存じ上げる（対象が人の場合）

話 す

聞 く

書 く

見 る

使 う

覚える

つなげる

心をみる

内面を磨く

Q115 上着（コート・ダウン）は玄関内で脱いでもよいのか？

A 室内で上着を着ることは失礼な行為とされている。

入室する前にコートは外で脱いでおきましょう。コートには、ほこりや花粉、ウイルスなどの目には見えづらい汚れが付着しているため、そのままの状態で室内に持ち込むと不快に感じる人もいます。入室する前は外で汚れを払い、そのうえでコートの裏地が表に出ている状態でたたみ、手に持って入室します。なお、コートが入る程度のエコバッグなどを用意し、脱いだ際にバッグにしまえば、室内での持ち運びや置かせてもらうときも便利です。

また、雨天時の訪問では、衣類が濡れた状態で入室すると床やじゅうたんなどを汚してしまいます。そのため、インターホンや玄関先にて事前に状況を説明します。そのうえで入室が可能であれば、タオルなどで汚れや水滴などを可能な限り拭き取ります。かばんの中にタオルやハンカチ、ウエットティッシュなどを用意しておくと便利です。

表4-3　コートの取り扱い

- ・インターホンを押す前に脱いでおく。
- ・脱いだコートは汚れを払って、裏地を表にしてたたむ。
  ※コートが入るエコバッグなどに入れておいても便利。

表4-4　雨天時の注意点

- ・インターホンや玄関先で、事前に雨によって靴や衣類が濡れてしまっていることを説明する。
- ・タオルやウエットティッシュで、入室前に可能な限り拭きとる。
- ・レインコートや傘などの雨具は、置き場所を確認し、指定された場所に置かせてもらう。
- ・雨具の水滴は玄関の外で払い、玄関の床を極力濡らさないようにする。

Q116 基本的なあいさつの仕方の留意点は？

A 「語先後礼」を意識し、
信頼感が得られるよう心がける。

話 す

聞 く

書 く

見 る

使 う

覚える

つなげる

心をみる

内面を
磨く

あいさつはコミュニケーションの基本です。普段から利用者や家族に対してはもちろん、ケアチームの他職種スタッフにもあいさつすることを習慣づけましょう。

あいさつには相手を認め受け入れることや、好印象を与えたり緊張感を解くことで、安心感や信頼感が得られるといった効果があります。そのことを心に留めて積極的に行ってください。

表4-5　あいさつのもたらす効果

・相手を認め、受け入れる。
・相手に好印象を与える。
・緊張感を解き、安心感や信頼感を得る。

あいさつの基本として、「語先後礼」という言葉があります。語先後礼とは、言葉を先に礼を後でという意味で、**あいさつの言葉をはっきりと発してからお辞儀をする**という動作です。また、あいさつの基本として、**穏やかな口調でゆっくりと話す**ことや、**やわらかい表情で微笑みかける**ということを意識しましょう。

また、相手との目を合わせすぎてしまうことや、立ち位置の距離が近すぎることも、緊張感や威圧感を与えてしまうので注意が必要です。

表4-6　あいさつをするうえでのポイント

・あいさつの言葉をはっきりと発してからお辞儀をする（語先後礼）。
・穏やかな口調でゆっくりと話す。
・やわらかい表情で微笑みかける。
・目を合わせすぎたり、近すぎる距離を避ける。

Q117 感染対策で役立つマナーとは？

A アルコール消毒液の持参等。

　感染対策をしっかりと行うことは大前提ですが、感染対策をしていることが相手に伝わり、安心感を抱いていただくことがマナーとして考えられます。そのため、訪問や面会の際は、相手に見える形で感染対策を行うことも大切です。

　どのような状況でも消毒ができるよう、アルコール消毒液等を持ち歩き、入室する前に必ず手指消毒を行います。なかには、玄関先に設けている指定のアルコール消毒液を使用するよう指示がある場合もあるため、各家庭の意向等を事前に確認しておく必要もあります。なお、事前に消毒する場合は、持っている消毒液等を見せて、消毒済みであることを伝えるのも安心感につながります。

　入室後は極力室内のものには触れないよう心がけ、何か触る場合などは一言断り、了承を得るようにします。確認をしてもらえることで、相手も意識してもらえていることが理解でき、安心感が得られます。また、マスクの着用はもちろん換気などにも注意を払い、面会時は一定の距離を保つようにします。なお、飲み物や食べ物を提供された場合、感染対策のためマスクを外せないことを説明し、丁重にお断りします。

表4-7　感染対策に役立つ持ち物

・アルコール消毒液
・エチケットブラシ
・マスク（予備）
・消毒済みボールペン
・簡易スリッパ

Q118 服装におけるマナーの留意点は？

話す

聞く

書く

A TPO を考えて選択する。

見る

　服装について、普段着のような服装の人やフォーマルな服装の人、会社支給の制服の人等、ケアマネジャーの現場では、実にさまざまな服装で働く姿が見受けられます。明確な決まりや正解はなく、各々の職場事情や判断に委ねられていることでしょう。覚えておいてほしいのは、**服装というものが相手に与える印象は強く、利用者との関係性を築くうえでも大きな要素となる**ことです。そんな服装において、留意すべき点ですが、ケアマネジャーの仕事は、利用者宅への訪問はもちろん、研修会への参加等、多岐にわたります。そのため、働く現場や業務内容などによって、服装を変えるなどの工夫も必要となります。例えば、利用者宅への訪問などは、動きやすいものや親しみやすい印象を与えるものが望ましく、研修会等へ参加する場合はスーツなどのいわゆるビジネススタイルが望ましいなど、TPOに合わせて変える必要があります。

使う

覚える

つなげる

図4-5　TPOに配慮した服装

髪型
長い髪はまとめる。

化粧・アクセサリー
派手にならないように。

服装
ホコリやしわに気をつける。

色合い
落ちついた色が望ましい。

靴
履き古した靴は避ける。

心をみる

内面を
磨く

クレーム対応力

2

クレームとは

　クレームとは、異議・苦情・文句を指す和製英語であり、何らかの出来事などによって被害を受けたり、不満や不服を抱いた場合、その件について相手に異議や苦情を伝えることを意味します。ここでは一般的な「苦情」という意味で使用します。

　利用者やその家族から、ケアマネジャーの態度や対応、サービス事業所のサービス内容や対応について、直接クレームを受けた場合はそのつど対応をとることでクレームの解消へとつなげていけますが、その対応を誤れば深刻な問題へと発展してしまうおそれがあります。また、なかには、家族や利用者と、相談を受けたケアマネジャーとの間に認識の違いがあり、一方がクレームと認識していることに対し、もう一方がクレームと認識していない場合があります。例えば、穏やかな口調でクレームの連絡をした利用者に対し、連絡を受けたケアマネジャーが対応した際、怒っている様子もなかったことで深刻なクレームとして受け止めず、その後の対応が遅れてしまうケースもあります。ほかにも、普段から訴えが多く、こちらの提案を聞き入れてくれないことで、うまくコミュニケーションがとれておらず、対応が困難だと感じたことで、そんな利用者を「クレーマー」などと表現してしまうケースもあります。確かに無理難題ばかりを訴えてくるケースもありますが、こちらが「クレーム」「クレーマー」と一方的に判断して、訴えにしっかり向き合わずに利用者を敬遠してしまっている場合もあります。

　私たちケアマネジャーは「相談援助」を担う立場ですから、利用者や家族などから、日々多くの相談を受けます。人それぞれに悩みや不安を抱えており、それらは日常生活での困りごとや不安、自

立支援に向けた意識など、今の生活を改善したいという気持ちから生まれるものです。そのため、相談の一つひとつに真剣に向き合い、相談者の気持ちに寄り添いながら、迅速に対応につなげることが大切です。こうした誠意ある姿勢こそが、クレームを生まない対応力へとつながっていくのです。

クレーム対応の方法

まずは、日頃ケアマネジャーに寄せられるクレームのなかから多く聞かれる内容や傾向から、事業所としてどう対応するかをしっかり検討しておくことです。クレームを寄せられて初めて対応を検討するようでは遅いのです。

また、過度に意向を訴えてくる利用者・家族への対応策や、ケアマネジャーへ寄せられたサービス事業所へのクレームについて、どう事業所に伝えるかもあらかじめ検討しておきましょう。なお、最近は、会議等におけるオンライン化も進んできていますので、電話やオンラインなどリモートによるクレーム対応についても検討しておくとよいでしょう。

クレーム対応マニュアル

話 す

聞 く

書 く

見 る

使 う

覚える

つなげる

心をみる

内面を磨く

Q119 日頃のクレーム対策としては、どのように行えばよいか?

A 対応フローを作成し、統一した対応を行う。

「苦情」とは、利用者や家族、その他関係事業所等から、私たちの提供するサービス全体に対する不満や改善要求、または契約違反等による損害賠償請求等の訴え全般を指します。相談援助という立場から、ケアマネジャーは誤解や不満を招きやすい職種であるといえます。一度の失敗や誤解を招く出来事からクレームにつながるケースもあれば、過去の出来事への対応方法が原因となり、のちにクレームへと発展するケース、また、改善されることなく何度も繰り返されることによって、最終的にクレームへと発展するケースなどもあります。いずれにしても、こちらにも非があることを前提に誠実な対応が求められます。

また、日頃からの準備としては、以下の**表4-8**のようにクレーム対応のフローを作成しておき、統一した対応方法を行うことが重要となります。ポイントは、必ず事実確認を行うことと、クレームを受けた人間の、一個人の価値観で判断し、行動をしないことです。そのうえで傾聴と謝罪を行い、改善策や代替案を提示し、対応や事例を周知徹底することで、今後のクレームを予防していきます。クレームを受けるということは、一見マイナスな印象を受けますが、しっかりと相手のことを考え、誠意をもって迅速に対応することで、対応後にはこれまで以上の信頼関係を築くこともあります。

表4-8 クレーム対応のフロー

①苦情の受け入れ
↓
②苦情内容を事業所責任者へ報告
↓
③苦情内容について、事業所責任者より事実関係および責任の所

在について確認する

↓

④(1)事業所の不手際が確認された場合、事業所責任者を中心に、迅速に改善策を立て関係者へ本件における経緯と改善策を説明し謝罪する

(2)事業所の責任が認められない場合、本件における経緯を説明するとともに、誤解を招いたことへお詫びし、今後誤解が生じないよう対応策を検討する

↓

⑤今回の件について、全過程を記録し保管しておく。必要に応じて記録の提出や開示を行う

Q120 過度の要求を訴える利用者への対応はどうしたらよいか？

A 以下のとおりである。

よくみられる過度な要求を訴える利用者として、①提案や説明に対する理解が得られやすい人、②なかなか説明に対する理解が得られない人、③不安や心配事が尽きないため、何度も意向を訴えたり、訴える内容が二転三転する人の３パターンに分けられます。

①提案に対する理解が得られやすく、合意形成されやすいケース

一見対応しやすいように感じますが、利用者自身が明確な意向をもっていなかったり（思い付きやその時の気分で発言する等）、人の意見に流されやすい場合があります。こちらの提案次第で状況が左右してしまう可能性が潜んでいます。

②なかなか説明に対する理解が得られないケース

こうしたケースでは、本人や家族はよくなりたい、よくしたいという前向きな気持ちや善意を強く抱いています。そのため、たとえ正論であったとしても、一方的にこちらからの提案を伝えてしまうと、これまでの自分たちの考え方や想いを否定されたという印象を与えてしまい、気持ちをくみ取ってくれないというクレームにつながりがちです。こうした場合、しっかりと本人および家族のアセ

189

スメントを行い、これまでの生活歴や価値観・人間関係など聞き取り、人物像をできるだけはっきりととらえます。そうすることで、なぜこのような考え方や対応方法に行き着いたかを理解します。そこから相手の気持ちに寄り添いながら意向を確認していきましょう。

③訴えが頻繁に聞かれたり、内容が二転三転するケース

この場合、話がなかなかまとまらないため、何度も問い合わせがあったり、せっかく調整をした支援計画を調整し直すことになったりと、振り回されてしまうことも多いです。しかし、家族や利用者は介護に対する意識が高い場合が多いため、常に真剣に対応しないと、さらなるクレームにつながってしまいます。

Q121 サービス事業所へのクレームの伝え方はどのようにすればよいか？

A まずは事実確認を行う。

ケアマネジャーは、サービス事業所に対する利用者や家族からの相談や苦情を受けることがあります。ケアマネジャーはこうした意見に対しても真摯に向き合い、そこから新たな意向や課題分析を行い、必要に応じてサービス内容の再検討などを行います。ケアマネジャーは中立公正な立場であるため、利用者や家族からの訴えだけを聞くのではなく、サービス事業所の意見も尊重します。そのため、苦情があった場合はまず利用者・家族等の訴えをしっかりと聞きつつ、その内容だけで判断はせずに、まずは聞き入れた情報が正しいかどうかを確認するため、サービス事業所へ事実確認を行います。そのうえで、利用者や家族の訴えが適切な内容であると判断された場合、サービス事業所へ改善策を検討してもらうよう依頼したり、必要に応じて対応方法を協議していきます。しかし、利用者や家族の一方的な思い込みや都合の押し付けである場合もあるため、サービス事業所に訴えの内容だけでなく、利用状況や利用者や家族

との関係性も含めて確認を行い、対応策を検討します。大切なのは、あくまで中立公正な立場を守り、一方の意見だけを聞き入れたり、自分の価値観だけで判断するのではなく、事実確認を行ったうえで対応することです。

表4-9　対応の流れと注意点

①**利用者や家族からの相談や苦情について、訴え内容を聞き取る**
　その際、意見を求められても、事実確認を行ってからとし、明言は避ける。
②**サービス提供事業所へ相談内容について、訴え内容をそのまま報告する**
　その際、自分の価値観やとらえ方を伝えてしまうと、相談内容の事実と異なるため注意する。
③**サービス提供事業所へ事実内容を確認する**
　その際、日頃のサービス利用状況や、利用者および家族との関係性についても確認し、今回の訴えの背景も探る。
④**事実であると判断した場合**
　サービス提供事業所に改善策の検討を依頼し、ケアマネジャーから改善策について相談者へ説明。そのうえで今後について意向を確認する。
⑤**事実と異なる場合**
　利用者や家族が抱えている不満等に別の要因が隠れている可能性があるため、サービス提供事業所へ抱く印象や、利用状況等を照らし合わせつつ真意を探る。

話す

聞く

書く

見る

使う

覚える

つなげる

心をみる

内面を磨く

レジリエンス

レジリエンスとは

トラウマ（心の傷・心的外傷）からの回復・開放のことで、心の傷を受けるような困難や脅威から立ち直る、対応していく、適応できる能力をいいます。

人生において、出会いと別れ、疾病や転倒骨折など誰にでも起こり得る出来事から、人によっては大きな事件や事故、巨大な自然災害といった心の傷につながるような出来事に遭遇します。たとえ大きな事件や事故ではなくても、疾患や老化によって要介護等となった利用者や家族等にとっては、それ自体がトラウマとなり、身体的・精神的ストレスから心の不調、感情が不安定な状態になることもあるでしょう。そのような利用者等に対応するケアマネジャーも、日々ストレスを感じますし、トラウマに苛まれやすい環境にあります。

利用者のレジリエンス獲得

要介護状態となった利用者は、疾病を告知されたショックや、転倒骨折の恐怖、排泄介助を受ける屈辱等、日々の生活に強いストレスを感じ、何らかのトラウマを抱えている可能性があります。

このような心に傷を抱えた状態では、家族が自分の介護サービスや施設入所を決めてしまう行動によって、怒りや絶望の感情に陥ってしまうことは、むしろ自然なことではないでしょうか。問題行動ととらえられがちな行動の背景に、利用者のレジリエンス獲得を阻害するトラウマの要因が隠れていることが多くあります。

ケアマネジャーには、バイステックの7原則に基づいた対応を心がけることで、信頼関係の構築に努めながら、トラウマを抱えた利用者がそこから立ち直るためのレジリエンスを獲得できるように

働きかけましょう。

介護者のレジリエンス獲得

　介護者となる家族等も、要介護状態となった利用者が原因で、強いストレスを感じ、トラウマも抱えやすい環境にあります。介護者には、疲労、睡眠不足、腰痛、利用者の社会性に反する行動や介護者を落胆させる言動、排泄介助、費用負担、介護により制約される自身の生活等、さまざまなストレスがのしかかります。精神科医の保坂隆らの調査によると、在宅介護者の約4人に1人がうつ状態で、65歳以上の約3割が死にたいと思うことがあると回答する等、介護うつは身近で深刻なものです。介護のストレスやトラウマは、高齢者虐待や介護離職につながりかねないため、介護者のストレス軽減、レジリエンス獲得への支援は重要です。

ケアマネジャーのレジリエンス獲得

　ケアマネジャーは、苦情対応、苦手な利用者や家族等との対応、看取り支援、ケアプラン点検等の負担、上司との板挟み、24時間の電話対応など、ストレスを感じる場面が多く、トラウマを抱えやすい専門職です。利用者や家族にも、職場でも評判が良い、心優しい真面目なケアマネジャーほど、バーンアウト（疲れ果てて仕事ができなくなり病欠や退職に追い込まれる）するリスクが高いともいえます。業務でのストレスを最小限に、心の傷から回復・開放される考え方や生活習慣を理解し、レジリエンスを獲得してください。

図4-6　レジリエンス

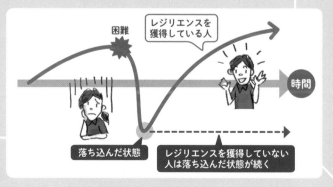

話す

聞く

書く

見る

使う

覚える

つなげる

心をみる

内面を
磨く

193

Q122 利用者のレジリエンス獲得を支援するには？

A 受容の過程と支援をおさえる。

　トラウマを抱えた利用者がレジリエンスを獲得するために、受容の過程と支援のポイントを参考に利用者の心情を理解したうえで、介護保険の理念でもある「利用者主体」「尊厳保持」「自立支援」に基づいた支援を実践することが求められます。

　また、利用者や家族等の言動だけでなく、生活環境（片づけや掃除が粗雑になった、カレンダーをめくっていない、花が枯れたまま放置されている等）を把握し、心の変化を見逃さないでください。

表4-10　受容の過程と支援のポイント

①否認　障害や余命の告知を認めない段階
　→否認の感情を尊重、コミュニケーションを積極的にとる。
②怒り　周囲に怒りや憤りを向ける段階
　→周囲の人にとっては、対応困難な時期。
　　利用者主体を徹底、言動に引きずられず冷静に対応する。
③逃避　障害や死の受け入れを延期し、取り引きを試みる段階
　→障害）傾聴を心がけるが振り回されず、自立を促す。
　　ターミナル）霊感商法や民間療法への接近、被害に注意。
④抑鬱　障害や死が迫っていることを理解し、絶望する段階
　→鬱に注意、人とつながるよう支援する。
⑤受容　障害や死を認め、前向きに努力できる段階
　→障害）自立支援の推進、疾病の再発予防。
　　ターミナル）尊厳ある、安楽に過ごせる支援。

Q123 介護者のレジリエンス獲得を支援するには？

A 介護負担軽減が近道。

ケアマネジャーの役割は、介護サービスの利用と負担軽減策を同時に示すことです。具体的には、介護負担の状況に応じて（短期）入所、レスパイト入院等の逃げ道を提示しておく、その他サービス等の利用による負担軽減策、家族会や傾聴ボランティア、介護と仕事の両立支援（介護休業）の紹介等、介護者や地域の状況に合わせて情報提供を行い、支援につなげることで、介護者のストレスを軽減することなどがあげられます。

表4-11　負担軽減策の例

①介護保険サービス
②介護保険以外のサービス
1）市町村のサービス
・紙おむつ給付　緊急通報装置貸与　不要物個別収集　等
2）障害福祉サービス→基幹相談支援センター・市町村
障害者手帳の申請・取得→市町村
・福祉タクシー券の支給
・同行援護（ガイドヘルパー）の利用
・重度訪問介護と介護保険サービスの併用　等
地域生活支援事業の申請・利用→市町村（都道府県）
・情報・意思疎通支援用具（視覚障害者用時計、読書器等）　等
3）医療サービス
・訪問診療　訪問歯科診療　レスパイト入院　等
4）インフォーマルサービス
・ネットスーパー　移動スーパー　食材宅配　宅配弁当
訪問理美容　シルバー人材センター　便利屋　等
③経済的な負担軽減
1）介護サービス費の負担軽減
・特定入所者介護（予防）サービス費（介護保険負担限度額認定証等）
・高額介護（予防）サービス費制度
・高額医療・高額介護合算制度
・社会福祉法人による利用者負担軽減制度
2）医療費の負担軽減

覚える

つなげる

心をみる

内面を磨く

・高額療養費制度（限度額適用認定証等→医療保険者）
・公費負担医療制度
3）生活費の負担軽減・支援
・医療費控除、障害者控除等→国税庁、市町村
・生活資金貸付、不動産担保型生活資金等→社会福祉協議会
・生活保護制度の相談・申請→福祉事務所　等

Q124 レジリエンスを獲得するには何が必要か？

A 感情コントロールが必要である。

　業務に自信と余裕をもって取り組み、自身を客観的に眺められ、感情を理性でコントロールできるケアマネジャーは、レジリエンスを獲得しているといえます。そうしたケアマネジャーになるための方法を**表4-12**にまとめましたので、参考にしてください。

　理性的な感情コントロールが必要ではありますが、理不尽な暴言・暴力や性的ハラスメントについては、労働施策総合推進法で規制され、相手が利用者や家族等であっても対象となりますから、毅然とした対応をとります。法律や制度、何かあったときの逃げ道まで、<u>**レジリエンスを広い意味でとらえておく**</u>ことも必要です。

表4-12　レジリエンス獲得の方法

①**自信と余裕がもてる自分を目指す**
・知識を増やす（資格取得、研修受講、大学・大学院進学）
・身体を鍛える　美を追求する　健康を保つ
・資産を獲得する
②**ストレスを発散する**
・日常生活で気分転換する（食べる、寝る、遊ぶ）
・感情が抑えられないときは、全力で泣き、叫び（歌い）、寝る
　※職場以外の場所で
③**弱い自分をさらけ出す**
・間違いをすぐ謝罪する
・助けを求める　相互に依存する

④前向きな楽観的思考になる
・現実を事実と受け止める
・こだわりは最小限に　妥協する　柔軟に対応する
⑤怒りの感情を抑える（アンガーマネジメント）
・怒りの感情が噴出・憤慨しても、6秒耐える
⑥強い自分になる
・困難や脅威に向き合う　苦手なことにチャレンジする
⑦介護保険制度の理念（利用者主体、自立支援、尊厳保持）や
　ICFの考え方（できることに注目）を実践する

話　す

聞　く

書　く

見　る

使　う

覚える

つなげる

心をみる

内面を磨く

Q125　逃げてばかりではレジリエンスは獲得できないのか？

A　逃げることがあってもいい。

　困難や脅威があって一度は心が折れてしまってもそこから立ち直って回復していく力がレジリエンスです。レジリエンスの獲得には、逃げずに向き合ったり、周囲の人を巻き込みながら、苦手な支援に挑戦したりするような前向きな行動が望まれるため、逃げてばかりではレジリエンスの獲得は難しいかもしれません。

　ただし、ケアマネジャー業務はストレスが多く、心の病を抱えやすい職業でもあります。耐えられない業務は1人で抱えこまず、管理者や同僚、地域包括支援センター等に、支援を求めたり、どうしても耐えられないようであれば、カウンセリングや精神科、心療内科の受診も大切な選択肢となります。助けを求めたり、逃げ道を用意して、立ち直る力をつけていくこともレジリエンスの獲得といえますので、時には逃げることも決して悪くありません。

4 ACP
（アドバンス・ケア・プランニング）

ACP（アドバンス・ケア・プランニング）とは

　患者本人と家族が医療者や介護提供者などと一緒に、現在の病気だけでなく、意思決定能力が低下する場合に備えて、あらかじめ、終末期を含めた今後の医療や介護について話し合うことや、意思決定ができなくなったときに備えて、本人に代わって意思決定をする人を決めておく**プロセス（取り組み）**のことをいいます。

　この話し合いは、例えば入院のたびに、繰り返し行われ、そのつど、文書として残しておきます。遺言書や事前指示書等は、患者本人が自分だけで考えて決めて文書として残しますが、ACPでは、かかわる者がみんなで一緒に考えていくプロセスそのものを指します。厚生労働省は、2018（平成30）年3月に「人生の最終段階における医療・ケアの決定プロセスにおけるガイドライン」の改訂版を作成しました。

　また、同年11月に、ACP（アドバンス・ケア・プランニング）という用語では、なじみにくいのではないかということで、「人生会議」という愛称が決まりました。

　ACPというと、がんの末期の人のみが対象で、すぐに話し合わないといけないというイメージがありますが、私たちケアマネジャーは、がんの人だけではなく、認知症や老衰などで、5〜10年かかわってきた人や、心不全や腎不全のある人のように、入退院のたびに状態が少しずつ低下されていく人とのかかわりもあります。

図4-7　老い衰えの経過

病気などの種類によって、身体の老い衰えは異なる。

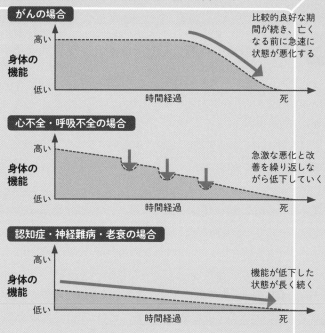

がんの場合

身体の
機能

高い

低い

時間経過　　　　　　　　　　死

比較的良好な期
間が続き、亡く
なる前に急速に
状態が悪化する

心不全・呼吸不全の場合

身体の
機能

高い

低い

時間経過　　　　　　　　　死

急激な悪化と改
善を繰り返しな
がら低下していく

認知症・神経難病・老衰の場合

身体の
機能

高い

低い

時間経過　　　　　　　　　死

機能が低下した
状態が長く続く

　このようなさまざまな段階に応じて、ケアマネジャーとして、意思決定支援にかかわる必要がありますが、ケアマネジャーだけで抱え込んでしまったり、責任を感じるのではなく、**本人・家族・医師や看護師などの医療職やケアチームで、一緒に話し合っていくことが大切です。**

話　す

聞　く

書　く

見　る

使　う

覚える

つなげる

心をみる

内面を
磨く

Q126　ACPをどんなタイミングで切り出せばよいか わからない。

A　その人の今の状態に応じてタイミングは異なる。

それぞれの状態に合わせて考えると（→**図4-7**（p.199参照））、以下のようなタイミングが考えられます。

○がんの人の場合

今は、がんでも余命宣告されていることが多いので、医師から病状を説明されてから、病院（外来や入院中など）で「今後どうしたいか」という一番最初の話し合いがすんでしまっていることがあります。その話し合いの結果、在宅で過ごすか入院か施設入所かなどが決まり、在宅の意向が決まってから、ケアマネジャーが紹介されるパターンも多くなっています。その場合は、どのような意向があるのか、最初は確認だけにとどまることも多いものです。しかしながら、利用者・家族の**気持ちは、途中で揺らいだり変わったりします。そのときの不安な気持ちに寄り添い**、時には医師や看護師への代弁者となったりしながら支えていくことができるのがケアマネジャーです。また、本人だけではなく、つらさや悲しい気持ちをもつ家族にも傾聴しながら寄り添うことが大切です。

○慢性疾患の人の場合

心不全や腎不全・慢性肺疾患などの患者は、数年かけて入退院を繰り返しながら徐々に悪くなり、いつが最後の入院になるかわかりません。ACPのタイミングとしては、入退院のたびに、**そのつど意向の確認**をするとよいでしょう。

○認知症や老衰などの場合

本人が自分の言葉で話ができるうちに、自分の最後はどのようにしたいか聞いておきましょう。そして、自分の言葉で語れなくなったときには、**誰が決めるのか、誰に決めてほしいのかを確認**しておくことが大切です。

○その他

　まだまだターミナルには縁遠い方であっても、計画書の更新の際などに折を見て意向を確認してみましょう。むしろ**元気なうちから**気軽にそういった話をするほうが、深刻にならなくてよいでしょう。

Q127 ACPのほかに、DNARなどの用語があるが、これらは、どう違うのか？

A ACPに似た言葉として、リビングウィル、DNAR、AD（事前指示書）等があり、以下のように区別される。

　終末期の支援について、似たような言葉がありますが、それぞれ関連性や時期なども違っています。言葉を正しく理解して、状況に応じてタイミングよく支援ができるようにしたいものです。以下に簡単な違いを説明します。

○リビングウィル（Living Will）とは

　リビングは「生きている」あるいは「現生している」という意味があり、ウィルは「意思」あるいは「遺言」のことを指します。したがって、リビングウィルは、人生の最終段階において自分自身が希望する医療・ケアについて意思表示ができなくなったときに備えて、あらかじめ書面などで自分の意思を示しておくことです。

　重病になり自分自身では判断ができなくなる場合に、治療に関しての自分の希望を述べておく書類、特に、医師たちに治療を中止し自然に死ぬのにまかせてくれるよう依頼する書類になり、終末期の医療やケアについての意思表明書といえます。**ACPとの大きな違いは、本人が1人で決めて記載できるところです。**

○DNAR（Do Not Attempt Resuscitation）とは

　リビングウィルの1つですが、**あくまでも、心肺蘇生を行わないという意思表示をするためのもの**になります。最近では、入院時にこの書類の記載を求められる場合や、在宅死を希望される場合

に病院と交わすケースが増えています。本人や家族の希望だけで判断されてしまうと、助かる場合でも、蘇生されない危険もあるため、正しく判断がサポートされるように、医師の判断も加わって最終的に実行されます。

○AD（Advance Directive）とは

　事前指示書とも言われ、ACPが推奨される前は、このADの考え方が基本でした。

　リビングウィルと同様に、将来自らが判断能力を失った際に、自分に行われる医療行為に対する意向を前もって表示する文書を指します。**リビングウィルとの違いは、自分が意思決定できなくなった場合に備え、誰かに自分の医療について決定する権利を委任しておくことです。事前指示書には、その代理人の氏名を記載する欄が設けられています。**ADも、ACPと違って、自分自身が１人で作成可能な書類になるため、ACPが推奨される現在では、ACPで話し合った結果を「事前指示書」に記載して文書で残すという形が多くなっているようです。

図4−8　ACPとADの違い

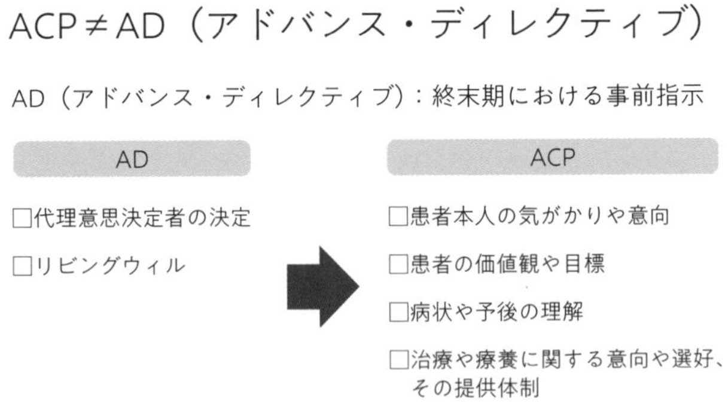

ACP ≠ AD（アドバンス・ディレクティブ）

AD（アドバンス・ディレクティブ）：終末期における事前指示

AD	ACP
□代理意思決定者の決定	□患者本人の気がかりや意向
□リビングウィル	□患者の価値観や目標
	□病状や予後の理解
	□治療や療養に関する意向や選好、その提供体制

緩和ケア医師が教える終末期の在宅医療と在宅死（第15回ポジティブ介護）
2017年02月04日開催資料

Q128 ターミナル期は医療職が中心になるため、ケアマネジャーがACPにかかわりにくい。

A ケアマネジャーもかかわれる機会はある。

ターミナル期は、医師や看護師などの医療職が頻回にかかわることとなり、病状説明も含めて、医師がACPの話を切り出すことも多いでしょう。誰が切り出すか等は、その人の病状や家族状況などによって、さまざまです。そのことも含めて**チームとしてどのようにACPに向かい合い、ケアマネジャーはそのなかでどのような役割を担うかを話し合い、情報共有しておく必要がある**でしょう。特にがんの末期で、時間がない場合などは医師が中心となり、DNARを含めてどうするかの話をする場合が多いと思いますが、ケアマネジャーが同席することも可能ではないでしょうか。そしてそのあとの利用者・家族の精神的なフォローをしていきましょう。また、長年にわたり担当していた利用者・家族であれば、かかわった期間が医師や看護師よりケアマネジャーのほうが長く、信頼関係が構築されている場合も多いものです。「お医者さんは、こういうふうに言ってたけど、どうしよう」という相談にのることもできるのではないでしょうか。

図4-9　終末期に向けた意思決定

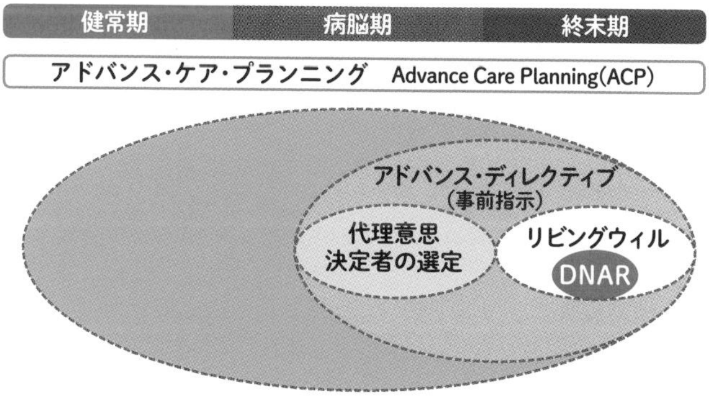

健常期	病脳期	終末期

アドバンス・ケア・プランニング　Advance Care Planning(ACP)

アドバンス・ディレクティブ
（事前指示）

代理意思決定者の選定

リビングウィル
DNAR

話　す

聞　く

書　く

見　る

使　う

覚える

つなげる

心をみる

内面を磨く

5 意思決定支援

意思決定支援とは

　私たちの人生は「朝食はパンにしようか、ご飯にしようか」「今日の研修会には何を着ていこうか」「今度の休日にはどこに行こうか」などのさまざまな意思決定の連続です。また、こうした意思決定は自らが自由に決める権利をもっているとともに、私たちがもっている固有の「その人らしさ」や人の尊厳を形作っています。この自分のことを自分で決めることを自己決定といいます。

　しかし、人生には自分だけでは決められないこともあります。例えば自分の身体にがんが見つかって治療方法を選択するときや、認知症になって判断能力が低下し、日常生活のさまざまな行為が1人でできなくなったときなどには、他者に決めることを手伝ってもらう必要があります。自己決定を周りの人たちで支援すること、これが意思決定支援です。

ケアマネジャーと意思決定支援

　ケアマネジャーには、介護保険法第1条に「尊厳を保持し、その有する能力に応じ自立した日常生活を営むこと」と示されているように利用者の尊厳ある生活を支えること、そのために利用者や家族の意思決定を支援することが求められています。そしてその過程ではあくまでも利用者を中心として支援を行い、利用者の自己決定を最大限尊重することが大切です。また、利用者が主体的に、かつ自らがもっている内在する力を最大限発揮できるようにエンパワメントすることも大切です。

　意思決定支援というとACP（p.198参照）もその一部ですが、日常生活のなかの何気ない、一見すると小さな選択であっても、利用者本人にとっては大きな意味をもっていることがあります。ケアマ

ネジャーとしてはそこを見落とさないことが意思決定支援においては大切です。

共同意思決定

これはさまざまな専門家と利用者・家族等がそれぞれの立場から情報を出し合い、両者のコミュニケーションのなかからみんなで意思決定をしていく考え方です。ここでは専門家同士はもちろん、利用者・家族とのフラットな関係のなかで個別化された最善についての合意を目指していきます。

各種意思決定支援ガイドライン

意思決定支援について厚生労働省から各種のガイドラインが発出されています。いずれも本人の自己決定を起点とした意思決定を支えていく視点で構成されています。

表4-13 意思決定に関する各種ガイドライン

> (1)障害福祉サービス等の提供に係る意思決定支援ガイドライン（厚生労働省・平成29年3月策定）
> https://www.mhlw.go.jp/file/06-Seisakujouhou-12200000-Shakaien
> gokyokushougaihokenfukushibu/0000159854.pdf
> (2)人生の最終段階における医療・ケアの決定プロセスに関するガイドライン（厚生労働省・平成19年策定・平成30年3月改定）
> https://www.mhlw.go.jp/stf/houdou/0000197665.html
> (3)認知症の人の日常生活・社会生活における意思決定支援ガイドライン（厚生労働省・平成30年6月策定）
> https://www.mhlw.go.jp/stf/seisakunitsuite/bunya/0000212395.html
> (4)身寄りがない人の入院及び医療に係る意思決定が困難な人への支援に関するガイドライン（厚生労働省・令和元年5月策定）
> https://www.mhlw.go.jp/content/000516181.pdf
> (5)意思決定支援を踏まえた後見事務のガイドライン（意思決定支援ワーキング・グループ・令和2年10月策定）
> https://www.mhlw.go.jp/content/000750502.pdf

話 す

聞 く

書 く

見 る

使 う

覚える

つなげる

心をみる

内面を
磨く

Q129 自己決定支援と意思決定支援の違いが
知りたい。

A 意思決定のなかに自己決定が含まれている。

　意思決定は自己決定を含む概念ですが、「支援」の文脈のなかで
は必ず自己決定が対象となるために、広い概念である意思決定支援
を自己決定支援と同じ意味で使うことが多いようです（図4-10）。

　人生は意思決定の場面の連続です。この意思決定の主体は本人
にあり、本人が自分で決めていく（意思決定を行う）ことを自己決
定といいます。この自己決定が尊重されつつ意思決定が行われてい
ることがとても大切です。そもそも自己というものは不確かで揺れ
動く存在です。よって何かを決めていくときに「誰かに相談する」
とか「一緒に考える」などの場があることが大切です。

　これらはすべての人にとって大切なことですが、認知症や意思
を表明できない状態にある人の自己決定を支援することがケアマネ
ジャーには求められます。

図4-10　自己決定支援と意思決定支援

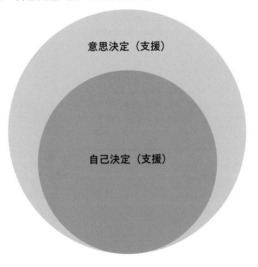

また、自己決定を支援する際には、**専門家と利用者・家族がお互いの立場から情報を出し合って合意形成をしていく共同意思決定**が大切となります（**図 4-11**）。

図 4-11　共同意思決定

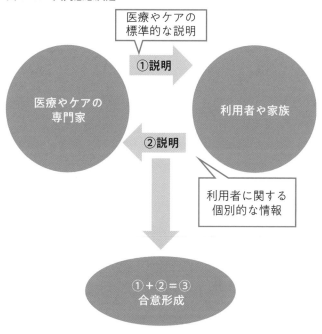

話　す

聞　く

書　く

見　る

使　う

覚える

つなげる

心をみる

内面を
磨く

Q130 認知症により意思疎通が困難な人の意思決定とは？

A　ガイドラインを参照しつつ本人の最善の利益を考える。

　意思疎通が難しい認知症の人への支援にあたって、家族の意向を主にして支援を進めてしまうことは現実には多いと思います。ただ私たちは介護保険法第 1 条で示されているように利用者の尊厳を尊重することを起点として支援を展開する専門職です。認知症の人の尊厳を尊重することとして一番大切なことは、自己決定の尊重

です。

　2018（平成30）年に厚生労働省によって策定された「認知症の人の日常生活・社会生活における意思決定支援ガイドライン」※（以下、ガイドライン）には、示唆に富む多くの記述があります。

　ガイドラインでは、「認知症の人が、一見すると意思決定が困難と思われる場合であっても、意思決定しながら尊厳をもって暮らしていくことの重要性について認識することが必要」としつつ、「認知症の症状にかかわらず、本人には意思があり、意思決定能力を有するということを前提にして、意思決定支援をする」という前提を示しています。

　さらに、意思決定能力が「あるか、ないか」の二元論でなく、意思決定能力は連続的、段階的・暫時的に変化し得るものであり、その状態に合わせた意思決定支援があるとしています。私たちケアマネジャーに置き換えれば、どのような状態の認知症の利用者であっても、その状態に応じた意思決定支援があり、本人の自己決定を尊重することに変わりはないということになります。

　もし利用者の意思が確認できなかったとしても、家族や支援者が意思決定するのではなく、「利用者の推定意思を尊重して利用者にとって最善のケア方針をとる」、もしくは「チームで話し合って判断する」ことが大切です。**意思を表明できなかったとしても利用者の意思が出発点**になります。

※https://www.mhlw.go.jp/file/06-Seisakujouhou-12300000-Roukenkyoku/0000212396.pdf

Q131 ┊ 本人と家族の意向が違うときはどうしたらよいか。

Ａ 本人と家族の意向は違ってもよいという前提に立つ。

　利用者と家族は別の人格なので、意向は違っていてもよいのだ、ということをまずは理解することが必要です。そのうえで利用者の

最善の利益のために自己決定を支援していくのがケアマネジャーです。そこで注意しなければならないのは利用者が「こうしたい」と言っていることを何でも賛成したり、叶えられるようにすることがケアマネジャーの仕事ではないということです。大前提として利用者の尊厳や自己決定を尊重しつつ、その選択が介護予防や悪化防止等の介護保険法の理念に沿っていることが大切です。

　また、その選択が同居している家族に負担をかけるものであれば、いくら本人の選択といえどもそのままにしておくことはできません。介護の問題は往々にして利用者だけ切り離して考えることはできず、家族という複数の人間の関係性のなかで生じているからです。純粋に本人のみにかかわることについては、本人の選択が絶対ですが、他の人（家族など）にかかわる部分については本人の選択が絶対ではありません。つまり、本人にとって最善であり、かつ家族にとっても了解可能な選択肢（家族にも尊厳と自己決定権があります）を選ぶということが「意思決定支援の実際」になります。

　そうであるならば、“本人と家族の意向が違うとき”にケアマネジャーが行うべき支援とは、本人の尊厳と自己決定を尊重しつつ、家族がもつこれらの権利にも十分配慮した結論を共に探していく支援となります。これは本人と家族が一歩前に進んだ新しい関係を結ぶことの支援ともいえ、どちらかが我慢をしたことによる帰結ではなく、より家族としての関係性をよくする支援といえるでしょう。

図4-12　本人と家族の関係性の支援

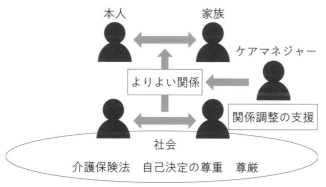

話す

聞く

書く

見る

使う

覚える

つなげる

心をみる

内面を
磨く

自己覚知

自己覚知とは

　自己覚知とは、非常に簡単にいえば「自分を知ること」です。

　対人援助職のなかでも「相談援助」のプロであるケアマネジャーにとって、その実践は、知識・技術・価値が三位一体となって提供されるものでなければいけません。この3つのうち「価値」の存在が具体的な援助内容に大きな影響を与えるとされています。ここでの価値は専門職倫理に裏づけられたものであることが重要です。「知識」と「技術」を、その援助にどのように活用するかは、「価値」によって方針づけられるものだからです。

　このように専門職がもつべき「価値」は非常に大きな意味を有するのですが、ケアマネジャー自身も1人の人間であり、生まれ育った環境のなかで、家族や友人・知人、地域の文化や学校・職場、時代背景や社会情勢などから多様で大きな影響を受けながら、それぞれの価値観を形成してきた存在です。そうして形成してきた価値感によって、出来事や物事の受け取り方・受け止め方や態度・対応・行動が方向づけられます。そのため、相談援助の場面において、その価値観が援助に大きく影響を及ぼす場合・場面があるのですが、それでは、先述した専門職がもつべき「価値」とは呼べません。

　相談援助専門職であるケアマネジャーが支援の対象とする人々は、人生の段階で訪れた老いや要介護状態や障害等によって、喪失感や絶望感、疲労やあきらめ、怒りや悲しみといったさまざまな感情と向き合い困惑している状態・状況におかれており、その感情・状態・状況に触れる機会の多いケアマネジャーは、常に自分の感情をコントロールしながら支援を提供することが求められています。

自分のフィルターやバイアス、自分の価値観や世界観をしっかりと見つめ、それにとらわれそうになった自分にいち早く気づく必要性や、言動の傾向をよく知る必要があるわけです。これが「自己覚知」です。

バイステックの7原則

　援助者の行動規範としておなじみのバイステックの7原則（**図4-13**）のうち、「統制された情緒的関与の原則」では、援助者が自分自身の情緒つまり自分の感情を統制して関与していく必要性を表しています。言い換えれば、**自分の感情に飲み込まれずに援助をするということ**ですが、そのためには、**自分の感情がどこからやってくるのか、そのことを理解しておく**必要があり、それがつまり、自己覚知といえます。

図4-13　バイステックの7原則

個別化
高齢者
お年寄り
〇〇さん

統制された情緒的関与
悲しい
悲しい
のね

意図的な感情表現

受容
嬉しい！
OK

非審判的態度
OUT

自己決定
こう
したい！

秘密保持
話したくない！

Q132 なぜ自己覚知が必要なのか？

A 自己覚知は適切な相談援助に不可欠なもの。

相談援助職として譲れない価値は、倫理とともにケアマネジャーの行動規範を指し示してくれますが、支援の対象となる利用者や家族等、それぞれの個人の価値観がその「価値」とは必ずしも折り合わず相容れないことがあります。こうしたとき「これが正しいのです」と専門職の価値を振りかざしても、問題解決には至らず、適切な支援ともなりません。さらにやっかいなことに、ケアマネジャー自身も自分自身の価値観に気づいていなかったり、気づいていても自身の価値観が刺激されるような出来事が起きたときにはその場での感情抑制ができなかったり、あるいは、自分自身の価値観が譲れないようなことがあります。

例えば、いわゆる困難事例を思い浮かべてください。困難だと受け止めているのは一体誰でしょうか。あるいは困難を引き起こしているのは一体何でしょうか。利用者自身の生活機能によるものなのか環境や社会背景によるものなのか、これらに着目するだけでは片手落ちです。実は利用者や家族等を支援する側の機能不全や理解不足・能力不足、間違った働きかけが「困難」にさせてしまっている、「困難である」と支援する側がレッテルを貼ってしまっていることが原因となっていることが少なくありません。またその根底には、支援する側の価値観（の振りかざし）が影響していることから目を背けてはいけないでしょう。こうしたケースの正しい理解のためにも自分と向き合い理解しようとする態度（自己覚知）が必要となります。また、相談援助の専門職たるケアマネジャーは、自己覚知のための機会として「スーパービジョン」を活用したり、「事例検討・事例研究」へ参加する姿勢をもつ必要があります。

A リフレクションを取り入れる。

　先述した、バイステックの7原則をはじめとする相談援助の基本的姿勢を自身の相談援助に取り入れ、活用できているかどうかリフレクションすることも有用だと思います。

　リフレクションとは、反省、内省、振り返り、省察などと訳され、ここでは、自身が行った援助を振り返り、バイステックの7原則に照らして、基本的姿勢はどうだったのか客観的に見つめること、さらには、そうした振り返りのなかで得られたことを次につなげていく行為としてとらえています。

　リフレクションは個人でも行えますが、例えば、事業所内で同僚に問いかけてもらいながら自身を振り返り、この先の自身の行動について自分自身の言葉で言語化するような作業（コーチング）をしてみることも有効でしょう。立場を入れ替えて、同僚のリフレクションの聴き手（コーチ役として質問する、引き出す、承認する、リクエストする）となってみることも有効です。

　相談援助の専門職として省察的態度は自己成長のためにも必要なことでありますが、これだけでは少し苦しくなってしまいます。面接技術をもった聴き手の存在は、自己の受容、自己の肯定にもつながります。**まずは自分自身を大切な存在であると認め、自己を信じることができること**で、相手の可能性やストレングスを信じることのできる大きな力に変わり、他者に対しても審判的ではなく、さまざまな価値観を背景にもつ他者に共感し、ありのままを受容することができるのだと考えます。

話 す

聞 く

書 く

見 る

使 う

覚える

つなげる

心をみる

内面を
磨く

7 リフレーミング

リフレーミングとは

　目の前の事象を、今までと違う視点でとらえ、「前向きに考える」ことを意味します。

　例えば、ある子どもが幼稚園で元気すぎてほかの園児に迷惑をかけてしまいました。この場合、親は「自分の子がまた同じようなことをしないか」心配になります。親は「次も同じことを繰り返す」という思いにとらわれているのです。ここで見方を変えると「うちの子は元気だ」という見方もできるのです。見方を変えてきちんと子どもの言い分も聞いて言い聞かせることができれば、この子の意識も変わります。親の接し方が変わることでこの子はほかの園児に迷惑をかけないようになるのです。感情にとらわれたまま、頭ごなしにこの子を叱ったらどうなるでしょうか？　この子のなかには「他人に迷惑をかけた」ということよりも「親から怒られた」ということだけが残ってしまいます。まずは、冷静になって物事を前向きにとらえていくことがお互いにとって大切になるのです。

　このように、自分自身の見方を変え、さまざまな角度から「物事の枠組みを外して、改めてとらえ直していく」コミュニケーションスキルをリフレーミングといいます。

ケアマネジャーとリフレーミング

　ケアマネジャーの実践スキルとして、リフレーミングを考えていきます。大切なことは、否定的な感情を肯定的にとらえ直すということです。ある高齢者支援の場面、その人は高齢女性で娘と2人で生活していました。夫を数年前に亡くしており、娘も数年前に離婚し実家に戻る形で現在の生活となっていました。しばらくして、徐々に女性に認知症の症状が出てきました。ケアマネジャーは

早めに病院に受診するよう勧め、近医の「物忘れ外来」に通院するようになりました。その後のモニタリング訪問時のことです。娘は「母の認知症が進み、私自身もどうしたらよいかわからず、時に感情的になって母に当たってしまうことがあります」と話しました。さらに「母に恩返ししようと戻ってきたのに、こんな娘じゃ申し訳ない」と涙を流しました。

ケアマネジャーは「恩返しできているじゃないですか。私はよくやられていると思っていますよ」と返し、「誰だって当たってしまうことはあると思います。完璧を求めないでください」と話しました。そうすると「介護している皆さんがそうなのですか」と言って表情が柔らかくなりました。その後、娘は自分自身を責めることはなくなりました。娘は「自分だけがいけない」という感情にとらわれていたため、「みんな同じ」ということを聞いて見方を変えることができたのです。

他者へのリフレーミングには、相手への理解と共感が必要です。 自分が相手に伝えたい気持ちと自分の言葉が相手に与える影響も考慮してアプローチします。相手にただ前向きな言葉を発するだけではないということです。

表4-14　リフレーミング

・フレームを変えるという意味。
・物事の**視点**を変えること。
・相手がとらわれている**思考**を変化させる。
・マイナスイメージをプラスに変換する。
※例「思うような仕事ができないんです」
　　→「向上心がありますね」
※例「自分の思いがうまく伝わらない」
　　→「強い信念があるんですね」
※例「辛い」→「今まで頑張ったんですね」

もう半分しかない

まだ半分ある

消極的

ひかえめ

Q134 どのタイミングで実施するのが効果的か？

A 相手の負の感情が見えたとき。

　相談者が自分自身を責めるような発言をしたときにリフレーミングすることが効果的です。

　ただし、リフレーミングをするのは、面接のなかでしっかりと相手の話や訴えに耳を傾けた後のことです。いくら負の感情が表出されたからといって相談面接の序盤で使ってしまうと「話も聞かないでいい加減なことを言って」と思われかねません。面接のなかで、しっかりと相手の訴えに耳を傾け、訴えの全容を理解しなければせっかくのリフレーミングも伝わらないのです。

　他者へのリフレーミングは、相手のとらわれている思考を変化させることへの提案といえます。相手に何かを提案するためには、まずは相手の話、意見をよく聴くことが大切です。相手の話を丁寧に聴いていくことで信頼関係が構築できるので、そこで表出された負の感情に焦点を当ててリフレーミングしてみましょう。

図4-14　傾聴からリフレーミングへの展開

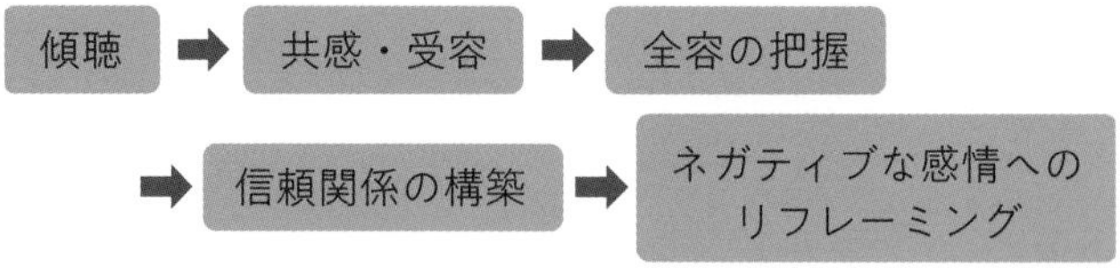

傾聴 ➡ 共感・受容 ➡ 全容の把握

➡ 信頼関係の構築 ➡ ネガティブな感情へのリフレーミング

Q135 上手にリフレーミングするコツはあるか？

A 何度もトライして、面接技術としてものにしていく。

上手にリフレーミングするための参考例を**表4-15**に示します。

マイナスイメージをプラスに転換する語彙力が、まず1つ目のコツです。また、ほかの面接技術同様にリフレーミングをスキルとして使えるものにまで高めていく必要があります。どの技術も初めから上手にできる人はいません。そして、使い続けなければ上達もしません。リフレーミングを使って相手の思いを変化させられるようになるためには、数多く挑戦して、数多く失敗することで、少しずつ成長し上達していく必要があるのです。

　失敗から学ぶためには、面接場面を振り返り「どうしてうまくいかなかったのか」を考えることも大切です。うまくいかなかった場合に考えられることは「利用者理解が不十分」だったか、「利用者理解を読み違えている」場合です。

　こう感じた際には、もう一度利用者理解に戻って、次回の面接場面での確認事項を考え情報収集していく姿勢と努力が求められるのです。

　なお、面接で大切なのは話の流れです。話の流れのなかで相手の感情を表出させ、そのうえでリフレーミングを行うという流れをつかむということです。**面接の序盤で意識することは、相手に自分の提案を受け入れられるという地盤づくりです。** ここがうまくいけば、その後の流れのなかでの提案についての相手の反応や雰囲気はよくなります。これも上手にリフレーミングするコツといえます。

表4-15　リフレーミングの視点での言い換え方

リフレーミング参考例	
いい加減＝おおらか	うるさい＝元気がいい
怒りっぽい＝情熱的	頑固＝意志が強い
口が悪い＝素直	ケチ＝慎重
強引＝信念がある	消極的＝ひかえめ
責任感が無い＝自由	外面がいい＝社交的
調子者＝ノリがいい	冷たい＝シャープ
生意気＝自立心	八方美人＝付き合い上手
言いなり＝協調性	ふざける＝陽気
負けず嫌い＝理想	乱暴＝たくましい

話 す

聞 く

書 く

見 る

使 う

覚える

つなげる

心をみる

内面を
磨く

Q136 リフレーミングが効果的でない場面はあるか?

A 相手の精神状態によっては無効である。

　援助のなかでは、いくらリフレーミングを行ってみても変化の
ない人や後ろ向きのままの人がいます。このようなときには精神疾
患を患っていないか、または過去に患ったことがなかったかを確認
しましょう。

　なぜなら、面接技術で救える人は、専門的な治療までは必要と
していない精神状態の人です。治療が必要なレベルの人ではいくら
ケアマネジャーが必死に頑張っても効果は出ないし、逆効果となる
場合もあります。

　このような場合には、1人で対応することは難しいためケア
チームのなかで情報共有するとともに、必要な医療機関などにつな
ぐということも忘れてはなりません。

　このことは、ケアマネジャーが日頃から気をつけておかないと
いけない部分でもあります。

Q137 リフレーミングの効果とはどのようなものなのか?

A 以下の4つの効果がある。

①モチベーションアップ

　人前で話をするときに、大勢の人の前で話すことが自分はとて
も苦手だと感じている人がいます。「失敗したくない」という思い
もどんどん強くなってきます。

　このような場合にリフレーミングを行うと「せっかく集まって
くれたのだから頑張ろう」「集まってくれた人のためにわかりやす
く話そう」というやる気が出てきます。

②自信がつく

　自分に自信がない人やコンプレックスをもっている人はなかなかチャレンジ精神をもつことができません。しかし、リフレーミングを行うと自分では欠点だと思っていたことが自分の強みであると感じられるようになります。

　「自分の話は面白くない」「誰かのように上手に話せない」などという人は多くいます。リフレーミングをすることで「私の話は真面目なんだ」「誰かの真似をする必要はないんだ」などと前向きな気持ちになることができるのです。

③苦手意識が弱まる

　苦手意識が克服できずにチャレンジできない人も多くいます。その場合、「苦手なことはしたくない」「この仕事は苦手だから困った」をリフレーミングすると「よい経験と思って挑戦しよう」「初めから完璧にできなくても自分らしくやろう」などと少しだけでも気分を軽くすることができるのです。

④人間関係がよくなる

　職場のなかに否定的な発言をする人がいると、人間関係がギスギスしたものになってしまいます。そこで、リフレーミングを使って「人と違った意見を考えてくれているんだ」「私にはない発想をもっている」などと考えることで、批判をアドバイスとして受け止められるようになるのです。

話す

聞く

書く

見る

使う

覚える

つなげる

つなげる

心をみる

内面を磨く

第 5 章

運営管理
・人材育成
のための道具

ICT化や人間関係、人材育成に
必要なスキルについて

1 コンサルテーション

コンサルテーションとは

業務遂行上、特定の専門的な領域の知識や技術について助言を得る必要があるとき、その領域の専門職から助言を受け、新しい情報・知識・技術を習得する過程をコンサルテーションといい、その専門職をコンサルタント、受け手をコンサルティと呼びます。

ケアマネジャーは、関連する事柄のすべてに精通していることは難しく、利用者の援助に関して、他領域からの専門的なアドバイスを必要としていることも少なくありません。他領域の専門職から有効なアドバイスを受けて、援助に活かすことも重要な技術と考えられます。利用者・家族のニーズの複雑・多様化により、専門的知識・情報も複雑・多様化し、そのことに苦慮するケアマネジャーも少なくないでしょう。コンサルテーションを活用することで複雑化する利用者のニーズに対応する視点をもっておきましょう。

コンサルテーションの特徴

・機関外あるいは他の部門からの人材に依頼し実施
・コンサルタントは、直接、援助活動に関与しない（原則）
・専門分野に関する特別な知識や技能を教示する内容である
・機関（所属部門）の管理者としての機能を有しない

つまり、ケースの全般的なことではなく、特定の問題について上司や業務管理者ではなく、その専門家に助言を求めることになります。

コンサルテーションの形態

コンサルタントは、内科医、精神科医などの医療専門職、臨床心理士、弁護士など必要に応じ、外部講師に依頼します。それとは逆に、福祉専門職が福祉関連企業等に、コンサルタントとして招か

れることもあります。

　会議への参加と助言、サービスへの助言等、多様な手法があり
ますが、他分野の専門性を必要とする場合、コンサルタントからの
指導が有効です。

コンサルテーションのタイプ

以下の3つがあります。

①実際の援助を行っているときにコンサルタントはいないタイプ
（非参加型コンサルテーション）

②援助を行っているときにコンサルタントがおり、何らかの役割を
果たしているタイプ（参加型コンサルテーション）

③コンサルタントは直接的に情報を入手するが、そのときには積極
的に関与はしないタイプ（観察型コンサルテーション）

スーパービジョンとコンサルテーション

　アメリカなどでは、スーパービジョンとコンサルテーションを
併用する時期を設ける方法が有効とされています。日本において
は、コンサルテーションやスーパービジョンの実践方法や人材が確
立されていないことも多く、例えばケースカンファレンスにおける
医療・保健・リハビリテーションなどの専門職からの助言は、スー
パービジョンなのかコンサルテーションなのか判断が難しいのです
が、**業務に責任を負う**他領域の専門職が、助言する場合は、スー
パービジョンと考えてよいでしょう。

表5-1　援助技術の分類

直接援助技術	間接援助技術	関連援助技術
・ケースワーク （個別援助技術） ・グループワーク （集団援助技術）	・コミュニティワーク （地域援助技術） ・ソーシャルアドミニストレーション （社会福祉運営法） ・ソーシャルプランニング （社会福祉計画法） ・ソーシャルワークリサーチ （社会福祉調査法） ・ソーシャルアクション （社会活動法）	・ケアマネジメント ・カウンセリング ・ネットワーキング ・スーパービジョン ・コンサルテーション

話　す

聞　く

書　く

見　る

使　う

覚える

つなげる

心をみる

内面を
磨く

Q138 コンサルテーションはどんなときに役立つのか？

A よりよい選択をするための体制構築など。

　コンサルテーションは、外的なかかわりを高めるために有効な、構造化された方法であり、コンサルテーションを利用することで、よりよい選択をするための体制構築がしやすくなり、選択が難しい場面でもぶれない方針を示すことができるようになります。

　他分野の最新知識を得るためにも難しい場面や判断に迷うときだけでなく、定期的にコンサルテーションを利用することも効果的です。複数のコンサルタントをもつことは、ケアマネジャー自身のストレスマネジメントと課題解決に向けた支援の発想、創造性に影響を与えるでしょう。ケアマネジャーの業務において、多様な状態像やニーズに対応するには、自分の専門知識や経験だけでは難しいことがあり、例えば、看取りの場面では、緩和ケアが行われる際に、患者の総合的な評価と包括的な支援の提供が求められます。この緩和ケアにおいて、チームアプローチで求められる役割のなかには、医療的支援のみならず、患者と医療者間のコミュニケーションの促進、患者・家族の意思決定への援助、倫理的な問題を含む難しい治療・ケアに対する方針決定の支援など多岐にわたることが考えられます。こうした場面でコンサルタントにかかわってもらうことで外的なコミットメントが高まり、患者や家族に対してよりよい選択を後押しするためのコミュニケーションを可能にするだけでなく、患者の意思決定支援に対する心理的な負担を軽減することなどが期待されます。これは、長期的にみるとケアマネジャー自身のストレスマネジメントにつながるものと考えられます。

Q139 コンサルテーションとスーパービジョン、カウンセリングとの違いは？

A それぞれ異なる点は以下のとおり。

話 す

聞 く

　コンサルテーションとスーパービジョンにおける大きな違いは、スーパービジョンには、評価・支持・教育・管理という４つの機能がある一方で、コンサルテーションには、管理機能がないことです。スーパービジョンの場合、スーパービジョン関係にあるなかで管理機能が発揮されることが考えられますが、コンサルテーションの場合はコンサルタントとコンサルティとの関係が対等であるため、直接援助活動には原則関与せず、責任を負いません。助言はするけれど管理機能は行わないという違いがあるといえます。また、コンサルテーションでは、コンサルタントとコンサルティの関係は課題中心であり、コンサルティの個人的な性格・問題・生活等は扱わない点もスーパービジョンと異なる点といえます。

書 く

見 る

使 う

　また、カウンセリングとの比較でいうと、コンサルテーションでは、クライエントへの直接援助ではなく、コンサルティへの援助や助言などの間接的援助で、カウンセリングでは、クライエントに直接援助を行うことが大きな違いといえます。また、コンサルテーションでは、コンサルティに対して援助をするにあたり、具体的な解決方法などのアドバイスを通じて支援するのに対し、カウンセリングでは、効果を焦らず、気づきを促しながらクライエントの自己

覚える

つなげる

表5-2　コンサルテーションとの違い

	コンサルテーション	カウンセリング	スーパービジョン
関係	対等	対等	上下
援助者	各分野の専門家	援助の専門家	その分野の専門家
被援助者	別の分野の専門家	特に制限なし	その分野の初級者等
業種	異業種	特になし	同業種
形式	個人・集団	個人	個人・集団

心をみる

内面を
磨く

成長を促すなど、コンサルテーションと比べて比較的長期的な支援
となる違いもあります。

Q140 ケアマネジャーの業務における コンサルテーションとは？

A IT化など業務改善に資するコンサルテーション。

　ケアマネジャーの課題として、多様化する課題に対応するなか
で、ケアマネジメントの質の向上とともに、業務の効率化が求めら
れています。しかし、ケアマネジャーとしての専門知識や技術、知
見の向上に関する取り組みはさまざまあっても、業務効率化に向け
た具体的な取り組みが進んでいない現状があります。そのために
ICTやAIの導入などが効率化を進める方策となってきており、そ
こで求められるのがIT技術に関する専門家等によるコンサルテー
ションです。今まで活用できていなかったICTやIoTなどのIT技
術を活用することによる業務効率化のコンサルテーションを受ける
ことにより、今までと異なった業務方法により、業務効率が図れる
ようになることが期待できます。

　このように全く異なる業種からコンサルテーションを受けるこ
とで、業務改善等、新たな課題解決の取り組みを行っていくこと
が、ケアマネジャーにおけるコンサルテーションとして考えられま
す。

　ケアマネジャーが担当する利用者の課題は多岐にわたります。
自分の専門分野に関連する職種のみに相談するのではなく、別分野
の専門家に相談することにより、課題の解決に向けた総合的なアプ
ローチが可能となるのです。

　また、医療の現場において、よく医師から「コンサルテーショ
ン」という言葉を聞くことがありますが、これは、「他科や他の医
療機関の専門医へコンサルテーションをお願いする」といった意味
合いで使われます。この場合のコンサルテーションは、尋ねる、意

見を聞く、相談する、助言を求める、指導を求めるという意味となります。

話す

聞く

Q141 コンサルテーションとコラボレーションの違いは？

書く

見る

A 利用者に対する責任の所在や支援の展開。

コンサルテーションは、課題に直面しているコンサルティから相談を受けた他分野の専門家が助言や方針を与え、その課題に対して間接的な援助を行うことをいいます。それに対し、コラボレーションは、「異なる専門家が共通の目標に向けて、相互に利益をもたらすように新たな援助を生成していく協力行為、もしくはチームワークの形成」をいいます。利用者の多様な課題解決に向けて、最近では、医学・心理・社会的にアプローチをする必要があるケースも増えてきましたが、そのような場合、医学的なアプローチであれば医師や看護師、心理的なアプローチなら公認心理師・臨床心理士、社会的なアプローチであれば、社会福祉士、児童福祉司などとのコラボレーションによるアプローチが考えられます。その際、専門家同士は対等な立場で対話するという点ではコンサルテーションと変わりませんが、相談された問題に関する責任は、相談する側であるコンサルティにあるコンサルテーションに対し、コラボレーションは責任を共有して、共に活動を計画・実行するという点がコンサルテーションと異なります。

使う

覚える

つなげる

心をみる

内面を磨く

2 ITリテラシー

ITリテラシーとは

ITリテラシーのITは「Information Technology（インフォメーション・テクノロジー）」の略称で、情報技術を意味し、インターネットや情報処理、セキュリティなどを含む言葉になります。「リテラシー」はもともと「読み書きする能力」を意味する単語ですが、最近では、「ある分野に関する知識や使いこなす能力」という意味でこの言葉が使われています。したがって、ITリテラシーとは、パソコン・スマートフォンなどのIT機器や、インターネット・SNSなどの情報ツールを理解し、使いこなす能力を意味するので、「ITリテラシーが高い、低い」「ITリテラシーを身につける」などといった使い方をします。厚生労働省が発表した2017（平成29）年度ITリテラシーの習得カリキュラムに関する調査研究報告書では、「基礎的ITリテラシー」を以下のように定義づけています。

「現在入手・利用可能なITを使いこなして、企業・業務の生産性向上やビジネスチャンスの創出・拡大に結び付けるのに必要な土台となる能力のこと。いわゆるIT企業で働く者だけでなく、ITを活用する企業（ITのユーザー企業）で働く者を含め、全てのビジネスパーソンが今後標準的に装備することを期待されるもの」

また、独立行政法人情報処理推進機構（IPA）では、2018（平成30）年に閣議決定された「未来投資戦略2018」に基づいてITリテラシーに関する基準策定を目的とするITリテラシーWGを組織し、「ITリテラシースタンダード（ITLS）」を検討し、そのなかで、ITリテラシーを「社会におけるIT分野での事象や情報等を正しく理解し、関係者とコミュニケートして、業務等を効率的・効果

的に利用・推進できるための知識、技能、活用力」と定義しています。

ITリテラシーの要素

ITリテラシーには主に情報基礎リテラシー、コンピュータリテラシー、ネットワークリテラシーの3つの要素があります（**表5-3**）。皆さんはITリテラシーについてどれだけ押さえることができているでしょうか。介護業界も今後ますますIT化が進んでいきますので、ICTや科学的介護情報システム（LIFE）を導入していくなかで見過ごすことのできない能力になってくることは間違いありません。

表5-3　ITリテラシーの3要素

情報基礎リテラシー	情報を適切に扱う力のことです。インターネットの情報は必ずしも正しい情報ばかりではなく、古い情報や誤った情報もあります。そこで、欲しい情報を早く探し出し、正しさを見極め、適切に活用する力が求められます
コンピュータリテラシー	コンピュータそのものを操作するための知識や技術のことで、コンピュータを活用するのに必要なキーボードやマウスの基本操作などが該当します
ネットワークリテラシー	インターネットやセキュリティに関する知識や技術のことを指します。インターネット利用には、ウイルス感染や顧客情報流出、ソーシャルネットワークでの炎上、サイバー攻撃などさまざまなリスクがあります。これらの知識も重要であり、これらも含めてITリテラシーとして考えます

話　す

聞　く

書　く

見　る

使　う

覚える

つなげる

心をみる

内面を
磨く

Q142 ITリテラシーが高いとどんなメリットがあるのか？

A 業務の効率化や連携速度の向上などが考えられる。

　介護業界においても、質が求められるようになり、多くの情報を活用することが求められるようになりました。情報を使いこなす能力の有無によって、情報格差が生じることもあり、業務の差につながることにもなり得ます。例えば、業務中に知りたいこと、わからないことがあるときに、インターネットで素早く正確に調べられる人とそうでない人では、業務効率や知識のうえで差がつくことが想定されます。

　また、業務効率化には、進歩し続けるIT技術を使いこなすことが必要不可欠です。介護保険黎明期には、手書きのケアプランもありましたが、今ではケアプランソフトや請求ソフトの活用によってみられなくなりました。膨大な業務があるので、効率化しなければ、とても仕事が終わりません。ほかにも、利用者に関する情報やサービス提供票などを郵送やFAXで送るのではなく、メール等を活用するようにもなりました。これによって情報連携の速度だけでなく、コストの軽減も期待することができます。

　さらに、インターネットやSNSを活用して誰もが気軽に情報発信できるようになりました。うまく使えば、多くの人に情報を安価に届けることができ、企業価値を高めることにもなるでしょう。このようにITリテラシーを高めることで仕事を効率的に行ったり、事業所のイメージを高めるような情報発信をしていけるのです。

Q143 今後、紙媒体でのやりとりはどの程度軽減できるか？

A データ連携システムの導入次第で大きく軽減できる。

厚生労働省では、居宅介護支援事業所と介護サービス事業所の間で毎月やりとりされる居宅サービス計画書、サービス利用票（予定・実績）等について、事業所間でデータ連携するための標準仕様を作成・公開しています。また、安全な環境で効果的にデータ連携を可能とするため、国民健康保険中央会において「ケアプランデータ連携システム」を構築しており、ケアプランデータを連携することで、業務の効率化とコスト削減ができるように進めています。連携できるデータは、居宅サービス計画書などだけでなく、サービス提供票なども可能としており、今まで手書きや印刷したものをFAXや郵送でやりとりしていた書類について、システムを活用することにより、データで送受信できるようになります。その結果、これらの業務で発生していた紙媒体でのやりとりがなくなることにより、人件費の削減・印刷費の削減・郵送費の削減・交通費の削減・通信費（FAX）の削減などが期待されるとともに、データが連動することで、手書きの内容を転記することで発生していた書類の記入や転記誤りなどのヒューマンエラーが減少し、業務負担の削減が期待されるのです。このデータ連携システムを利用する効果として、人件費、印刷費、通信費、交通費などで年間81万6000円のコスト削減ができると試算されており※、業務負担の軽減と業務の効率化、そしてコスト削減が期待されます。

なお、ケアプランデータ連携システムのライセンス料については、1事業所あたり（1事業所番号ごと）年間2万1000円（税込み）が必要となり、1年ごとの契約となります。

※「『ケアプランデータ連携システム』の概要等の周知について（情報提供（Ver.2)」（令和4年10月26日事務連絡）

話す

聞く

書く

見る

使う

覚える

つなげる

心をみる

内面を磨く

Q144 AIケアプランとはなにか？

A 人工知能が瞬時にケアプランを立てる
ソフトウェア。

　AIとは、Artificial Intelligence（アーティフィシャル・インテリジェンス）の略称で、人工知能ともいいます。人工知能とは、人間の脳が行っている知的な作業をコンピュータで模倣したソフトウェアやシステムの総称であり、具体的には、人間の使う自然言語を理解したり、論理的な推論を行ったり、経験から学習したりするコンピュータプログラムなどのことです。電子データにはさまざまな種類の膨大なデータが存在し、人工知能は、そのデータをもとに、特定の質問や事柄に対して適切なデータを選択し、組み合わせて答えを導き出すことができます。

　この技術をケアプラン作成業務に活かそうというのが「AIケアプラン」です。AIにケアマネジャーの知見を学習させ、成長させることにより、AIがケアプランを作成できるようにする技術の開発が進められているのです。AIケアプランでは、アセスメント情報をもとに分析を行い、必要な支援が位置づけられたケアプランを瞬時に導き出すことが可能となるほか、AIを活用することによって、多職種の知見をカバーし、他職種の代わりにAIによって助言を得ることも期待できます。さらに、現状では、AIの出した結論について根拠を示すことができないのが課題となっていますが、その根拠を示すことのできるケアプラン作成ソフトの開発も進められています。

　現在、複数のAIケアプランのソフトが開発されており、なかには、AIケアプランと、「適切なケアマネジメント手法」を組み合わせたものも開発されてきています。ただし、最終的に「利用者の個別性」をケアプランに取り入れることは、ケアマネジャーの重要な役割になります。

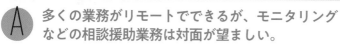

A 多くの業務がリモートでできるが、モニタリング
などの相談援助業務は対面が望ましい。

　ケアマネジメント業務においては、「ケアプランの作成」「ケアプランに基づく評価記録の確認と依頼」「勤務表の作成」「給付管理業務」「サービス担当者会議」など多くの業務がリモートでできると考えられます。特にサービス担当者会議など、多くの専門職が参加する会議などでは、リモートで開催することにより、移動時間の短縮や、感染対策上のメリットがあります。しかしながら、介護や医療の現場は必ずしもリモートでできることばかりではなく、相談援助業務のなかには、対面対応を必要とする場面もあります。例えば、ケアマネジメントにおける自宅へのモニタリング業務は利用者本人・家族から定期的に聞き取りをするだけでなく、自宅という生活環境において、作成したケアプランと比較しながら「プランどおりにサービス提供が可能か」「提供サービスは適切か」「以前との変化点は」などを細かく情報収集しなければなりません。その情報収集を必要とするモニタリングでは本人や家族の言葉だけで把握できることばかりではなく、表情や話し方・臭い・温度・部屋の片づけ具合など、対面だからこそ把握できる内容もあります。

　また、事業所における調整業務などもテレワークで可能ですが、同じ事業所のケアマネジャー同士の会話が事業所に参集しているときに比べると減るため、孤独を感じやすい傾向があります。チームで業務を行う際に連帯感を抱きにくく、チームワークに支障をきたすおそれもあるでしょう。そのため、事業所勤務時よりも意識的にコミュニケーションを取る時間を設けることが大切です。情報共有ツール等を使って小まめに連絡を取り合ったり、ビデオ会議ツールで顔を合わせてやりとりをしたりすることで、コミュニケーション不足を改善するなど、リモートでできること、できないこと、効果的なこと、難しいことを踏まえて業務を行うことが必要です。

話 す

聞 く

書 く

見 る

使 う

覚える

つなげる

心をみる

内面を
磨く

ハラスメント

ケアマネジャーが遭遇するハラスメントは施設や事業所等の職場における上司や同僚等によるハラスメントと施設内や居宅等において利用者や家族等から受けるハラスメントに大別されます。それぞれの特徴と対応策について見ていきましょう。

施設や事業所内でのハラスメント

施設や事業所等の職場でのハラスメントは、パワーハラスメントやセクシャルハラスメント、妊娠・出産・育児休業等に関するハラスメントに大別できます。これら職場のハラスメントはわが国のあらゆる労働者が直面している問題で、男女雇用機会均等法等において、職場でのハラスメント対策が講じられています。

利用者や家族等から受けるハラスメント

一方、近年になり、ケアマネジャーなど介護分野の従事者が利用者や家族等から身体的暴力や精神的暴力、セクシャルハラスメントを受けることが大きな問題となっています。

利用者や家族等から受けるハラスメントには、大別して職場同様にセクシャルハラスメントがあり、職場においてパワーハラスメントに該当するものはここではカスタマーハラスメントとして取り扱いたいと思います。

セクシャルハラスメントには、意に反する「性的な言動」が該当します。例として、必要もなく手や腕を握る、抱きしめる、入浴介助中にあからさまに性的な話をするなどがあげられます。

カスタマーハラスメントは、身体的な力を使って危害を及ぼす行為、例えば、物を投げつける、蹴る、唾を吐くなどの身体的暴力があります。そして個人の尊厳や人格を言葉や態度によって傷つけたり、おとしめたりする行為、例えば、大声を発する、怒鳴る、理

不尽なサービスの要求などの精神的暴力があります。

ハラスメントを受けたときの対処

（1）職場でのハラスメント

　ハラスメントを受けたら①されたことを記録する、②周囲に相談する、③会社の窓口に相談する、④労働基準監督署などに相談する、などの行動をとりましょう。

（2）利用者や家族等からのハラスメント

①暴言や執拗な攻撃を受けたら

　度を越した暴言や執拗な攻撃を受けた場合、「穏やかにお話しさせてください」と伝え、それでも続く場合はこれらの暴言や攻撃を受け止めることを中止します。私たちは利用者の言葉を「受け止める」ことをプロフェッショナリズムとして行っていますが、暴言や攻撃まで受け止める必要はありません。

②セクシャルハラスメントを受けたら

　手の届かない距離に離れたうえで、笑顔を見せずに冷静な声で「やめてください」などと伝えてハラスメント行為をストップさせます。さらなる身の危険を感じる場合は「お話しを続けられない状況なので、これで失礼します」と告げてその場から立ち去ります。

図5-1　ハラスメントの種類

パワハラ

（パワーハラスメント）
身体的・精神的に攻撃するなど

セクハラ

（セクシャルハラスメント）
性的な関係を強要するなど

マタハラ

（マタニティハラスメント）
産休や育休の制度を利用させないなど

モラハラ

（モラルハラスメント）
パートナーに対する暴言など

パタハラ

（パタニティハラスメント）
マタハラの男性版

ケアハラ

（ケアハラスメント）
介護にまつわるハラスメント

話す

聞く

書く

見る

使う

覚える

つなげる

心をみる

内面を磨く

235

Q146 ハラスメントに対して日頃からどのようなことに気をつければよいか？

A 予防の視点をもつことが大切である。

　利用者や家族等によるハラスメントについては、予防的にリスクを管理するという視点も大切です。ハラスメントのリスク要因には「環境面でのリスク要因」「利用者や家族等に関するリスク要因」「サービス提供側（施設・事業所）のリスク要因」があります。これらを日頃から事業所内で話し合っておくとよいでしょう。

　〈①環境面でのリスク要因〉は、「出口が遠い」「鍵がかかっている」「近隣の家が遠く離れている」「利用者や家族等と1対1になる」などがリスク要因となり得ます。訪問時には、放し飼いになっているペットをケージに入れておいてもらうことなども意外と重要です。予防策として入室した際に事業所に連絡を入れることで常に管理されていることをアピールできます。また、見えるように防犯ブザーを携帯することも抑止効果が期待できます。ほかにもできる対策がないかを担当者会議や事業所内のミーティングなどで話し合ってみましょう。

　〈②利用者や家族等に関するリスク要因〉は、違法行為や暴力行為がある（過去にあった）、攻撃的な言動がある、家族関係や人間関係でトラブルを抱えている（過去に抱えていた）、訪問時に酒に酔っていることがある等の生活歴に起因するものがあげられます。また、利用者や家族等がサービスの提供範囲を理解していなかったり、過剰な期待をもっているなどのサービスに対する理解に起因するリスクもあります。

　〈③サービス提供側のリスク要因〉は、施設・事業所内でサービス範囲やルールの徹底がなされていなかったり、契約時に重要事項の説明等が十分になされておらず、サービスの目的や範囲等が十分に理解されていない等がリスクとなり得ます。

　これらの**リスク要因について常日頃から事業所内で話し合って**

おくことが予防的なハラスメント対策になります。

 Q147 「認知症だから」と疾病によってうやむやに解釈することがある。

A ハラスメント対策と認知症ケアは別のものという認識が大切である。

ハラスメントはケアマネジャー自身への権利侵害にほかなりません。

「この利用者さんは○○だから」と曖昧な対応をしていると、言動や関係性が悪化したりさらなるハラスメントを誘発する場合もあります。できるだけ正確に事実確認を行い、要因を分析して事業所全体で話し合いを行い、ケースに沿った対策を立案しましょう。

ただし、BPSD による暴言、暴力、性的行動はハラスメントではないため、ハラスメント対策としてでなく、認知症ケアとして対応することになります。もっとも、認知症等の病気または障害に起因する暴言、暴力、性的行動であっても、ケアマネジャーの安全に配慮する必要性があることには変わりありません。ハラスメント対策でも認知症ケアであっても担当者が 1 人で抱え込むことなく、事業所全体で組織として対応していきましょう。

 Q148 利用者または家族からのハラスメントの線引きが難しい。

A 客観的な判断と当人の感じ方を合わせて考える。

ハラスメントの線引き、ハラスメントかどうかに白黒つけることは実は難しい問題です。2022（令和 4）年 3 月に改訂された「介護現場におけるハラスメント対策マニュアル」（三菱総合研究所）によれば、介護現場におけるハラスメントは、以下のとおりに整理できます。

話す

聞く
書く

見る

使う

覚える

つなげる

心をみる

内面を磨く

○身体的暴力（身体的な力を使って危害を及ぼす行為）

　例：コップを投げつける・蹴られる・唾を吐く

○精神的暴力（個人の尊厳や人格を言葉や態度によって傷つけたり、おとしめたりする行為）

　例：大声を発する・怒鳴る・特定の職員に嫌がらせをする・「この程度はできて当然」と理不尽なサービスを要求する

○セクシャルハラスメント（意に添わない性的誘いかけ、好意的態度の要求等、性的な嫌がらせ行為）

　例：必要もなく手や腕を触る・抱きしめる・入浴介助中、あからさまに性的な話をする

　このように具体的な行為が例示されていますが、実際に起こる事象はこの例示のようにわかりやすいことはまれでしょう。ハラスメントかどうかの判断には、客観的な判断が求められ、かつ私たちケアマネジャーの感じ方を基準として判断します。

Q149 相談することで自分の立場が危ぶまれることはないか？

A 事業主が労働者からのハラスメントの相談によって、解雇その他の不利益な取り扱いをすることは法律で禁止されている。

　パワハラやセクハラを会社側に訴えたことで、会社から何らかの不利益を被るのではないかとの心配もあると思います。職場におけるパワハラやセクハラを防止するために、事業主が雇用管理上講ずべき措置が厚生労働大臣の指針に定められています。そのなかに、事業主に相談したこと、事実関係の確認に協力したこと、都道府県労働局の援助制度の利用等を理由として解雇その他不利益な取り扱いをされない旨を定め、労働者に周知・啓発することとあります。周知・啓発とはその旨を就業規則や社内報、パンフレット等で文書化することをいいます。

　また、2019（令和元）年に改正された労働施策総合推進法、男

女雇用機会均等法及び育児・介護休業法においては、労働者がハラスメントについて相談を行ったことまたは事業主による相談対応に協力した際に事実を述べたことを理由とする解雇その他の不利益な取り扱いが、法律上禁止されました。

Q150 ハラスメントが起こったら利用者との契約を解除できるか？

A 契約解除には「正当な理由」が必要とされる。

　利用者や家族等からのハラスメントがあった場合、事業所として事実関係の把握、原因の分析と対応、再発防止策を検討し、利用者への支援方法や対応方法を検討します。その過程で担当職員の変更や、利用者や家族等に対して重要事項説明書（事業所からも解約できることを記載しておく必要があります）等も使いながらサービスの目的、範囲、方法について十分に説明し、理解をいただくように事業所としての努力を行います。

　それでもなおハラスメント行為がなくならない場合は、利用者に対して契約解除を申し入れます。ただし、契約解除には運営基準上、「正当な理由」が必要です。何が「正当な理由」なのかは個別具体的な事情によりますが、①ハラスメントによる結果の重大性、②ハラスメントの再発可能性、③契約解除以外のハラスメント防止方法の有無・可否および契約解除による利用者の不利益の程度などを考慮する必要があります。

　ハラスメント行為があった際に担当職員の変更や十分な話し合いを行わず、ただちに契約を解除した場合には「正当な理由」が否定される可能性があります。

話　す

聞　く

書　く

見　る

使　う

覚える

つなげる

心をみる

内面を
磨く

1 スーパービジョン

スーパービジョンとは

スーパービジョンは、人材育成の１つの手段です。

スーパービジョンでは人材育成のために部下や後輩を指導する立場をスーパーバイザー（以下、バイザー）、指導を受ける側をスーパーバイジー（以下、バイジー）と呼びます。

スーパービジョンにおいて成果をあげるためには、バイザーとバイジーの互いの信頼関係が何より大切です。信頼関係どころか、互いに仲が悪ければスーパービジョンを行ったところで意味がありません。まずは、信頼関係の構築が必要となります。

スーパービジョンの基本は、１対１で行う「個人スーパービジョン」です。介護の現場や介護施設などでも職場内で積極的に行われるようになっていますが、この場合は職場における上司と部下の関係で行われることが多いです。

バイザーの「この人に育ってもらいたい」という相手の成長を願う思いと、バイジーの「この人に育ててもらいたい」という相手を尊敬する思いが良好なスーパービジョン関係へとつながります。

そのために、バイザーを担う人は、仕事の能力だけでなく人間性も磨き、自分自身を常に高める努力を続けなければなりません。そして、自分が勉強したことをただ伝えるだけではなくて、バイジーの成長に応じて必要な分の知識を与え、考えさせて、自ら答えを導き出せるようなケアマネジャーへと成長させることがスーパービジョンの目的なのです。

スーパービジョンの機能

評価・支持・教育・管理という４つの機能があります（**表**

5-4)。バイザーは常にバイジーに対してこの4つの機能を使い人材育成をしていくのです。

表5-4　スーパービジョンの4つの機能

①評価機能	人材育成を始めるにあたり、面談やヒアリングでバイジーの実践能力などを確認して「何ができて」「何が足りないのか」を評価します。これによって、今後の育成計画のめどをつけていきます。
②支持機能	支持というのは、支えるということです。 ですから、バイジーの支援内容について「どうしてそう思ったのか」「そう判断した理由は何なのか」などバイジーのその時の思いを理解、共感して支えることです。
③教育機能	バイジーが時間をかけてゆっくり自分自身と正直に向き合えるように「あなたはどうなりたい？」「困っていることは何？」などとバイジーの内面に寄り添いながら課題を一緒に考えます。
④管理機能	スーパービジョン関係にある2人で立てた育成計画を確認していくことです。計画の進捗に合わせて、計画の修正などを検討していきます。

　バイザーは、この4つの機能を意識して、今、バイジーはどのレベルにいるのか、何が足りないのか、今後どのようにしたらよいのかなどを考える必要があるのです。ただし、自分の考えを押しつけるようなことがないように注意し、必要なときに、必要なことを、必要な分だけ助言することです。また、繰り返しになりますが、一緒に考え歩むということを忘れないようにしましょう。

話す

聞く

書く

見る

使う

覚える

つなげる

心をみる

内面を磨く

Q151 スーパービジョンを受けるにあたっての心構えを教えてほしい。

A バイジーの心構えとしては、援助者としての実践力やスキルアップを本気で目指すことが大切である。

　自分自身が中途半端な気持ちでいたら、バイザーから何か言われたことで簡単に気持ちが折れてしまいます。これでは、どんなに優秀なバイザーであってもバイジーを育てることはできません。

　また、正直に自分自身の思いや悩みを、そして自分の支援をバイザーにさらけ出せるかということも心構えとしては必要なことです。

　よく、研修などの場で事例を募集すると「よくできた事例」に出会います。この「よくできた事例」を提出した人は、そこに思いや悩みがないことが多くみられます。しかし、スーパービジョンは発表会でもなければ、皆から賞賛を受ける場でもないのです。

　大切なことは、思い悩んでいる状態から抜け出し、支援者としての自己成長を目指すことです。

　業務に追われていてなかなか時間が確保できない人、利用者や家族に振り回されてばかりと感じている人にもスーパービジョンはとても有効です。

　自分自身が成長すれば、支援内容も的確になっていき、自分の見立てに自信をもって支援することができるようになります。そうすれば、今より時間にも気持ちにも余裕をもって業務に臨めるようになります。

Q152 ケアマネジャーが1人の事業所やバイザーのいないケアマネジャーはどうしたらよいか？

A バイザーとの出会いは人との出会いを積極的に求めるなかにある。

　事業所にケアマネジャーが1人しかいない場合には、積極的に外部に学びの場を求めましょう。地域の勉強会や研修会へ参加したり、事業所加算の算定要件でもある「他事業所との事例検討会」に参加してもよい学びとなるでしょう。そうしたなかで、同じような1人ケアマネ等でグループをつくり、バイザー役の講師を招いてグループスーパービジョンを行うのも1つです。

　個人スーパービジョンを受けたくても、バイザーが自分の周りに見つからない場合には、やはり外部のさまざまな研修に参加することをお勧めします。スーパービジョンの研修も多く開催されていますが、個人的にスーパービジョンを受けたいという場合には、研修で出会った講師やファシリテーター、研修を開催している職能団体に問い合わせてもよいと思います。同じ参加者同士であっても思いがあれば実践できます。

　バイザーとの出会いは人との出会いのなかにありますので、まずは、出会いを求めて自ら行動してみることです。1人で探していてもなかなか見つからない場合には、グループをつくって学び合いながら探していくことをお勧めします。そのなかで研修会やセミナーなどに参加した人を介してバイザーにたどり着くこともあります。ほかにも、地域の連絡会で出会ったベテランの方に定期的に指導を受けるところからはじめてみることもできます。

 話す

 聞く

書く

 見る

 使う

 覚える

 つなげる

 心をみる

 内面を磨く

スーパービジョンの種類について教えてほしい。

A 以下の6つの種類がある。

①個人スーパービジョン

バイザーとバイジーが1対1で実施するものです。バイジーの抱えている問題を深く掘り下げて、自己覚知や自己内省を促し信頼関係を構築していくものです。デメリットとして、うまくいかなかった場合にはお互いの関係を悪化させてしまうことがあります。

②セルフスーパービジョン

バイジーが自分自身で行うものです。自身のケアマネジメントの振り返り、評価、点検しながら自己研鑽する方法です。デメリットとしては、自己満足になってしまうことや客観的な評価が得られないことがあります。

③ピアスーパービジョン

バイザーがいなくても、複数のバイジーが集まって行うスーパービジョンのことです。仲間意識が強まり、共感できる雰囲気づくりやチームづくりはできますが、目標をしっかりもって開催し、ただの馴れ合いになってしまわないように注意する必要があります。

④グループスーパービジョン

複数のバイジーと1人のバイザーとで開催する方法です。複数のバイジーが共通の課題に取り組むことで、バイジー同士の意見の違いや共通点について相互理解が深まるため学習効果は高いといえます。一方で、複数のバイジーのなかで意見を出し合うので、意見が表面的なものになったり自己開示できず思いを表出できなかったりする場合もあります。

⑤ライブスーパービジョン

バイザーがバイジーの業務に同行し、その場でスーパービジョンを行います。業務に同行するため、利用者や家族、そして事業所の理解と許可を得る必要があります。また、実施後に個人スーパー

ビジョンを行って指導内容の確認や評価を行う必要があります。

⑥ユニットスーパービジョン

　複数のバイザーと1人のバイジーとで開催する方法です。重層的な課題を抱えているときや緊急に対処しなければならないときには特に有効になります。特に、複数のバイザーが、多職種（ケアマネジャー・ソーシャルワーカー・医師・看護師等）であれば、さらにさまざまな専門職からのスーパービジョンが受けられることになり、その学ぶ効果は大きくなります。課題としては、複数のバイザーとの日程調整が難しいことなどがあげられます。

　以上のように、さまざまなスタイルと効果があります。まずは、時間の確保と費用負担を考慮して、実践可能なものから取り組んでみることをお勧めします。

話 す

聞 く

書 く

見 る

使 う

覚える

つなげる

心をみる

内面を
磨く

2 コーチング

コーチングとは

　対話を通して本人が答えを導き出せるようにサポートをしていく手法のことです。相手の話を聞き、こちらから答えを伝えるのではなく、適切な質問を投げかけることで相手がもっているものを引き出し、できるだけ自力で目的を達成するように手助けをしていきます。コーチングの語源は、英語の「コーチ（coach）＝馬車」に由来するといわれ、馬車で目的地まで送り届けるという意味から、「人が目標を達成するための支援をする」という意味を表すようになりました。

　コーチングの基本的な考え方は、**コーチングをする側とコーチングを受ける側が双方向となること**です。コーチングは指導を受ける側が答えをもっている、ということを前提に行っていきます。お互いの関係性をしっかりと築き上げていくなかで、相手のやる気を引き出し、本人が今まで培ってきたものや努力をサポートしていきます。コーチングのメリットとしては、相手に自分で考える力をつけさせ、自立を促すという点です。コーチングは相手のもっているものを引き出すという、主体性を意識した方法です。特に人材育成という点においては、育成の対象となる側は受け身になってしまう傾向があります。コーチング中は相手がどのように学ぼうとするのか、その過程を評価してしっかりと時間をかけて育成を行っていきます。

　一方でコーチングのデメリットとしては、指導に時間がかかることや、一度に複数人を相手に行うことが難しい、という点があげられます。また、相手がもっているものを引き出すため、コーチングを受ける相手には最低限の能力や経験が必要となってきます。時

間をかけて行うものであることから、相手のスキルや心情に合わせ、長い期間で育成に取り組むことになります。また、コーチングによって、相手が答えを導き出せるかどうかは、指導する側のマネジメントスキルにも影響を受けます。そのため、コーチングをする側のスキルによって、結果にばらつきが出ることもあり得ます。

　コーチングは万能ではなく、適さないケースとしては**表5-5**のような例があげられます。

表5-5　コーチングが適さないケース

1. 組織の上司や部下など上下関係が明白で、相手に気をつかう発言や躊躇する場面がある
・自分の発言が人事評価などに影響すると意識してしまう
・関係性が十分でないため、本音を話すことができない
2. 指導側がコーチングスキルを使って相手の意見を誘導しようとする
・指導者が結果を出そうと焦ってしまう
・指導者の「こうあるべき」という思いが強く、方向性を定めてしまう
3. クレームの対応など、急ぎ対応しなければならないときにコーチングを実施しようとする
・目的と手段を取り違えてしまう
・緊急事態など、具体的な対応を示さなければならない場合

Q154 コーチングとティーチングの違いを教えてほしい。

A コーチングは相手から引き出すこと。
ティーチングは相手に教えること。

コーチングとティーチングの違いについてそれぞれ一言で表すと、コーチングは「相手のなかにある答えを引き出すこと」、ティーチングは「私がもっている答えを教えること」となります。

図5-2 コーチングとティーチング

コーチング（coaching）

私
相手がもっている答えを「問いかけ」により「引き出す」

↕ 双方向

相手	
気づきや発見、動機づけに効果的	関係性は双方向

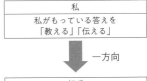

ティーチング（teaching）

私
私がもっている答えを「教える」「伝える」

↓ 一方向

相手	
得られる情報は与えられた情報の範囲	関係性は一方向

どちらが優れているということではなく、あくまでも状況に応じて使い分けることが大切です。「コーチングにより、自分の目標や、長期的な視点をもって行動できるようになる」「ティーチングにより、指導者の成功や失敗などの経験も活かしつつ、再現性のあるやり方を身につけることができる」というように意図的に使い分けることで、相手の想像力を働かせながら、主体性をもって仕事を行っていくことが可能となります。

Q155 ┃ コーチングスキルを高める方法を教えてほしい。

A コーチングの基本は、相手の話に耳を傾け、主体性を尊重して任せること。

コーチングは「これはこうしてみたら」とアドバイスや指示をするよりも、「なぜそれが問題だと思うのか」「望ましいのはどんな状態なのか」など、相手の内省を促す質問を投げかけることがポイントです。コーチングスキルを高めるには、「相手の話をよく聞くこと」「適切な質問を行うこと」「相手を認めること」が重要となります。

○相手の話をよく聞く

まずは相手の話を否定せず、共感しましょう。「それは違う」と思うことがあっても、それを直接指摘するのではなく、なぜそのような考えに至ったのか、想いや背景を受け止めます。その際、相手の雰囲気（非言語）などにも十分に配慮していきます。

○適切な質問を行う

質問の基本は開かれた質問（オープンクエスチョン）です。相手の気づきや発見につながるような質問をしなければなりません。そのためには、「どのような目標を達成したいのか」「それを達成するためにはどのような手段や方法を考えているのか」といった、指摘ではない投げかけが重要となります。

○相手を認める

コーチングでの関係性は双方向です。上下関係を強く意識してしまえば、本音を語ることは難しくなります。相手の気づきや発見はしっかりと認め、これからの取り組みに対し、動機づけとなるように声をかけていきます。相手を認める際には、抽象的ではなく、具体性をもつことでより効果的となります。もし修正が必要な場合においても、「あなたのそれは違う」と話すよりも「私はこう感じる」というIメッセージ（『私』を主語にしたメッセージ）で伝えることで、相手を非難せず伝えることができます。

 話す

聞く

書く

見る

使う

覚える

つなげる

心をみる

内面を磨く

A　ケアマネジャーの知識や経験、能力に応じて活用する。

　コーチングは相手のもっている力を引き出す技術のため、相手側にある程度の知識や経験、能力が必要となります。ここではケアマネジャーとして活用できるいくつかの例をあげてみます。

○行動変容

　知識も経験もあるのにうまくいかないという場合、コーチングスキルが有効となります。例えば利用者への支援でつまずいているときに、「こうしたほうがいいよ」「この場合はこの方法がよい」と伝えても、そのケアマネジャーや利用者に合った方法かはわかりません。手段や方法を提示するのではなく、なぜその支援につまずいたのかという、本質を確認していく作業が重要です。「そのときにどのようなやりとりがあったのか」「あなたは何を伝え、相手からは何が返ってきたのか」「相手の雰囲気はどうか」「あなたはどう感じたのか」といった、まずは問いかけと傾聴から始まっていきます。コーチングの目的は、コーチングを受けている相手の気づきと発見です。指導することで行動を変えるのではなく、自身が気づき、行動に移すことで主体性が生まれます。コーチングは、「あなたはどう思う」を繰り返すスキルではありません。傾聴と質問を繰り返しながら、相手を認めるときには「あなたのここはいいね」と具体的に認めていきます。その方の弱みをフォローするだけでなく、強みを活かすことで、相手の自信につながります。

　ただし、明らかにその分野の知識や経験が足りない場合には、十分注意してください（コーチングスキルとティーチングスキルの使い分けについてはp.256参照）。

○業務改善

　業務改善を促したい相手に対し、コーチングスキルを活用することができます。業務改善の場面において、知識や経験の不足によ

り効率が悪いということがあります。改善のサイクルを早めるためにコーチングスキルを活用することができます。指導する際に、まずはその課題に対して本人がどう認識しているかを確認することから始めます。そのうえで、できている点は認め、改善が必要な点については共に考えていきます。相手の能力によって、介入の度合いも変化します。指導する側も客観的なデータを示し、目標設定は本人の言葉として具体的な達成目標を立てていきましょう。

○自己解決力の向上

　介護保険制度は社会保険であるため、介護保険法や運営基準、倫理綱領などに沿った行動が求められます。課題に対して先輩や上司から指導を受けつつも、ケアマネジャーは職業人として、自身で調べ・学び・解決していく姿勢が必要です。そのような指導にコーチングスキルは有効です。一般的には人材育成の場で使用するスキルのイメージがありますが、利用者や家族とのかかわりの場面で使うこともあります。利用者や家族から「これはどうしたらいいですか」と聞かれ、「こうしたらいいですね」というようにすぐに解決策を提示し、ケアマネジャーが何でも解決するというやりとりを続けると、「困ったときはケアマネジャーに聞けばいい」という一方向の関係になってしまいます。利用者・家族とケアマネジャーはあくまで対等な関係であることを意識し、課題に対し手段を即答するのではなく、「あなた自身はどう考えているか」と投げかけることで、利用者自身の問題であることを自覚してもらいます。利用者自身の自己決定、意思決定支援、主体性の尊重といった視点から、自己解決力へとつながることになります。

　コーチングは「様子をみているだけ」「相談してくるのを待っている」スキルではありません。相手の力を意図的に引き出すスキルであることを理解し、活用していきましょう。

話　す

聞　く

書　く

見　る

使　う

覚える

つなげる

心をみる

内面を
磨く

3 ティーチング

ティーチングとは

　先生が生徒に授業を行うように自分の知識や経験、ノウハウを伝える手法のことです。決まったルールや共通の認識などを伝えることに適しています。ティーチングの語源は、英語の「教える（teach）」に由来しています。

　ティーチングの基本的な考え方は、**ティーチングをする側から受ける側へ一方向となる**ことにあります。ティーチングは指導する側が明確な答えをもっているという前提で行われ、１対１だけでなく、１対複数の講義形式で行われることもあります。相手に答えを教えて指導するといった特徴から、短時間で重要なスキルや情報を伝達できるというメリットがあります。そのため、比較的時間がない場合などにも有効な手段となります。講義形式で行われることも多いため、一度に大勢を対象に指導を行えることもメリットといえるでしょう。ティーチングの場合は、初めから答えを相手に伝えることを目的として行われるため、スピード感をもって人材の育成を行うことができるのです。

　一方でティーチングのデメリットとしては、指導をする側のなかに明確な答えがあるものしか伝達することができないため、指導側の経験や知識以上のものを伝えることができないという点があげられます。また、その形式上、受講者は受け身になってしまう傾向があります。一方的に伝えることが多くなるため、受け手が自分の頭で考える習慣が身につけづらくなったり、自立を促すことが難しくなるという「指示待ち人間」になってしまう場合があります。一方的に指導されることが苦手な部下などは、モチベーションを下げてしまう可能性もあります。

ティーチングが適さないケースとしては以下のような例があげられます。

表5-6　ティーチングが適さないケース

1．考えて動く人材には適しにくい
・受け手の個性を活かしにくい
・指導側と受け手のタイプが違うときに、うまく伝わらないことがある
2．指導側以上の観点で物事が見にくくなる
・伝える限界が指導側のもっているものになるため、想像力やアイディアが活用しにくい
3．失敗した場合の責任転嫁をしやすくなる
・受け手の性格によっては、成功しても自信につながりにくく、失敗したときに指導側へ責任が向くことがある

ティーチングスキルを高める方法を
教えてほしい。

 ティーチングを行うためには十分な準備が必要。

ティーチングスキルを高めるには、「準備」「説明」「見せる」「体験させる」「評価」が重要となります。

○指導側の準備をする

伝える内容に応じた準備を行います。準備は知識や情報だけでなく、心構えも含まれます。どのように伝えるか、受け手には教えを受ける準備が整っているかなどです。また、相手の知識等のレベルによっても伝える内容が変わるため、事前に相手のレベルを把握しておきます。

○丁寧な説明をする

はじめに全体像を伝え、今伝えている内容がどのようにつながるかを説明していきます。もちろんティーチングにも信頼関係は重要です。根拠のある内容を伝えるとともに、相手からも質問しやすい雰囲気づくりを心がけましょう。

○実際にやって見せる

作業の段取りに沿って、ポイントの説明と合わせて、見せていきます。新人が同行する初回面接やサービス担当者会議などが該当します。新人に限らず、ある程度の経験がある場合にも有効な手段です。

○やらせてみる

すぐに修正が可能な状況で、実際にやってもらいます。行ってもらった後は、しっかりとフィードバックを行います。よかった点・悪かった点などを伝え、次につなげましょう。可能ならば、何度も繰り返すことで、実践力が高まります。

○評価する

指導した直後も含め、中長期的な評価を行います。習得状況を確認しつつ、指導側も指導した内容について振り返りを行います。

指導前の評価と合わせ、評価は具体的かつわかりやすく行いましょう。

Q158 実際の業務でどのように活用するのか？

 A 根拠をベースに、その意味も含めて伝えていく。

ティーチングは「伝える」「教える」手法ですので、具体的なやり方が決まっていたり、相手の知識や経験が比較的乏しいときに、活用する場面が多くなります。その際に、なぜそれを行うのか、どのような価値があるのかを伝えることで、業務の意味を考えるようになります。

最初は多くの業務をティーチングで伝えることになります。受付簿の書き方、電話の取り方や来客の対応、訪問時のマナーなどは、事業所ごとの決まりやマニュアルがあると思います。管理者や先輩、指導担当者などが説明し、見せ、体験させ、しっかりと評価するという一連の流れを行うことで、知識や技術が身についていきます。

一方で、運営基準、アセスメントやケアプランの書き方、給付管理などは、介護保険制度における一定のルールが存在します。こちらも同様に指導のプロセスを追うものの、制度のなかで定められている法令など、しっかりと根拠を押さえた指導が必要となります。そして、ある程度の経験を重ねたのちには、ティーチングスキルだけでなく、コーチングスキルも併用していきます。「今回のミスは運営基準のどこに抵触すると思う？」「第三者が見たときに、この表現はどう感じるかな」「今回返戻になった理由を考えてみて」というように、相手の話を聞きながら、どのようにしたらうまくいくのか、自身の経験等を相手の立場に置き換えながら伝え、ティーチングスキルとコーチングスキルを意図的に使い分けることで、効果的な指導になっていきます。

話 す

聞 く

書 く

見 る

使 う

覚える

つなげる

心をみる

内面を
磨く

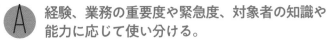

Q159 コーチングスキルとの使い分けは どのようにすればよいか？

A 経験、業務の重要度や緊急度、対象者の知識や 能力に応じて使い分ける。

ここでは2つの視点から使い分けを考えてみます。

○経験年数からの視点

一般的には経験を積むほど、知識や技術が身についていきます ので、ティーチングからコーチングへと比重は大きくなっていきま す。ティーチングは、伝えた内容に統一性をもたせることができる ため、講義形式など大勢に対して行われる場面も多くなります。ケ アマネジャーの法定研修は、経験に応じて受講する研修が変わって いきます。これから実務に就くための「実務研修」では、主に ティーチングが中心のカリキュラムとなります。逆に、今後指導を 担っていく「主任介護支援専門員研修」や、すでに指導を行ってい る者が対象となる「主任介護支援専門員更新研修」では、コーチン グを意識していくことになります。アセスメントやケアプラン演習 を行った場合でも、当然、経験や知識によって全く違った視点で検 討が行われることになります。

経験はティーチングとコーチングを使い分ける1つの目安には なります。ただし、それは固定したものではありません。例えば、 新人に対し、法人や事業所の理念や方針をティーチングしたうえ で、コーチングにより目標設定をしてもらうこともあります。

○業務の重要度や緊急度×対象者の知識や能力からの視点

①コーチング中心

知識も技術もある人がケースに悩んでいるような場合、個別の 面談や事例検討などで気づきを与えられるようなかかわりをして いきましょう。自身で気づいてもらうことで、自己解決能力を高 め、自発性を高めることにつながります。また業務改善のためのア イディアを出したい場合や対象者の特性を活かしたい場合にも、 コーチングスキルを活用することができます。

②コーチング中心だが、状況に応じてティーチングを行う

　十分な知識はあるが、初めて業務にあたる場合など、コーチングを念頭におきつつも、不安への対応として具体的なアドバイスを行うこともあります。ターミナルケアや後見制度の利用、障害分野との連携など、長年ケアマネジャーをしていても、経験してこなかったような出来事はあります。状況に応じて使い分けていきます。

③ティーチング中心

　事故対応や利用者からの苦情などに対し、対象者の知識や技術が不足している場合は、具体的な指示が必要となります。その他にも、法人内異動などで部署のルールや地域特性などの基本的な知識が不足している場合はティーチング中心となります。

④ティーチング中心だが、状況に応じてコーチングを行う

　ある程度の経験を重ねても、ティーチングを続けていく場合も出てきます。そのような場合においても、緊急性がない場合などは適宜コーチングを入れながら、その人の成長を見守っていくことになります。

図5-3　業務内容と対象者の能力からの使い分け

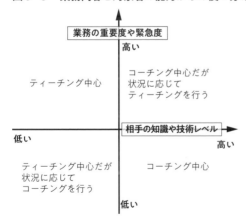

話　す

聞　く

書　く

見　る

使　う

覚える

つなげる

心をみる

内面を磨く

権利擁護

権利擁護の必要性

　私たちの利用者は、社会の高齢化に伴う高齢者のみの世帯の増加、1人で暮らす認知症の人の増加等の社会構造の変化に加えて、2020（令和2）年から始まった新型コロナウイルス感染症のパンデミックの影響で地域のなかでの人々の交流の減少などの環境変化にさらされています。

　このような社会の変化は元来一人ひとりが暗黙のうちに保護されてきた権利を脅かすものです。私たちケアマネジャーには地域包括支援センターや行政等と連携を取りながら、権利侵害から高齢者を守る権利へのケアを行うことが求められています。

個人の幸福追求権

　日本国憲法第13条には「すべて国民は、個人として尊重される。生命、自由及び幸福追求に対する国民の権利については、公共の福祉に反しない限り、立法その他の国政の上で、最大の尊重を必要とする」と規定されており、「個人の幸福追求権」を保障しています。この個人の幸福追求権は、包括的基本権と呼ばれている人権の源です。ただ、幸福とはきわめて主観的で個別性の高いものです。利用者Aさんの幸せとBさんの幸せは決して同じではありません。よって本人自身に決めてもらうほかはありませんが、ここから「自己決定権」が導き出されているのです。

人権の種類

　そもそも人権にはどのようなものがあるかを考えていきます。まずは「自由権」として、①精神的自由権、②経済的自由権、③人身の自由があります。

　利用者の多くは、この自由権を行使することが困難です。そこ

でケアマネジャーは、利用者が自由権を発揮できるように、その人の立場に立った代弁者として、支援していくことが大切です。

　続いて「社会権」ですが、この権利は国家に対し社会的・経済的弱者の生存や生活を守るために積極的な配慮を求める権利です。具体的には生存権、環境権、労働権などがあり、日本国憲法第25条では「すべて国民は、健康で文化的な最低限度の生活を営む権利を有する」と生存権が明文化されています。

権利擁護業務の基本

　利用者が何らかの権利侵害に遭っているときに、私たちは権利擁護を業務として行いますが、権利擁護業務は本人の自己決定権の尊重と生存権との狭間におかれています。生存権を優先するのか？自己決定権を尊重するのか？　私たちケアマネジャーは権利侵害を疑うケースに直面したとき、常に両者の間で葛藤します。こうした葛藤状態は支援者にとって必要なもので、いったん立ち止まって支援者間で話し合うことが大切です。このとき、私たちは支援者から見て安全を優先しがちですが、自己決定権を尊重することを決して忘れてはいけません。

判断能力を欠く状況にある人への支援

　認知症等により判断能力が不十分になると、金銭管理や買い物、その他の日常生活の維持が困難になります。このように判断能力が不十分で生活が困難になった人の契約等の法律行為を代理したり、財産管理を支援したりすることにより権利擁護を図るのが成年後見制度（p.64参照）です。

話　す

聞　く

書　く

見　る

使　う

覚える

つなげる

心をみる

内面を
磨く

Q160 ┊ セルフ・ネグレクトのケースへの対応は どう考えたらよいか？

A 多様な背景・因子を理解して支援にあたる。

　セルフ・ネグレクトは「自己放任」ともいわれ、自分で自分の世話をできなくなっている状態のことをいいます。高齢者虐待防止法に定めはありませんが、基本的に虐待に準じた考え方で支援を行います。このようなケースは珍しくないうえに、社会全体の高齢化と世帯人数の縮小、独居高齢者の増加とともに増えていく可能性がありますので、対応についてケアマネジャーとして押さえておきましょう。

　セルフ・ネグレクトの具体例としては、①家の前や室内にごみが散乱した中で住んでいる、②極端に汚れている衣類を着用したり、失禁があっても放置している、③生活に必要な最低限の制度、介護、福祉サービスの利用を拒否する、などがあげられます。

　そして、私たちはこれらをセルフ・ネグレクトのケースだ、ととらえるのですが、その背景・因子は実に多様であり、本人の個人的要因と社会的要因、そして支援者のあり方が絡み合った結果の状態ととらえることが大切です。

　個人的要因としては、認知症、統合失調症や妄想性障害、うつ、依存症、アルコール問題などの精神・心理的な問題や配偶者や家族の死、病気、リストラなどの喪失体験などが考えられます。

　社会的要因としては、経済的困窮、人間関係のトラブル、家族・親族・地域・近隣等からの孤立等があげられます。

　こうしたケースへの対応では、不適切な行為をしているからと、不用意に「〇〇のサービスを利用したほうがよい」とか、「△△であるべき」などと支援者の視点で決めつけないことが大切です。このような考え方でのかかわりは、先にあげた「支援者のあり方」としてセルフ・ネグレクトの一要因となり得るからです。

　こうしたケースでは、まずは本人が「何らかの理由により、本

来必要な支援を求める力を失った状態」にあるととらえてみましょう。そう考えると、私たちの仕事は、①本人が本来もっているケアを受ける権利を護ること、②本人のこれからの人生へのエンパワメントを行うことの2つであることが見えてきます。

　そのうえで現在、本人が困っていると感じていることを把握し、その解決に向けて最も本人と合意を得やすい事柄に対象を絞り、解決に向けて共に考えていくことが信頼関係の醸成に有効です。

Q161 虐待が疑われるケースを目にした場合はどうしたらよいか？

A 1人で抱え込まず、地域包括支援センターや市町村に相談する。

　2006（平成18）年に高齢者虐待防止法が施行され、市町村が虐待への対応をしていくことが定められました。虐待は身体的虐待、放棄・放任、心理的虐待、性的虐待、経済的虐待の5つに分類されます。虐待の判断にあたっては、本人たちの自覚は問いません。「高齢者が他者からの不適切な扱いにより権利利益を侵害される状態や生命、健康、生活が損なわれるような状態におかれること」という事実を客観的にとらえ、市町村が判断を行います。たとえその行為が愛情によって行われ、「本人のため」として行われていたとしても、客観的に判断を行います。この虐待の対応は地域包括支援センターと市町村の責任によって行われます。業務のなかで証拠や根拠がなく「虐待かもしれない」という状況であっても地域包括支援センターや市町村に「通報」することが求められます。

　一方で高齢者虐待防止法では家族介護者への支援についても定められています。厚生労働省の調査では、虐待を受けている高齢者の約7割に認知症があることがわかっています。認知症の行動・心理症状（BPSD）が激しい場合に、それが虐待のきっかけとなることがあります。また、家族介護者が孤立しているケースで虐待が起こりやすいこともわかっています。ケアマネジャーには虐待を未

話す

聞く

書く

見る

使う

覚える

つなげる

心をみる

内面を磨く

然に防ぐ視点からのケアマネジメントも求められます。

Q162 認知症で独居（身寄りなし）の人への意思決定支援はどのようにしたらよいか？

A チームで意思決定の支援を行う。

認知症の人への意思決定支援では、認知症の人であっても、その能力を最大限活かして、日常生活や社会生活に関して自らの意思に基づいた生活を送ることができるように本人を支援します。

そしてその内容は①本人が意思を形成することの支援、②本人が意思を表明することの支援、③本人が意思を実現するための支援の3点になります。

①の本人が意思を形成することの支援（意思形成支援）とは以下のような配慮になります。

・本人が意思を形成するための元の情報が、必要かつ十分か？

・本人に理解できるようなわかりやすい言葉や文字で説明されているか？

・説明はゆっくりと本人のペースで行われているか？

・本人が安心できる状況で説明がされているか？

②の本人が意思を表明することの支援（意思表明支援）とは以下のような配慮になります。

・ケアマネジャー等の支援者の態度、人的・物的環境が本人の意思表明を行いにくくしていないか？

・本人に決断を迫ったり焦らせたりしていないか？

・複雑な内容の場合には重要なポイントを整理して選択肢を提示するなどが有効

・決定には揺らぎがあることをケアマネジャーが承知し、時間の経過によって最初に示された意思に縛られることなく、適宜意思確認すること

③の本人が意思を実現するための支援（意思実現支援）とは以

下のような配慮になります。

・表明された本人の意思を、本人の能力を最大限活用したうえで、生活に反映させる支援。そして、ケアマネジャーが多職種で協働して、社会資源等を活用して本人の生活に反映させる支援

・実現の支援にあたって、他者を害する場合や、本人にとって見過ごすことのできない重大な影響が生ずる場合でない限り、形成・表明された意思が、他者から見て合理的かどうかは問わない

・本人にとって無理のない経験を提案すること（例えば、ショートステイの体験利用）なども支援としてあってよい

　ところで、ケアマネジャーとして家族介護者をどのようにとらえるかですが、基本的に家族も意思決定を支援する側として考えます。あくまでも意思決定をするのは本人になりますので、家族もケアマネジャー同様に意思決定を支援するチームの一員として考えます。

図5-4　意思決定支援チーム

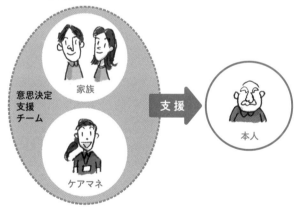

話　す

聞　く

書　く

見　る

使　う

覚える

つなげる

心をみる

内面を
磨く

倫理と法令

　ケアマネジャーの仕事は、利用者がどのような生活をどのように送りたいのかを一緒に考え、その人らしい人生のための選択をサポートすることだといえます。自己決定への支援の連続ともいえます。その様ななかで私たちがケアマネジメントを行ううえで中核的な価値として大切にしている考え方には、尊厳の保持や人権尊重、無危害、社会正義の実現などがあり、これらの価値を真っ向から否定して業務を行うケアマネジャーは、そうそういないでしょう。

　ではこれらの価値を日々の実践のなかで尊重できているか？と問われたとき、「しっかりとできています」と答えられるでしょうか。あるいは「介護保険法をしっかり守って運営をしていますか？」という問いに対してはどうでしょうか。多くの人は前者の問いに対しては答えにくく感じ、後者に対しては答えやすかったのではないでしょうか。

　後者は法令遵守に関する問いでしたが、こちらは介護保険法という法体系においてルールが明文化されていますし、運営指導などにおいても「できている」「できていない」の判断が明確なのに対して、前者の問いは「何が正しいことなのかがよくわからない」ために答えにくかったのではないでしょうか。例えば以下のようなケースがあるとします。

　一人暮らしの利用者で家の中が物であふれていて足の踏み場もないが、本人はどれも大切な物だという。医療もほとんど受けておらず、セルフ・ネグレクトの可能性が高い。しかし、本人は自分の意思でそうしているのだとしっかりと考えを述べる。

　こういうケースに直面したときに事象をどうとらえ、どう考え、

どう支援していくかについては、倫理のなかにそのヒントがあります。こうしたケースに直面した際に、私たちは「どうしたらよいのだろうか？」とモヤモヤすると思います。実はこのモヤモヤすることはとても大切な倫理的態度です。

モヤモヤしている状態は私たちがケースを前にして踏みとどまっていることを意味します。ここで踏みとどまらず「安全」「清潔」などの価値観を自動的に適用したり、今までの個人的な経験や道徳観で対応を行ったりすることは、利用者の幸せとはあまり関係のない支援となり、空振りの支援と化す危険性をはらんでいます。

では、どうしたら倫理的に正しいと思える支援を行うことができるかですが、そのためには、以下のプロセスをしっかり踏むことが大切です。

①個人の道徳や経験を参照する
②倫理綱領やガイドラインを参照する
③みんなで考える（共同意思決定）

①では支援者として感じたモヤモヤに向き合いつつ、過去の似たような事例や経験を参照しつつ安易に答えを出さずに踏みとどまります。②ではアセスメントで集めた情報を今一度分析しつつ、倫理綱領やガイドライン等を参照し、取り得る選択肢を考えます。③では利用者、家族、医療・ケアチームで対話をして、よりよい（止揚的な）選択・判断を目指します。

業務のなかでの倫理的実践とは、決して私たちが正しく、品行方正で、間違いをおかさない存在を目指すことではなく、立ち止まることを無駄と思わず、しっかり手順を踏み、参照し、対話し協議することを実践のなかに取り入れていくことです。

話す

聞く

書く

見る

使う

覚える

つなげる

心をみる

内面を
磨く

Q163 倫理的に葛藤状態に陥ったときに どう対処したらよいか？

A ガイドラインや倫理綱領を参照しつつ みんなで考える。

　例えば、利用者の自己決定権の行使と、利用者を保護するために自由を制限すること、このどちらが正解なのか？　という問いは、介護や福祉の現場では日常的にみられる葛藤です。

　このような葛藤状態にあるということ、つまり支援者がそこでいったん踏みとどまること自体はとても大切なことです。そしてこの状態を乗り越えてよりよい平和的な解決策を導き出したいと私たちは考えますが、そのゴールは一言で言えば利用者の幸せです。利用者の幸せのために私たちはさまざまな検討を行います。そして、その際に参照するのがすでに紹介した職業的な倫理綱領や各種ガイドラインです。これらがベースとなって私たちの専門職倫理が形成されています。利用者にとっての最善の答えとは何なのかを、本人、家族、医療・ケアチームで対話をして探していきます。さらにこのときに大切な基盤となるのは、その人がどのような人生を歩んできて、どのような生き方をしているのかというその人の人生の物語（ナラティブ）です。その人の未来の幸福は、今までの物語の延長にあるからです。

図5-5　倫理的葛藤の対処方法

Q164 法律さえ守っていれば倫理のことなどあまり考える必要はないのではないか？

A 法律は倫理の最小限である。

法律も倫理も社会規範という意味では共通していますが、法律を守っていれば運営指導で何かを指摘されることはないのかもしれません。しかし、法律には私たちが行うべきことの最低限しか規定されていないのです。よく「ケアマネジャーの仕事の範囲はどこまでですか？」という問いがなされますが、ドイツの法学者G. イェリネックは「法は倫理の最小限である」と述べています。これを図にすると以下のとおりです。

図5-6 倫理と法律の図

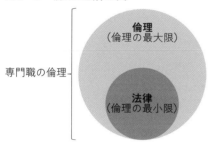

専門職の倫理
- 倫理（倫理の最大限）
- 法律（倫理の最小限）

一方で専門職の倫理は「最大限の倫理」であるということができます。利用者の幸せや尊厳ある生活の実現のためには、この専門職倫理のステージでのケース検討が必須となります。法律には「AさんやBさんの幸せは何か？」についての答えは書かれていないのです。

話す

聞く

書く

見る

使う

覚える

つなげる

心をみる

内面を磨く

Q165 会社の指示と利用者への誠実な対応とで板挟みになったとき、どうすればよいのか？

A 利用者にとっての最善を会社とともに考える。

　ケアマネジャーは法人に属して業務を行うために、利用者へのケアを展開する過程で会社と利用者との間で板挟みになるということも十分起こり得ます。例えば「利用者の権利が十分に護られていないのではないか？」とか、「会社から自法人のサービスをケアプランに入れるように強く言われる」などです。

　このような場合、倫理的にどのように考えることが適切かを考えてみたいと思います。

　日本介護支援専門員協会の倫理綱領（以下「倫理綱領」）の第2条には「利用者の権利擁護」として「私たち介護支援専門員は、常に最善の方法を用いて、利用者の利益と権利を擁護していきます」とあります。また、第4条には「私たち介護支援専門員は、利用者の利益を最優先に活動を行い、所属する事業所・施設の利益に偏ることなく、公正・中立な立場を堅持します」とあります。

　この倫理綱領を参照した結果、現在行われているケアを評価しつつ、どうしたら利用者の幸福へとつながるのだろうか？　という議論のテーブルを用意します。ここでは利用者本人、家族、医療・ケアの専門職がフラットな立場で対話を行います。利用者にはさまざまな権利がありますが、一方で事業者も私人としての権利をもっています。利用者の人生における最大幸福のために事業者がひたすら尽くすという構図では決してないということです。事業者側も経済的合理性などの観点から自らの立場を主張することは権利として擁護されるべきです。こうした条件を提示したうえで、利用者にとってより最善の答えをみんなで求めていくことになります。

Q166 出されたお菓子を食べてもよいのか？

A 倫理的原則を参考にして考える。

「利用者のお宅で出されたお菓子を食べてもよいか？」という問いに対して、多くのケアマネジャーは「食べてはいけない」と答えると思います。では、その理由はなんでしょうか。「規則だから」とか「先輩からそういうふうに教わったから」などの理由が思いつくと思いますが、お菓子を食べても法律で罰を受けることはないこの問題は、実に倫理的な問題といえます。

例えば、植木職人が、伺ったお宅で休憩時間にお茶やお菓子を提供されたとして、これを食べたり、飲んだりしても、多くの人が感覚的に「それはOK」と答えるのではないでしょうか。

ケアマネジャーはお菓子を食べてはいけないと思い、植木職人は食べてもよいと思うのは、専門職の倫理として私たちが「与益」「無危害」という倫理的原則をもっているからだと私は考えます。「与益」とは相手に益をもたらすこと、「無危害」とは支援を通じて相手に危害を与えたり、リスクを与えたりすることを最小限にするという原則です。本事例では、利用者が支援を受けるにあたって、お茶やお菓子を用意する労力や費用などの負担を「害」ととらえ、それを回避する行動としてお茶やお菓子を頂くことを辞退することが倫理的によいことだと考えます。

ただ、私たちがこうした倫理原則をもって業務を行っていることを利用者は知りません。私たちには、私たちがどういう倫理観をもち、どういう仕事をする専門職なのかを契約の時や日々の業務のなかで伝えていく説明責任があります。私たちは客人や仕事で訪ねてきた人にお茶を出すという大きな文化的枠組みのなかで生きていますが、そのなかで専門職としてどう考え行動するのかは案外難しいことです。ですから、倫理について立ち止まって考えることそのものが専門行為といえます。

第 **6** 章

近年の動向
にかかわる
道具

今後のケアマネジメント業務に
必要な情報について

1 地域共生社会

■ 地域共生社会の実現に向けて

　わが国では、地域の支え合いや家族の助け合いによって、家族が子育て
や介護の担い手となっていました。戦後の社会変化に応じて、地域や家庭が
果たしてきた役割の一部を公的サービスで代替する必要性が高まり、社会保
障制度として子ども・高齢者・障害者の対象分野別の公的な福祉施策や支援
制度が整備・拡充されてきました。

　近年は、核家族化や高齢化、人口減少が進み、地域や家族の支え合い、
助け合いの基盤が弱まってきています。人口減少によって、多くの地域で社
会活動の担い手が減少し、限界集落や空き家、商店街の空き店舗や閉店等の
問題が浮き彫りになり、地域社会の存続が危ぶまれており、社会保障や産業
などの領域を超え、地域社会全体を支えていくことが重要となっています。

　また、子育てと介護を同時に行う世帯や、障害のある子とその親も介護
が必要な世帯、夫婦の互いの親の介護が必要な世帯といったダブルケア、親
の不在や病気や障害などにより、子が親の介護や弟妹の世話、家事を行うヤ
ングケアラーへの支援など、家庭における福祉ニーズの多様化や課題の複合
化・複雑化に対し、従来の縦割り行政では対処が難しくなってきています。

　地域における人と人とのつながりを再構築し、誰もが役割をもち、お互
いが存在を認め合い、支え合うことで、孤立せずにその人らしい生活を送る
ことができる地域社会にしていくことが求められています。制度や対象分野
ごとの「縦割り」や「支え手・受け手」といった関係を超え、地域住民や地
域の多様な主体が地域の課題を「我が事」として参画し、世代や対象分野を
超えて「丸ごと」つながり、地域を創る「地域共生社会」の実現に向けた取
り組みが求められるようになりました。

　「地域共生社会」の実現に向けた取り組みは、2015（平成27）年の「新た
な福祉サービスのシステム等のあり方検討プロジェクト」の設置が始まりと
いえます。

　労働力人口が減少するなかで、良質なサービスをどのように効果的・効
率的に提供していくか、そのための人材確保といった課題に対し、「新たな
時代に対応した福祉の提供ビジョン」が策定され、①包括的な相談支援シス
テム、②高齢・障害・児童等への総合相談的な支援の提供、③効果的・効率

的なサービス提供のための生産性の向上、④総合的な人材の育成・確保を柱に「誰もが支え合う共生社会の実現」に向けた改革の方向性が示されました。

2016（平成28）年には「地域の実情に合った総合的な福祉サービスの提供に向けたガイドライン」が公表され、対象分野の横断による総合的なサービス提供の阻害要因となっている規制（人員配置基準等）についての考え方がまとめられました。人員配置基準、設置基準の緩和等は、2018（平成30）年度の報酬改定に合わせて実施されました。

■「我が事・丸ごと」の地域づくり

2016（平成28）年、厚生労働省に「我が事・丸ごと」地域共生社会実現本部が設置され、「地域力強化」「公的サービス改革」「専門人材」のワーキンググループも設けられ、「地域共生社会」の実現に向けて、縦割りを排した幅広い検討を進めることとされました。

「他人事」になりがちな地域づくりを地域住民が「我が事」としてとらえ、主体的に取り組む仕組みの構築や、「縦割り」の公的福祉サービスを「丸ごと」へと転換を図る体制整備を進めるため、「地域共生社会」の実現に向けた取組みが進められてきました。

また、「地域における住民主体の課題解決力強化・相談支援体制の在り方に関する検討会」において、①住民主体による地域課題の解決力強化・体制づくりの在り方、②市町村による包括的な相談支援体制の整備の在り方、③寄附文化の醸成に向けた取組みについても議論されました。

2017（平成29）年には、「我が事・丸ごと」の体制整備について、地域福祉計画に記載する等の社会福祉法改正を盛り込んだ「地域包括ケアシステムの強化のための介護保険法等の一部改正する法律案」が国会に提出されました。その後も①市町村における包括的な支援体制構築、②地域福祉計画も策定ガイドラインの改定、③「我が事・丸ごと」の地域づくりの今後の展開が議論されてきました。介護保険制度の見直しのほか、地域共生社会の実現に向け、社会福祉法等の見直しも盛り込まれました。2018（平成30）年4月から、社会福祉法の改正により、市町村による地域住民と行政等の協働による包括的支援体制づくりや、福祉分野の共通事項を記載した地域福祉計画の策定が努力義務となりました。また、前述の介護保険法および障害者総合支援法の改正により、障害者と高齢者が同一の事業所を利用しやすくするための「共生型サービス」が創設されました。

話 す

聞 く

書 く

見 る

使 う

覚える

つなげる

心をみる

内面を
磨く

2 認知症施策大綱

■ 認知症高齢者の状況の変遷

　認知症の人の数は、2005（平成17）年で169万人と見込まれ、その後急速に増加し、2012（平成24）年には約462万人となり、軽度認知障害（MCI：mild cognitive impairment）と推計される約400万人と合わせると、65歳以上高齢者の4人に1人が、認知症の人またはその予備軍といわれていました[※]。

■ 認知症施策推進5か年計画（オレンジプラン）の策定

　2012（平成24）年に示された、「今後の認知症施策の方向性について」等に基づいて、2013（平成25）年度から2017（平成29）年度までの「認知症施策推進5か年計画（オレンジプラン）」が策定されました。この計画では、①認知症への理解を深めるための普及・啓発の推進、②認知症の容態に応じた適時・適切な医療・介護等の提供、③若年性認知症施策の強化、④認知症の人の介護者への支援、⑤認知症の人を含む高齢者にやさしい地域づくりの推進、⑥認知症の予防法、診断法、治療法、リハビリテーションモデル、介護モデル等の研究開発およびその成果の普及の推進、⑦認知症の人やその家族の視点が重視されて作成され、2017（平成29）年度末までの数値目標が示されました。

■ 認知症施策推進総合戦略（新オレンジプラン）の策定

　認知症の人の数が、2025（令和7）年には約700万人前後となることが示されたことなどから、2015（平成27）年に「認知症施策推進総合戦略〜認知症高齢者等にやさしい地域づくりに向けて〜」（新オレンジプラン）の策定によりオレンジプランが見直されました。

　新オレンジプランでは、「認知症の人の意思が尊重され、できる限り住み慣れた地域のよい環境で自分らしく暮らし続けることができる社会の実現を目指す」ことを基本的な考え方とし、2025（令和7）年までを対象期間とする施策の基本的な方向性が示され、2017（平成29）年度末を目指した具体的な数値目標が掲げられました。この数値目標は、第7期介護保険事業（支援）計画の策定に合わせて見直しが行われ、2020（令和2）年度末を目

指した新たな目標が掲げられました。

■ 認知症施策推進大綱の策定と地域共生社会

　2018（平成30）年には認知症の人の数は500万人を超え、65歳以上高齢者の７人に１人が認知症と見込まれ、「認知症施策推進関係閣僚会議」が設置され、「認知症施策推進のための有識者会議」における意見聴取やさまざまな関係者からの意見の聴取を経て、2019（令和元）年には、新オレンジプランを踏まえ「認知症施策推進大綱」が策定されました。

　「認知症はだれもがなりうるもので、家族や身近な人が認知症になることなどを含め、多くの人にとって身近なものになっています。認知症の発症を遅らせ、認知症になっても希望を持って日常生活を過ごせる社会を目指し、認知症の人や家族の視点を重視し、『共生』と『予防』を車の両輪として施策の推進を図ること」を基本的な考え方としています。

　「共生」とは、「認知症の人が、尊厳と希望を持って認知症とともに生きる、また、認知症があってもなくても同じ社会で生きる」、という意味です。生活上の困難が生じた場合でも、重症化を予防し、周囲や地域の理解と協力の下、本人が希望を持って前を向き、力を生かしていくことで、住み慣れた地域の中で尊厳が守られ、自分らしく暮らし続けることができる社会を目指すこととしています。

　また、「予防」とは、「認知症になるのを遅らせる」「認知症になっても進行を緩やかにする」という意味です。運動不足の改善、糖尿病や高血圧等の生活習慣病の予防、社会参加による社会的孤立の解消や役割の保持等が、認知症の発症を遅らせることができる可能性が示唆されていることを踏まえ、予防に関するエビデンスの収集・普及とともに、通いの場における活動の推進など、正しい知識と理解に基づいた予防を含めた認知症への「備え」としての取り組みに重点を置くこととし、結果的に70歳代での発症を10年間で１歳遅らせることを目指しています。併せて、認知症の発症や進行の仕組みの解明、予防法・診断法・治療法等の研究開発を進めることとしています。

　以上の基本的考え方の下
①普及啓発・本人発信
②予防
③医療・ケア・介護サービス・介護者への支援
④認知症バリアフリーの推進・若年性認知症の人への支援・社会参加支援
⑤研究開発・産業促進・国際展開
の５つの柱に沿って施策を推進することとし、施策はすべて認知症の人の

話 す

聞 く

書 く

見 る

使 う

覚える

つなげる

心をみる

内面を磨く

視点に立って、認知症の人やその家族の意見を踏まえて推進することを基本にしています。

　この大綱は団塊の世代が75歳以上になる2025（令和7）年までを対象期間とし、策定後3年を目途に、施策の進捗を確認することになっています。

図6-1　新オレンジプラン7つの柱

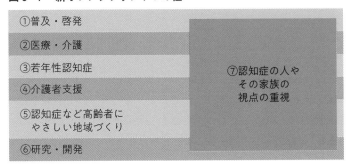

　認知症施策は、地域共生社会を目指す国の方向につながっています。認知症の人が共に生活し続けられる地域社会の構築は、認知症の人を含む高齢者の支援を実践するケアマネジャーにとっても重要な課題であり、国の認知症施策の動向や地域における認知症の人へのサービスや対策を理解しておくことが必要です。一人ひとりの認知症の人に適切なケアを提供するうえで、認知症施策推進大綱を理解してください。

※「認知症施策推進大綱 認知症施策推進関係閣僚会議資料」

3 ヤングケアラー

■ ヤングケアラーとは

　ヤングケアラーとは、本来大人が担うと想定されている家事や家族の世話などを日常的に行っている18歳未満の子どものことをいいます。そして、担っている役割として多いのは、食事の準備や掃除、洗濯といった家事のほか、きょうだいの世話や見守り、感情面のサポートなどです。

図6-2　ヤングケアラー

病気や障害のある家族に代わり、家事をしている

家族に代わり、幼い兄弟の世話をしている

アルコール・薬物・ギャンブル問題を抱える家族の対応をしている

目が離せない家族の見守りや声かけなどの気づかいをしている

心が不安定な家族の話を聞いている

病気や障害のある家族の身の回りの世話をしている

がん・難病などの慢性的な病気の家族の看病をしている

家計のために働いて、病気や障害のある家族を助けている

■ ヤングケアラーの問題点

　ヤングケアラーは、年齢等に見合わない重い責任や負担を負う状況で、家事や家族の世話を行っています。そのため、自分の時間がもてないことによって、勉強や部活動に励んだり、友人と遊んだり、趣味や将来を考えるなど、子どもとしての時間を十分に過ごせずにいます。それによって、友人との関係性を築くことができず、自分自身が抱えている問題を相談する相手もいないことで孤独を感じたり、強いストレスを感じることがあります。

　また、家事や家族の世話の合間に勉強等を行うことで睡眠不足に陥り、早退・遅刻・欠席といった学業への影響や、自分のできることの幅を狭めて

話す

聞く

書く

見る

使う

覚える

つなげる

心をみる

内面を磨く

しまうことで、将来の可能性も狭めてしまい結果的に就職への影響も招いてしまうというヤングケアラーも少なくありません。

■ ケアマネジャーとヤングケアラーの関連性

　ケアマネジャーは、利用者が自立した日常生活を営むために、利用者の解決すべき課題や状態に即した介護サービスが、適切かつ効果的に提供されるよう調整を行います。同時に、介護の協力者となり得る家族の状況や状態を確認し、介護負担の軽減等、家族支援も行います。そのため、ヤングケアラー問題はケアマネジャーにとって、決して無関係ではありません。ヤングケアラーに対する精神的・身体的なケアがなされない場合、介護負担の蓄積によって、利用者に対するネグレクトや身体的虐待等を引き起こしてしまうこともあります。利用者に対する介護を考えるうえで、家族構成や家族状況、家庭環境についてもアセスメントを行い、利用者だけでなく、利用者を取り巻く状況全般における生活課題を抽出し、それらに対する適切な支援が行われることが、最終的に利用者への支援につながります。

■ ケアマネジャーとしてできること

　介護保険サービスの利用者がいる家庭であれば、ケアマネジャーは家族状況を把握できる立場にあります。ケアマネジャーが介入することによって、ヤングケアラーを発見することができます。その場合は、利用者や家族へ聞き取りを行い、相談窓口となる児童相談所の案内やそのほかに必要な関係機関等への連絡や相談を行います。また、利用者の支援への影響を考慮し、必要に応じて地域包括支援センターへ報告し、地域ケア会議を開催し、多職種連携を通じて総合的な解決に向けた取り組みを図ります。ここで理解しておくべきこととして、ケアマネジャーが1人で問題を抱え込まないということです。ケアマネジャーの業務内容や役割は、あくまで本人の介護保険における連絡や調整等の相談業務です。家族支援の観点からヤングケアラー問題との関連があるため、発見した場合は窓口となる児童相談所や地域包括支援センター等の関係機関（学校や行政等）へ報告を行い、必要に応じて情報提供等を行います。ヤングケアラー問題に関して、ケアマネジャーだけが解決に向けた直接的な支援を行う立場ではないため、業務負担を感じる必要はありません。介護保険関係の多職種とのかかわりだけでなく、さまざまな機関の多職種と連携していきましょう。

4 仕事と介護の両立

話 す

聞 く

書 く

見 る

使 う

覚える

つなげる

心をみる

内面を
磨く

核家族化が進み、社会的な長期入院も増えたことから、「介護の社会化」を目指し、介護を家族だけではなく社会全体で公的な保険制度によって支援できる仕組みとして介護保険制度がつくられました。

しかしながら、介護保険制度が施行されてからも、高齢化のスピードが速く、身体的・経済的にも、家族への負担が徐々に大きくなっています。特に経済的な負担は、これまで利用者負担が一律1割だったものが所得に応じて1～3割負担となりました。だからといって経済的な理由でサービスの利用を減らせば、家族の負担が増えていきます。また、介護負担が大きくなり施設に入所するにも、グループホームや有料老人ホーム等の施設の利用料は高額で、比較的安価に入所できる特養は、原則要介護3以上にならないと申し込みすらできず、在宅介護を継続するしか選択の余地がない家庭も多いのが現状です。

■ ダブルケア

「ダブルケア」とは、子育てと介護を同時に担うことです。昨今では、結婚の時期も遅くなる傾向があり、子どもを授かるのも、30代・40代になってからというカップルも増えています。そうすると、ちょうど子どもが生まれる時期に、自分の親が70代・80代で介護が必要な世代になっていて、知らず知らずに子育てと介護が「ダブルケア」として重くのしかかる状況に陥ります。ダブルケアに加え、さらに仕事との両立の問題もあります。ダブルケアの介護の負担感は、精神的な負担が最も多く、次に身体的な負担、経済的な負担があります。ダブルケアの介護者が相談する相手は、ケアマネジャー・ヘルパー・介護施設職員などの介護系の支援者が多くなっています。本来ケアマネジャーは、要介護認定を受けた利用者本人への支援者ではありますが、このように「家族介護者支援」も重要な課題となっているのが現状でしょう。

親や配偶者が要介護状態となり、介護のために、仕事を辞めざるを得ない人も増えています。比率としては、女性の離職率が高くなっています。

仕事を辞めてしまえば、貧困などの生活困窮に陥ったり、社会から孤立した状態になることは、容易に想像できます。こうした背景を受けて2015

（平成27）年に、一億総活躍社会の実現に向けた基本方針「新・三本の矢」が掲げられ、そのなかに「介護離職ゼロ」の目標が盛り込まれました。その後、育児・介護休業法の改正をはじめとする介護離職の防止に向けたさまざまな施策が講じられています。

■ 仕事と介護の両立

在宅介護と仕事を両立する場合、介護のために、臨時に休みを取らなくてはいけないことも多くあります。例えば、急な体調不良による通院や往診への対応、ケアプランの見直しなどによるケアマネジャーとの面談や各介護保険の手続き（契約・市役所への申請等）、サービス事業者との打ち合わせや立ち合い等です。これは、同居や通いでの介護のどちらにも、同じような負担がありますが、同居の場合は、さらに夜間の排泄や徘徊等の介護負担があったり、通いの場合は往復の時間や交通費も馬鹿になりません。介護負担が多くなっていくほど、虐待のリスクも高くなっていくでしょう。

このような介護離職や虐待を防ぐために、ケアマネジャーができることはなんでしょうか。通常の業務に加えて、家族の就労に対しての支援までをサポートするのは、難しいのが現状です。ケアマネジャーとしては、既存の制度、サービス（社会資源）、人材をうまくつなげていくことが大切になってきます。ケアマネジャーとしては、介護休業制度や介護休暇の仕組み等を理解し、家族が仕事と介護の両立ができるように、制度の利用の提案はできるような知識をもっている必要があり、適宜アドバイスできるようにしていきましょう。

図6-3　介護休業制度

令和4年4月1日以降の申出

取得予定日から起算して、93日を経過する日から6か月を経過する
日までに契約期間が満了し、更新されないことが明らかでないこと。

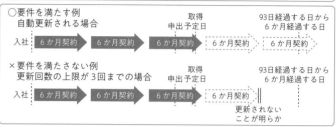

※令和4年4月1日からは、「入社1年以上であること」の要件が廃止されます。
　無期雇用労働者と同様に、労使協定が締結されている場合は、入社1年未満の
　方は対象外となります。
　介護休業給付についても同様に緩和されます。

図6-4　介護休暇

【取得できる日数】

対象家族が1人の場合は、年5日まで。

対象家族が2人以上の場合は、年10日まで。

※事業主が特に定めをしない場合には、毎年4月1日から翌年3月31日となります。

【取得単位】

1日または時間単位。

※時間単位での取得が困難と認められる業務に従事する労働者について、
　時間単位での取得を除外する労使協定を締結している場合、
　対象の労働者は1日単位でのみ取得可能。

話 す

聞 く

書 く

見 る

使 う

覚える

つなげる

心をみる

内面を
磨く

5 科学的介護情報システム（LIFE）

■ 科学的介護情報システム（LIFE）とは

　利用者の生活を支援することで尊厳を保持することは重要な役割である一方、職員の支援によって利用者の生活機能などを向上させることも期待されつつあり、医療分野では1990年代以降、「エビデンスに基づく医療」が取り入れられてきました。介護分野においても、個々の利用者への生活支援だけでなく、エビデンスに基づいた自立支援・重度化防止等の取り組みを進めていくことが求められるようになっています。そこで、介護サービスのアウトカム等について科学的手法に基づく分析を進め、エビデンスを蓄積し活用していく取り組みとして、科学的介護情報システム（LIFE）が始まりました。エビデンスに基づいた自立支援・重度化防止等を進めるためには、科学的に妥当性のある指標等を収集・蓄積および分析し、また分析の結果を現場にフィードバックする仕組みが必要です。

　LIFEとは、介護施設・事業所で行っているケアの内容・計画や利用者の状態などをインターネット上の公式サイトから一定の様式で入力すると、その結果が厚生労働省で分析されてフィードバックされるという仕組みです。介護施設・事業所ではこれを活用してケアの質の向上に取り組むことができます。介護現場においては、ケアを行う際に、（1）まずどんなケアを行うかについての計画書を作成したうえで、（2）その計画書に基づいてケアを行い、（3）次にそのケアによる利用者の状態を確認し、（4）その結果を踏まえて計画を見直すことを通じて、よりよいケアを実施できるようにしていくこと（いわゆるPDCAサイクル）が重要です。この一連の取り組みを推進するために、介護現場において、あるケアを行った場合の利用者の状態を一定の基準で記録し、それをパソコン上の入力画面に入力して厚生労働省に送信すると、そのデータを分析・評価した結果が返信（フィードバック）されるという仕組みを、厚生労働省が構築しました。

　介護現場において、利用者のためにさまざまなケアの取り組みが進められていますが、どういうケアを行えばうまくいくか、自施設・事業所で行っているケアは他の施設・事業所のケアに比べてレベルはどうなのだろうかという点は、ケアの内容と利用者の状態のデータを一定の基準でとって分析・評価をしないと正確なところはわからない面があります。このような取り組

みを「データを活用した科学的介護」といいますが、LIFEはこの取り組み
を全国的に同一の指標のもとで行える仕組みです。

　具体的には、**図6−5**のように、全国の介護施設・事業所において作成・
記録されている利用者の状態やケアの実績等（計画書等の様式等）のデータ
を、LIFEで収集・蓄積し、また蓄積したデータに基づくフィードバック情
報を計画書等の改善に活かすことで、PDCAサイクルの好循環を実現し、
質の高いケアにつなげていくことが期待されています。

図6-5　LIFEを活用したPDCAサイクル（イメージ）

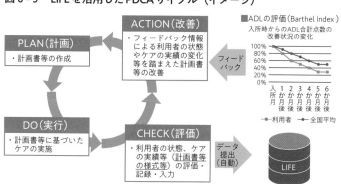

話す

聞く

書く

見る

使う

覚える

つなげる

心をみる

内面を
磨く

■ VISIT や CHASE と LIFE

　厚生労働省では、2016（平成28）年度から通所・訪問リハビリテーショ
ンの計画書等の情報を収集し、フィードバックを行うVISIT、2020（令和
2）年度からは高齢者の状態やケアの内容等の情報を収集するCHASEを運
用し、2021（令和3）年度からは、VISITとCHASEの一体的な運用が開
始されるとともに、名称が「科学的介護情報システム」いわゆるLIFE
（Long-term care Information system For Evidence）となりました。

　LIFEにより収集・蓄積したデータは、フィードバック情報としての活用
だけでなく、厚生労働省等において、施策の効果や課題等の把握、見直しの
ための分析にも活用され、LIFEにデータが蓄積し、分析が進むことによっ
て、エビデンスに基づいた施策につながることが期待されています。

■ 居宅介護支援事業所でのLIFEの活用に向けて

　LIFEにおいては、それぞれ項目において、データの入力が必要となり、
どのような指標に基づき入力するのかが定められており、独自に作成した指

283

標ではなく、妥当性が示された指標を用いて現場で評価し、LIFEにデータを登録することとなっています。そのため、この指標に対する理解ができていないと、サービス事業所からのフィードバックに関連する内容について、理解をすることができず、情報共有が適切にできない可能性があります。LIFEデータにおける評価指標についての理解ができないと、事業所との情報共有が適切にできないということです。評価指標には、Barthel Indexや認知症行動障害尺度（Dementia Behavior Disturbance Scale：DBD13）、利用者の意欲に関する評価（Vitality Index）などがあり、これらの理解が求められます。

　LIFEについては、入所系、通所系、多機能系、居住系サービスについて導入されていますが、今後の訪問系サービスおよび居宅介護支援事業所における導入に向けて、LIFE導入における課題等についての検証が行われています。今までは、居宅介護支援事業所に直接フィードバックが送られてくることはありませんでしたが、LIFEが直接的に導入されることにより、LIFEに関する項目の理解だけでなく、データの直接入力や、居宅介護支援事業所へのフィードバックに基づくPDCAサイクルによるケアマネジメントが求められるようになることが想定されます。

6 業務継続計画（BCP）

話す

聞く

書く

見る

使う

覚える

つなげる

心をみる

内面を
磨く

■ 業務継続計画（BCP）とは

　私たちが暮らす日本列島では台風や水害、地震などの災害が繰り返し起きています。ひとたび災害が起こると私たちの生活基盤は大きく破壊され、直接的にも間接的にも人の命が奪われる事態になります。

　災害が起きる前にどのような対策を行い、いざ災害が起きたときにどうやって自らの身と利用者の身を守るのか？　そしてどうやって被害がそれ以上広がらないようにするのか？　こういった視点で私たちの行動の指針として作成されてきたのが災害対応マニュアルです。

　2021（令和3）年度の介護報酬の改定で義務化された業務継続計画（BCP）ですが、これが大きく注目されたきっかけは2011（平成23）年3月に起こった東日本大震災でした。この時には多くの介護事業所も被災し、多くの人的被害とともに事業所の建物や設備、利用者の情報などが大量に失われ、その状態から再び事業を再開するのに多大な労力と時間を要しました。

　今や介護サービスは介護を必要とする利用者や家族にとって不可欠な存在です。よって介護サービスは常に安定的で継続的に提供される必要があります。たとえ災害などで中断されることがあっても早期に業務が再開されることが求められます。これらを目的として事前に被災時の対策をまとめた計画書がBCPです。

■ 自然災害BCPと新型コロナウイルス感染症BCP

　介護事業所に作成が求められているBCPには大きく分けて自然災害発生時のBCPと新型コロナウイルス感染症発生時のBCPの2種類があります。新型コロナウイルス感染症には以下の特徴があります。

①新型コロナウイルス感染症の特徴として、災害そのものが目に見えず被害が確定しにくく、長期化するなど不確実性が高い。

②職員の感染や濃厚接触により職場を離れざるを得ない職員が続出するなど、事業継続の課題は主に人のやりくりの問題が大きい。

③自然災害と違って感染を制御することによって被害の拡大を押しとどめることができる。

■ BCP の作成方法

BCP作成のポイントは以下のとおりです。

①厚生労働省が作成したひな形を使用する。

ひな形は厚生労働省の専用サイト（https://www.mhlw.go.jp/stf/seisakunitsuite/bunya/hukushi_kaigo/kaigo_koureisha/douga_00002.html）からダウンロードすることができますので、まずはここからはじめてみましょう。サイトには研修動画も公開されています。

②管理職が１人でつくるのではなく、必ず職員の参画を求めて一緒に作成する。

事業所ではさまざまな計画を管理職が１人で作成することが多いかと思います。しかし、BCPの作成にあたっては１人でつくるのではなく職員のみなさんに参画してもらいましょう。BCPでは、優先業務の洗い出しと順位の決定を行います。このプロセスを職員と一緒に行うことで、発災時の役割分担や業務の補完についての意識を醸成することができます。また、基本方針は法人や事業所の経営理念と大きくかかわりをもっていることから、平時における事業所の一体感を向上させる利点もあります。まずは、事業所内にBCP作成委員会を立ち上げましょう。

③最初から完全を目指さず、作成後は検証を繰り返す。

BCPは作成したらファイルに綴じておしまいというものではありません。せっかく作成したものが絵に描いた餅にならないように定期的にBCPに基づいた研修や訓練を行い、常にブラッシュアップをしていくことが大切です。そのため、BCPは永久に完成しないともいわれています。

7 身寄りがない人への対応

■ 身寄りがないという課題

　社会の少子高齢化が進むなか、2040年には高齢者世帯全体のうち単独世帯が40％になるという推計（令和2年厚生労働白書）があります。高齢者単独世帯が増加するということは、いわゆる身寄りのない人も増加することを意味しています。また同時に、家族や親類への連絡がつかない人や、家族の支援が受けられない人も増えていくと考えられます。

　「身寄りがない」という課題に私たちケアマネジャーが直面するのは、利用者が要介護状態や認知症になるなど身の回りの生活行為に支援が必要なときになりますが、多くの場合は長い年月をかけて少しずつ課題が形成されています。食事の内容がだいたいいつも同じであること、いつも同じ服を着ていること、家の中の片付けができず、物がだんだん増えていくこと、一年を通じて誕生日などの自分へのお祝いごとがないこと、これらは一例ですが、数多くの生活文化的な営みが縮小していきます。これらの断片の多くはアセスメント項目には定められていませんが、本人の尊厳の保持という意味でとても大切な視点となります。しかし、なかなか自覚しにくいうえに周囲から気づかれにくい特徴もあります。そしてある日、救急搬送されるなどして、積み重なった課題が表面化することになります。

　こうして考えると、私たちは自らによるケアと周囲から受けるケアに多様な形で満たされていることが必要だということになります。これらは個人と個人を取り巻く地域や社会のあり方ともかかわりがあるために、一朝一夕にすべてを解決することは難しいのですが、ケアマネジャーとしてはその構造に目を向けたいところです。

　さて、以上のように身寄りのない人は、多様なケアが不足しがちになりますが、ケアマネジャーとしてまず目を向けたいのが、本人の尊厳とのかかわりで中核的な課題となる意思決定支援へのケアです（p.204参照）。ポイントが3点あり、1点目は本人自身の意思決定についての準備を早めにすること、2点目は新たな意思決定の担い手を準備すること、3点目は家族等がいなくても本人が不利益を被らないようにすること、の3点です。

①本人自身の意思決定

　1点目はエンディングノートやACP（人生会議）等を活用して、早い段

話　す

聞　く

書　く

見　る

使　う

覚える

つなげる

心をみる

内面を
磨く

階から意思決定の準備をしていくことで、本人の人生へのコントロール感を高めつつ（これは本人の尊厳を守ることになります）、本人の人生観や価値観を支援者が把握することが可能となります。そして判断力が低下、もしくは意思を表明できなくなったときに、医療やケアの方向性を協議するときの手がかりになります。ケアマネジャーには本人の代弁者としての役割がありますが、書面化した本人の意思が存在することは代弁機能を強化し、より本人の尊厳を守ることにつながります。これらは市区町村が作成したものを配布していることもあります。

②新たな担い手の準備

　2点目は成年後見人など、本人に代わって意思決定をしてくれる人を準備することです。この場合でも本人の意思が最重要となりますが、社会生活のなかで本人にとっての強い味方となります。成年後見制度の活用については最寄りの地域包括支援センターで情報提供や、申立への支援を受けることができます。また、一人暮らしの高齢者等を対象とした身元保証や日常生活支援、死後事務等に関するサービスを提供する事業（身元保証等高齢者サポート事業）も生まれていますが、事業者が経営破綻して預託金が返還されないなどの事例もあるので、利用者に情報提供する際には十分な吟味が必要です。地域包括支援センターによっては上記の理由からあまり情報提供に積極的ではない所もありますが、これらのサービスを活用しつつ尊厳ある生活を再構築できた事例もあることに着目したいところです。

③家族等がいなくても不利益を被らない

　3点目は身寄りのないことを前提としたサービス利用やサポートの仕方に私たち自身も頭を切り替えていくことです。例えば病院等の医療機関に入院する際に「身元保証・身元引受等」などを求められることがありますが、身寄りのない人の場合はこうした役割の人がいないのが通常です。病院としては緊急連絡先や入院中に必要な物品の準備や入院費の支払い等の心配があるわけですが、2018（平成30）年に「身寄りがない人への入院及び医療に係る意思決定が困難な人への支援に関するガイドライン」が厚生労働省から出ており、医療機関に対応を促しています。また、病院側が求める身元保証人等に対して、医療行為に関する同意を求めることもありますが、もともと医療行為への同意権は本人にしかないとされています。身寄りのない人が増加していく社会では、慣習的に家族が行ってきたことが、本人自身の選択や自己決定に改めて集約し、そこに私たちケアマネジャーも医療・ケアチームの一員としての一翼を担っていく覚悟も求められています。

第1章

●観察力

3訂／介護支援専門員研修テキスト編集委員会編『3訂／介護支援専門員研修テキスト 専門研修課程Ⅱ』日本介護支援専門員協会、2021年

東山紘久『プロカウンセラーの聞く技術』創元社、2000年

前田大輔『プロカウンセラーの一瞬で心を見抜く技術』フォレスト出版、2013年

佐藤親次・簑下成子『読顔力──コミュニケーション・プロファイルの作り方』小学館、2009年

渡部律子『「人間行動理解」で磨くケアマネジメント実践力』中央法規出版、2013年

渡部律子『高齢者援助における相談面接の理論と実際 第2版』医歯薬出版、2011年

厚生福祉総合研究所『最強の介護支援専門員になる！ ケアマネジャー・バイブル』エクスナレッジ、2010年

●ジェノグラム・エコマップ

介護支援専門員テキスト編集委員会編『八訂 介護支援専門員基本テキスト 第1巻 介護保険制度と介護支援』長寿社会開発センター、2018年

社会福祉士養成講座編集委員会編『新・社会福祉士養成講座6 相談援助の基盤と専門職 第2版』中央法規出版、2010年

社会福祉士養成講座編集委員会編『新・社会福祉士養成講座7 相談援助の理論と方法Ⅰ 第2版』中央法規出版、2010年

白木裕子編『援助力を高める事例検討会──新人から主任ケアマネまで』中央法規出版、2018年

●地域支え合いマップ

社会福祉の動向編集委員会編『社会福祉の動向2022』中央法規出版、2022年

木原孝久「支え合いマップづくり入門」住民流福祉総合研究所

瑞穂市社会福祉協議会HP

出水市社会福祉協議会「みなさんの地域で『支えあいマップづくり』はじめませんか！」

「大磯ENばんく」「おおいそ生きがいマップ」大磯町

支え合いマップ地域支援委員会「東日本大震災被災者生活支援事業に係るご近所支え合いマップづくりマニュアル Version 3」岩手県社会福祉協議会、2020年

●生活史

奥川幸子『身体知と言語──対人援助技術を鍛える』中央法規出版、2007年

奥川幸子『未知との遭遇──癒しとしての面接』三輪書店、1997年

渡部律子『「人間行動理解」で磨くケアマネジメント実践力』中央法規出版、2013年

渡部律子『高齢者援助における相談面接の理論と実際 第2版』医歯薬出版、2011年

渡部律子『基礎から学ぶ 気づきの事例検討会──スーパーバイザーがいなくても実践力は高められる』中央法規出版、2007年

河野聖夫『スーパービジョンへの招待──「OGSV（奥川グループスーパービジョン）モデル」の考え方と実践』中央法規出版、2018年

第2章

●リハビリテーション

3訂／介護支援専門員研修テキスト編集委員会編『3訂／介護支援専門員研修テキスト 専門研修課程Ⅰ』日本介護支援専門員協会、2021年
神奈川県介護支援専門員協会編『改訂 介護支援専門員実践テキスト 専門研修Ⅰ・更新研修』中央法規出版、2019年
●インフォーマルサポート
介護支援専門員テキスト編集委員会編『八訂 介護支援専門員基本テキスト 第1巻 介護保険制度と介護支援』長寿社会開発センター、2018年
介護支援専門員テキスト編集委員会編『八訂 介護支援専門員基本テキスト 第3巻 高齢者保健医療・福祉の基礎知識』長寿社会開発センター、2018年
社会福祉士養成講座編集委員会編『新・社会福祉士養成講座6 相談援助の基盤と専門職 第2版』中央法規出版、2010年
社会福祉士養成講座編集委員会編『新・社会福祉士養成講座7 相談援助の理論と方法Ⅰ 第2版』中央法規出版、2010年
社会福祉士養成講座編集委員会編『新・社会福祉士養成講座8 相談援助の理論と方法Ⅱ 第2版』中央法規出版、2010年
豊芯会「ピアサポートの活用を促進するための事業者向けガイドライン」2019年
ピアサポートネットしぶやHP
●本人・家族の思いをくみ取る力（共感力）
戸田久実『アサーティブ・コミュニケーション』日本経済新聞出版、2022年
松木邦裕『耳の傾け方——こころの臨床家を目指す人たちへ』岩崎学術出版社、2015年
ブレイディみかこ『他者の靴を履く——アナーキック・エンパシーのすすめ』文藝春秋、2021年
第3章
●アサーティブスキル
平木典子『三訂版 アサーション・トレーニング——さわやかな〈自己表現〉のために』金子書房、2021年
平木典子・沢崎達夫・土沼雅子『カウンセラーのためのアサーション』金子書房、2002年
諏訪茂樹『対人援助とコミュニケーション——主体的に学び、感性を磨く 第2版』中央法規出版、2010年
本間正人・浮島由美子『できる人の要約力——あなたの説明はわからない！』中経出版、2008年
梅本和比己『面白いほどよくわかる！NLPの本』西東社、2011年
高室成幸『ケアマネジャーの質問力』中央法規出版、2009年
第4章
●観察力（モニタリング）
3訂／介護支援専門員研修テキスト編集委員会編『3訂／介護支援専門員研修テキスト 専門研修課程Ⅱ』日本介護支援専門員協会、2021年
東山紘久『プロカウンセラーの聞く技術』創元社、2000年
前田大輔『プロカウンセラーの一瞬で心を見抜く技術』フォレスト出版、2013年
佐藤親次・簑下成子『読顔力——コミュニケーション・プロファイルの作り方』小学館、2009年
渡部律子『「人間行動理解」で磨くケアマネジメント実践力』中央法規出版、2013年
渡部律子『高齢者援助における相談面接の理論と実際 第2版』医歯薬出版、2011年
厚生福祉総合研究所『最強の介護支援専門員になる！ ケアマネジャー・バイブル』エクスナレッジ、2010年
●意思決定支援
日本社会福祉士会『基礎研修テキスト 上』2021年

J. S. ミル、斉藤悦則訳『自由論』光文社、2012年

清水哲郎『医療・ケア従事者のための哲学・倫理学・死生学』医学書院、2022年

●リフレーミング

堀之内高久『介護ストレス解消法』中央法規出版、2004年

堀之内高久『介護職のためのストレス対処法』中央法規出版、1998年

奥川幸子『身体知と言語――対人援助技術を鍛える』中央法規出版、2007年

渡部律子『「人間行動理解」で磨くケアマネジメント実践力』中央法規出版、2013年

渡部律子『高齢者援助における相談面接の理論と実際 第2版』医歯薬出版、2011年

東豊『リフレーミングの秘訣――東ゼミで学ぶ家族面接のエッセンス』日本評論社、2013年

杉原保史『プロカウンセラーの共感の技術』創元社、2015年

高室成幸『ケアマネジャーの質問力』中央法規出版、2009年

第5章

●ハラスメント

宮下公美子『介護職員を利用者・家族によるハラスメントから守る本』日本法令、2020年

三菱総合研究所「介護現場におけるハラスメント対策マニュアル」2022年

厚生労働省HP「職場におけるハラスメント防止のために」

●スーパービジョン

奥川幸子『身体知と言語――対人援助技術を鍛える』中央法規出版、2007年

奥川幸子『未知との遭遇――癒しとしての面接』三輪書店、1997年

渡部律子『基礎から学ぶ 気づきの事例検討会――スーパーバイザーがいなくても実践力は高められる』中央法規出版、2007年

F. P. バイステック、尾崎新・福田俊子・原田和幸訳『ケースワークの原則［新訳改訂版］――援助関係を形成する技法』誠信書房、2006年

河野聖夫『スーパービジョンへの招待――「OGSV（奥川グループスーパービジョン）モデル」の考え方と実践』中央法規出版、2018年

第6章

●地域共生社会

社会福祉の動向編集委員会編『社会福祉の動向2022』中央法規出版、2022年

介護支援専門員テキスト編集委員会編『八訂 介護支援専門員基本テキスト 第1巻 介護保険制度と介護支援』長寿社会開発センター、2018年

厚生労働省「地域共生社会のポータルサイト」

●認知症施策大綱

社会福祉の動向編集委員会編『社会福祉の動向2022』中央法規出版、2022年

認知症施策推進関係閣僚会議「認知症施策推進大綱」2019年

●業務継続計画（BCP）

小濱道博・小林香織『これならわかる〈スッキリ図解〉介護BCP（業務継続計画）』翔泳社、2022年

日本介護支援専門員協会『災害対応マニュアル 第5版』2021年

	補装具費支給制度	日常生活用具給付等事業
概要	目的…障害者が日常生活を送るうえで必要な移動等の確保や、就労場面における能率の向上を図ることおよび障害児が将来、社会人として独立自活するための素地を育成助長すること 実施主体…市町村 対象者…補装具を必要とする障害者、障害児、難病患者等（政令に定める疾病に限る）	目的…障害者等の日常生活がより円滑に行われるための用具を給付または貸与すること等により、福祉の増進に資すること 実施主体…市町村 対象者…日常生活用具を必要とする障害者、障害児、難病患者等
申請方法等	利用者の申請に基づき、補装具の購入等が必要と認められたときは、市町村がその費用の一部を補装具費として利用者に支給します。利用者の費用負担が一時的に大きくならないよう、償還払いのほかに代理受領もあります。 また、補装具の購入や修理などについては当事者間の契約に基づき、利用者と事業者が対等な関係でサービスを受けられます。	利用者の申請に基づき、申請を受けた市町村は必要な調査を行い、給付が適切であると認める場合、給付の決定を行います。給付決定を受けた利用者は、事業者から日常生活用具品を受け取り、事業者に対し購入費用を支払います。利用者の費用負担が一時的に大きくならないよう、償還払いのほかに代理受領もあります。対象種目は、用具の要件（→**表2-6**（p.101参照））をすべて満たし、用具の用途および形状（→**表2-7**（p.101参照））のいずれかに該当するものとなります。
利用者負担	原則定率1割負担。世帯の所得に応じ、負担上限月額を設定。	市町村の判断による。

「適切なケアマネジメント手法」の手引き

■ 基本ケア

【基本ケア】

基本方針	大項目	中項目
尊厳を重視した意思決定の支援	現在の全体像の把握と生活上の将来予測、備え	疾病や心身状態の理解 現在の生活の全体像の把握 目指す生活を踏まえたリスクの予測 緊急時の対応のための備え
	意思決定過程の支援	本人の意思を捉える支援 意思の表明の支援と尊重 意思決定支援体制の整備 将来の生活の見通しを立てることの支援
これまでの生活の尊重と継続の支援	予測に基づく心身機能の維持・向上、フレイルや重度化の予防の支援	水分と栄養を摂ることの支援 継続的な受診と服薬の支援 継続的な自己管理の支援 心身機能の維持・向上の支援 感染予防の支援
	日常的な生活の継続の支援	生活リズムを整える支援 食事の支援 暮らしやすい環境の保持、入浴や排泄の支援
	家事・コミュニティでの役割の維持あるいは獲得の支援	喜びや楽しみ、強みを引き出し高める支援 コミュニケーションの支援 家庭内での役割を整えることの支援 コミュニティでの役割を整えることの支援
家族等への支援	家族等への支援	支援を必要とする家族等への対応 家族等の理解者を増やす支援
	ケアに参画するひとへの支援	本人をとりまく支援体制の整備 同意してケアに参画するひとへの支援

■ 脳血管疾患のある方のケア

【Ⅰ期（病状が安定し、自宅での生活を送ることが出来るようにする時期）】

大項目	中項目
再発予防	血圧や疾病の管理の支援 服薬管理の支援 生活習慣の改善

生活機能の維持・向上	心身機能の回復・維持 心理的回復の支援 活動と参加に関わる能力の維持・改善 リスク管理

【II期（病状が安定して、個別性を踏まえた生活の充足に向けた設計をする時期）】

大項目	中項目
継続的な再発予防	血圧や疾病の自己管理の支援 服薬の自己管理 生活習慣の維持
セルフマネジメントへの移行	心身機能の見直しとさらなる回復・維持 心理的回復の支援 活動と参加に関わる能力の維持・向上 リスク管理

I期	●病状が安定し、自宅での生活を送ることが出来るようにする時期
II期	●病状が安定して、個別性を踏まえた生活の充足に向けた設計をする時期

■ 大腿骨頸部骨折のある方のケア

【I期（病状が安定し、自宅での生活を送ることが出来るようにする時期）】

大項目	中項目
再骨折の予防	転倒予防 骨粗しょう症の予防
骨折前の生活機能の回復	歩行の獲得 生活機能の回復 社会参加の回復

【II期（病状が安定して、個別性を踏まえた生活の充足に向けた設計と、セルフマネジメントへの理解の促進を図る時期）】

大項目	中項目
再骨折の予防	転倒予防 骨粗しょう症の予防
セルフマネジメントへの移行	介護給付サービスの終結に向けた理解の促進 （自助・互助への移行）

I 期	●病状が安定し、自宅での生活を送ることが出来るようにする時期
II 期	●病状が安定して、個別性を踏まえた生活の充足に向けた設計と、セルフマネジメントへの理解の促進を図る時期

■ 心疾患のある方のケア

【 I 期 (退院後の期間が短く、医療との関わりが強い状況にある時期)】

大項目	中項目
再入院の予防	疾患の理解と確実な服薬 自己管理能力の向上とリスクの管理 療養を続けるための環境・体制の整備
生活機能の維持・向上	心疾患の状況に応じた生活・暮らし方の支援 心理的な支援

【 II 期 (状態が安定から不安定な状況にある時期)】

大項目	中項目
再入院の予防	疾患の理解と確実な服薬 自己管理能力の向上とリスクの管理 療養を続けるための環境・体制の整備
生活機能の維持	ステージに応じた生活・暮らし方の支援 心理的な支援
EOL 準備	EOL（エンドオブライフ）に向けた準備

I 期	●退院後の期間が短く、医療との関わりが強い状況にある時期
II 期	●状態が安定から不安定な状況にある時期

■ 認知症のある方のケア

大項目	中項目
ここまでの経緯の確認	ここまでの経緯の確認
本人及び家族・支援者の認識の理解	本人と家族・支援者の認識の理解 本人と家族・支援者を取り巻く環境の理解
将来の準備としての意思決定の支援	本人の意思決定能力を尊重した意思決定支援 意思決定支援体制の整備
必要に応じた連携体制の構築	必要に応じた連携体制の構築
基本的な生活の支援	日常生活における本人の意向の尊重 一週間の生活リズムを支えることの支援

	日常的に参加する役割を整えることの支援 体調管理や服薬管理の支援 基本的なセルフケアを継続することの支援
これまでの生活の尊重と 重度化の予防	本人の役割の維持・拡充に向けた持っている 機能を発揮しやすい環境の整備 合併症や併発しやすい事故の予防
行動・心理症状の予防・ 重度化防止	行動・心理症状の状況と背景要因の把握 背景要因に対する取り組みの支援
家族等への対応	家族支援に必要なサービスの調整支援 将来にわたり生活を継続できるようにするこ との支援

※ここでは比較的数の多いアルツハイマー型認知症の診断があり、IADL/ADL
は自立あるいは一部介助程度」「比較的初期～中期」を想定

■ 誤嚥性肺炎の予防のためのケア

大項目	中項目
リスクの評価	誤嚥性肺炎の予防の必要性の理解 リスクの評価
日常的な発症及び再発の 予防	摂食嚥下機能の支援 リスクを小さくする支援
リスクの再評価	リスクの再評価
変化を把握したときの対 応体制の構築	変化を把握したときの対応体制の構築

監修・編集・執筆者紹介

監 修

一般社団法人神奈川県介護支援専門員協会※

編 集

青地　千晴　そらいろケアプラン

諏訪部弘之　フィオーレ久里浜居宅介護支援室

執筆者（五十音順）

青地　千晴　（同上）

石田　貢一　神奈川県社会福祉事業団

今田　義昭　居宅介護支援事業所みずのと

小藪　基司　横浜市すすき野地域ケアプラザ

諏訪部弘之　（同上）

中西　紀章　大和・あおいホームケアサービス

福島　敏之　総合社会保障研究所

松川　竜也　ツツイグループ

松田　智之　ケアプラン銀河

山本　玲子　オギクボ薬局介護支援センター

Q&A提供者

アースサポート株式会社　ケアマネジャー有志

※一般社団法人神奈川県介護支援専門員協会は、2002年4月、介護支援専門員団体として
　全国ではじめてNPO法人格を取得。2017年には一般社団法人となり、介護支援専門員
　に関する調査研究の結果をふまえ、各種研修プログラムやケアマネジメント様式を開発、
　介護支援専門員を支えるさまざまな活動を活発に行っている。また、各地域の介護支援
　専門員連絡組織の連携を支援している。介護支援専門員の資格があれば入会可能。
　会員数：1094名（2023年4月18日現在）
　事務局：〒231-0023　横浜市中区山下町23番地　日土地山下町ビル9階
　　　　　TEL：045-671-0284／FAX：045-671-0287
　　　　　URL：https://www.care-manager.or.jp/

すぐに使える！ケアマネ実務の道具箱
50のスキル・知識・ツール

2023年6月10日　発行

監　修　一般社団法人神奈川県介護支援専門員協会
発行者　荘村明彦
発行所　中央法規出版株式会社
〒110-0016
東京都台東区台東3-29-1　中央法規ビル
TEL 03-6387-3196
https://www.chuohoki.co.jp/

印刷・製本：長野印刷商工株式会社
ブックデザイン・イラスト：mg-okada

ISBN978-4-8058-8884-1